JN303961

新心理学ライブラリ=3　梅本堯夫・大山　正監修

児童心理学への招待
［改訂版］

学童期の発達と生活

小嶋秀夫・森下正康　共著

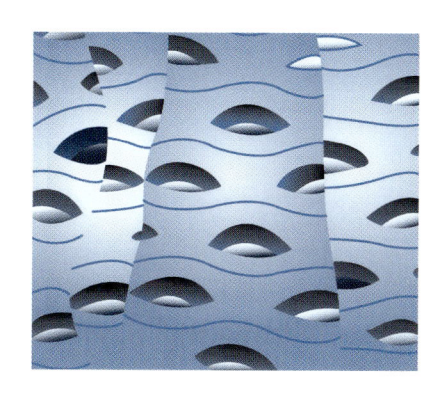

サイエンス社

監修のことば

　「心」の科学である心理学は近年目覚ましい発展を遂げて，その研究領域も大きく広がってきている。そしてまた一方で，今日の社会においては，「心」にかかわる数々の問題がクローズアップされてきており，心理学は人間理解の学問としてかつてない重要性を高めているのではないだろうか。

　これからの心理学の解説書は，このような状況に鑑み，新しい時代にふさわしい清新な書として刊行されるべきであろう。本「新心理学ライブラリ」は，そのような要請を満たし，内容，体裁について出来るだけ配慮をこらして，心理学の精髄を，親しみやすく，多くの人々に伝えてゆこうとするものである。

　内容としては，まず最近の心理学の進展——特に現在発展中の認知心理学の成果など——を，積極的に採り入れることを考慮した。さらに各研究分野それぞれについて，網羅的に記述するというよりも，項目を厳選し，何が重要であるかという立場で，より本質的な理解が得られるように解説されている。そして各巻は一貫した視点による解説ということを重視し，完結した一冊の書として統一性を保つようにしている。

　一方，体裁面については，視覚的な理解にも訴えるという意味から，できるだけ図版を多用して，またレイアウト等についても工夫をして，わかりやすく，親しみやすい書となるように構成した。

　以上のようなことに意を尽くし，従来にない，新鮮にして使いやすい教科書，参考書として，各分野にわたって，順次刊行してゆく予定である。

　学際的研究が行われつつある今，本ライブラリは，心理学のみならず，隣接する他の領域の読者にも有益な知見を与えるものと信じている。

監修者　梅本　堯夫
　　　　大山　　正

改訂版へのまえがき

　本書の初版は幸いにも一定の評価を受け，増刷を重ねることができた。読者の大部分は教科書・参考書としての利用者であったが，初版のまえがきで想定したように学生以外の読者もあった。研究者，教授者，そして読者から寄せられた指摘も踏まえて，細部の内容に関しては増刷の機会に少しずつ改めてきた。初版の細かい字句まで読み込んで質問や指摘を寄せた学生諸君に感謝する。

　お陰で，初版も21世紀まで生存できた。しかし，その後の学問と社会の両方で進展した変化に対応するために，この改訂版を出す。初版は小嶋による単著であったが，内容面での充実を図るために，改訂版は小嶋・森下の共著とした。両人が教育に携わってきた経験を基にして相談した結果，初版の基本的構成は変えずに各章の内容を見直し，7章と10章を森下が執筆した。

　初版と同様に，本書の内容は就学前の時期から小学校時代を中心としたものである。しかし当然の事ながら，発達的視点から，上記の時期を挟む乳幼児期と思春期・青年期に記述が及ぶことになる。また，青少年の養育・育成・指導に関わる成人の課題や，世代間関係にも言及している。

　2003年12月に青少年育成推進本部（本部長：内閣総理大臣）が発表した青少年育成政策大綱では，0歳〜30歳頃までを包括して「青少年」と規定し，そのうちの18歳頃から後を「青年」とした。本書を学ぶ青年には，自覚的な自己形成と社会参加を期待したい。さらに青年が，青少年時代の自己体験がもつ意味を学問的枠組みの中に位置づけて理解した上で，自分たちに関わる政策決定に「青少年の声」が反映されるように発言することを望む。また，今日の重要課題の一つが，異年齢の人々との積極的交流を通して，青少年が人々の生活の質の向上に寄与できるような社会システムの構築であることを，社会が理解する

ことを期待する。
　最後に，出版の過程でのサイエンス社編集部の清水匡太さんの協力に感謝する。彼も2名の著者も，各自の人生の課題に対処しながら，本書を生み出せたことを嬉しく思い，本書が読者に役立つことを願っている。

2004年9月

　　　　　　　　　　　　　　　　　　　　　　　　　小嶋秀夫・森下正康

旧版へのまえがき

　この本は，就学前の時期から小学校時代を中心とした子どもたちの生活と発達の姿を心理学の視点から描こうとするものである。その際，少しでもわが国の現在の子どもの姿に近づくために，比較文化的視点と歴史的視点とを取り入れようと努めた。それは，子どもの発達には普遍的な側面とともに，「いつ」・「どこにいる」子どもであるかによって，その発達の姿が変わる側面があるという，最近の発達研究の認識に基づいた立場である。

　比較文化的視点と歴史的視点とを取り入れるといっても，それは心理学の研究者が完全にできることではない。しかし，心理学の研究者が少しでもその努力をすることには意味があるというのが，これまでに小規模なものではあるが，比較文化的，あるいは歴史的な視点からの発達研究を進めてきた私の立場である。この本は，そのような視点を一般向けのテキストに適用するという私の試みの第一歩である。

　この本は4つの部に分かれた10の章からなっている。各部と各章の初めに概要が示してあるので，ここで構成について述べることはしない。しかし，この本で本格的に扱わなかった領域に触れておく。主なものは，学習心理学の基礎と教科学習，障害児教育，それに思春期の身体的・心理的問題である。これらについては，別の専門的な書籍によってほしい。

　この本を書き進めているときに，私が語りかけようとした仮想の読者は次のような人々である。
① 子どもの発達と学習の過程について学ぼうとする学生：
　教職科目の，または発達心理学・教育心理学・児童心理学・児童学などの専

門科目のテキストや学習を進める参考書としての使用を想定している。

② 小学校の**教員**と**青少年指導者**：

　日々の実践活動を考え直す際の参考としてもらうとともに，内容についての意見を寄せていただきたい。

③ 就学前から小学校段階の子どもをもつ**両親**：

　わが子を理解する1つの視点として，発達心理学的な見方を伝えたいと願っている。

④ 青少年問題にかかわる**行政担当者・マスコミ関係者**など：

　子どもの問題を，子どもを取り巻く情況（コンテクスト）の中でとらえようとする発達研究の視点を理解してもらうことを期待する。

　私が本当にこの本の内容についての意見を聞けたらと思うのは，当の子どもたちである。今考えると，私は子どもの頃から，自分や仲間たちの心理的側面にかなり関心をもっていた。そして小学校の後半以降には，親たちや教師たちについて，「子どもの心，おとな知らずだ」と思わざるをえないことを何回も経験した。しかし今は，「子どもの心，発達心理学者知らず」だと子どもに言われる可能性があることを承知している。

　さて，1人で概論的なテキストを書くのは，児童心理学者でも以前からかなり困難となっている。しかし他の発達心理学者と同様に私自身も，大学教員になって間もない頃から，児童心理学の講義をせざるをえない状況に立たされた。テキストなしに始めたそれが不完全なものであったことはいうまでもない。それは今から二十数年前のことであった。駆出しの教員としての私の未熟さが主要原因であるが，発達研究自体も今日ほどの広い視点をもっていなかった。

　金沢大学教育学部で児童心理学・幼児心理学の講義を私が始めたのは，1965，66年からであった。心理学研究の枠組みだけしかもっていなかったものが，明確な目的意識をもった学生を対象として講義してゆく過程で，だんだんと変わってゆくのは当然であった。当時いろいろの形で学生諸君からえたフィードバックは，今考えても貴重である。また後には，小学校，幼稚園，保育所，教

育研究所の教師・保母たちとの接触からも，多くのものをえた。

　当然のことながら，自分の研究領域は限られたものであるので，講義内容の多くは，文献から取り入れたものであった。しかし借りものそのままでは気が引けるし説得力も違うので，わずかな領域ではあるがインフォーマルな方法で実験・観察・面接を行い，自分で後から確認したこともある。しかし，それよりも役に立ったのは，思い思いのテーマで取り組む学生の研究を指導する過程で学ぶことであった。それは，自分が指導教官として途中の過程に参与しながら，研究結果がどうなるかを見届けるまでを**観察学習**できる有り難い経験である。これは今日まで続いていて，苦労よりも利益の方がずっと多い**教師としての役得**の1つであると思っている。

　もう1つの役得は，**教えることを通して学ぶこと**である。自分がよく知らなかったことを講義や演習の中で説明する過程で，だんだんと自分の頭の中が整理されてゆく。しかし，いったん整理して安心してしまうのは危険で，つねにその妥当性をチェックしていかなければならない。この本に書いたことで，そのチェックの甘さと時代錯誤性を露呈することになれば不名誉であるが，自分を修正してゆくよい機会でもあると観念している。一般に学生は教師に面と向かった批判をしないので，出版によって他の研究者や読者からの批判を受ける方が，自分の進歩に役立つ。

　金沢での講義経験9年の後に名古屋大学に移ってからは，児童心理学を概論として講義することはなくなった。しかしときに特殊講義としてその内容領域の一部を扱うとともに，演習で児童期の発達に関する文献を読む機会はもち続けた。また，自分の研究領域の広がりは，以前より広い範囲の情報との接触をもたらした。それらの過程で，自分の頭の中にある児童心理学概論の枠組みを少しずつ更新しながら，今日まで維持してきた。今回，この本をまとめる機会が与えられたのは，私にとって有り難いことであった。

　正味3カ月という短い期間で生み出したものなので，自分としては半年ほど寝かせて置いて仕上げのブラシをかけたい早産児である。しかしサイエンス社編集部の御園生晴彦・鈴木具子さんという助産夫・婦の力で何とか世に出るこ

の本が，子どもたち自身と子どもとかかわる人々のために何かの役割を果たすことができることを心から願っている。

　1991年1月

小嶋秀夫

目　次

改訂版へのまえがき …………………………………………………………… i
旧版へのまえがき ……………………………………………………………… iii

1章　人間の発達と心理学的研究　1
1.1　発達的視点とは ………………………………………………………… 2
1.2　発達を取り巻く社会的・文化的条件と発達研究の位置づけ … 9
1.3　発達研究の課題と方法 ………………………………………………… 12
　ま と め ……………………………………………………………………… 30
　参 考 図 書 ………………………………………………………………… 30

2章　人生の時期の中での児童期　31
2.1　人生の時期の考え ……………………………………………………… 32
2.2　児童期の位置づけ ……………………………………………………… 38
2.3　子どもの位置づけ ……………………………………………………… 44
2.4　発達の段階理論に見られる児童期 …………………………………… 47
　ま と め ……………………………………………………………………… 58
　参 考 図 書 ………………………………………………………………… 59

3章　からだと心の問題の関連　61
3.1　運動技能の発達の一般的特徴 ………………………………………… 62
3.2　運動技能の個人差がもたらす心理的影響 …………………………… 65
3.3　心理的経験と身体的健康 ……………………………………………… 67

3.4　身体的健康・安全と子どもの特徴 …………………………… 71
　　ま と め ……………………………………………………………… 74
　　参 考 図 書 …………………………………………………………… 75

4章　認知機能の発達　77
　　4.1　認知発達についてのピアジェの考え ………………………… 78
　　4.2　児童期のメタ認知機能 ………………………………………… 86
　　4.3　心 の 理 論 ………………………………………………………… 91
　　4.4　言語と認知機能 ………………………………………………… 93
　　ま と め ……………………………………………………………… 98
　　参 考 図 書 …………………………………………………………… 98

5章　知的機能の個人差　99
　　5.1　知能に関する考え ……………………………………………… 100
　　5.2　創 造 性 …………………………………………………………… 113
　　5.3　認知スタイル …………………………………………………… 115
　　ま と め ……………………………………………………………… 123
　　参 考 図 書 …………………………………………………………… 124

6章　学習・学業達成と動機づけ　125
　　6.1　教授-学習の過程の心理学の展開 …………………………… 126
　　6.2　子どもの学業達成の背景要因としての家庭と文化の要因 … 132
　　6.3　課題に対する構えと達成動機 ………………………………… 137
　　6.4　学校を中心とした連携と学業成績 …………………………… 145
　　ま と め ……………………………………………………………… 148
　　参 考 図 書 …………………………………………………………… 149

目　　次　　　　　　　ix

7章　社会性の発達　151
  7.1　社会性と社会的コンピテンス ………………………… 152
  7.2　社会性発達の諸側面 …………………………………… 156
  7.3　社会的相互作用と発達 ………………………………… 170
  ま と め ……………………………………………………… 178
  参 考 図 書 ………………………………………………… 179

8章　パーソナリティと自己の発達　181
  8.1　パーソナリティの理解と情緒の問題 ………………… 182
  8.2　性役割の獲得 …………………………………………… 184
  8.3　自己像と適応 …………………………………………… 190
  8.4　理想的子ども像と子どもの自我理想 ………………… 196
  8.5　子どもの個性の問題 …………………………………… 201
  ま と め ……………………………………………………… 204
  参 考 図 書 ………………………………………………… 205

9章　家庭生活と家族関係　207
  9.1　家族生活の変化と現状 ………………………………… 208
  9.2　家族関係の理解 ………………………………………… 215
  9.3　子どもの発達と結びついた親の機能 ………………… 222
  ま と め ……………………………………………………… 226
  参 考 図 書 ………………………………………………… 226

10章　仲間関係と学校生活　227
  10.1　学校での仲間関係 ……………………………………… 228
  10.2　学級の雰囲気と教師の態度・行動 …………………… 233
  10.3　学校におけるストレスと不適応行動 ………………… 238
  10.4　特別な配慮を必要とする子どもたち ………………… 240
  ま と め ……………………………………………………… 256

参考図書 ……………………………………………………… 256

引用文献 ……………………………………………………… 259
人名索引 ……………………………………………………… 273
事項索引 ……………………………………………………… 276

人間の発達と心理学的研究

- 発達的視点とは何か？
- 人間の成長と変化を取りまく社会的・文化的条件と，発達研究の位置づけ
- 発達研究が何を課題とし，どのような方法でそれを解明するのか？

　本章は，生涯にわたる人間の発達に関する心理学的な視点・考え方の理解を目指したもので，大別して上に示した3つの問題を扱う。それぞれは，さらに細かい多くの問いに分化するので，大枠を見失わないように読み進めてほしい。

　「青少年の心身の発達を理解する」，「子どもの発達段階に応じた指導法を工夫する」という表現のような，個人の心理的側面に関して使われる「発達(development)」の意味を，一般の人々もある程度は理解している。しかし，そのことばを日常生活の中で使用することは少ない。事実，「よく育った」，「経験から学んで賢くなった」，「心身ともに成熟した」，「精神的に成長した」，「ひとまわり大きい人間となった」というような表現の代わりに，「発達した」と言うことは少ない。そのような場合には，「成長」のほうがずっと使いやすい。日常語としての成長 (growth) は，身体発育だけではなく，精神的・人格的・対人的側面にも適用できるからである。

　個人の心理的側面に関する現在の意味での「発達」の用法は，日本では1870年代頃から見られるが，それは今日でも主に，研究者と職業的実践家（保育士・教師・指導員・相談員など）が使う用語である。本書でも，随所に発達という用語を使う。そこで，心理学で使う「発達」の意味の理解を進めるために，発達という見方，すなわち「発達的視点」の説明から，この章を始める。

　ところで，上記の'growth'と'development'の動詞形である'grow'と'develop'には，ともに，自動詞としての「生き物が育つ」という意味と，他動詞としての「育てる」という用法がある。育つ過程と育てる過程とは密接に関連しているので，それは当然ともいえる。それに似たことは，学ぶ過程と教える過程との間で

も起こる。現在，他動詞的意味に理解されやすい「開発」にも，以前から自動詞の用法があった。そのことを念頭に置いて，人が育つという自動詞としての発達を中心に，それを支える育て手の働きを考慮に入れながら，本書全体の記述を進める。

1.1 発達的視点とは

1.1.1 発達という概念の生成と展開

最初に年齢進行に伴う人間の行動や心の働きの変化という現象を，「発達」としてとらえるという視点が，どのような歴史的・社会的背景のもとで生まれ，展開したかを説明しよう。

1. 西洋の進歩の思想と生物学的視点

人間発達は，英語の human development に対応したことばである。政策関係の領域では，人間開発と訳されることが多い。この人間発達という概念は，18～19世紀の西洋における進歩の思想の展開結果として形成されたものであり，発達心理学もその産物である。進歩の思想は，人間の社会的・道徳的諸条件の歴史を，それまでのキリスト教がとらえたような理想的状態からの下降・堕落としてではなく，望ましい方向に進歩する可能性を認める歴史観であった。

19世紀後半に出発した人間発達研究の基盤を形成したのは，当時の進化論的発達観で，イギリスのダーウィン（Darwin, C. R.）が体系づけた進化論の影響を強く受けている（『種の起源』，1859年）。進化論的発達観は，広い意味での生物学的視点に立って，個体発生，系統発生，そして社会の歴史的発展を関連づけてとらえようとした。当時，生物学の領域では，反復発生説（あるいは反復説）が提起されていた。それはドイツの生物学者ヘッケル（Haeckel, E. H.）が提唱したものであった。「個体発生は系統発生の繰返しである」と要約できるこの見方は，心理的個体発生の研究の出発に対して強い影響を与えた。そのような見方に対しては当時から批判がなされ，今日では否定されている。しかし，「遺伝的に規定された内部プログラムによる，方向性のある個人の変化」という生物学的発達観は，現在にまで引き継がれている（図 1.1）。

```
┌─────────────────────────────────────────────────┐
│ 歴史観としての「進歩の思想」  18～19世紀          │
│                              ヨーロッパ          │
│   ┌─────────────────────────────────────────────┐
│   │ 進化論的発達観         19世紀後半            │
│   │                        欧米                  │
│   │ ● 生物の系統発生（進化）                    │
│   │ ● 生物の個体発生（成長）                    │
│   │ ● 社会の歴史的発展                          │
│   │   ┌─────────────────────────────────────────┐
│   │   │ 近代発達心理学の出発：                  │
│   │   │ 「児童研究」child study   1880年代から  │
│   │   │                           アメリカ      │
│   │   │                           西欧, そして  │
│   │   │ 生物学的モデル, 人類の進化への関心      │
│   │   │                           日本など      │
└───┴───┴─────────────────────────────────────────┘
```

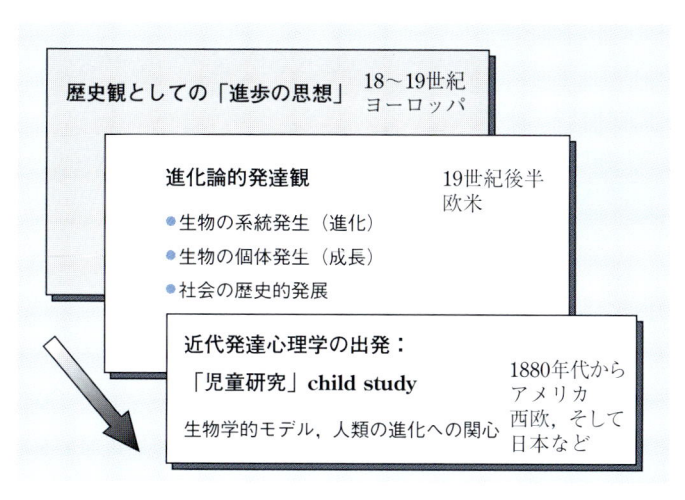

図1.1 「発達」という視点の背景：時間進行に伴う上昇過程を強調

　また，社会集団に対して進化の考えを適用した**社会ダーウィニズム**の考え（イギリスの哲学者・社会学者スペンサー（Spencer, H.）など）が19世紀終わりから20世紀初頭にかけて強まり，発達研究の背景で働いていた。それは，産業化が進み，国民国家の間で激しい競争が繰り広げられた時代でもあって，社会の価値が，発達のゴールの設定とそこへの到達度の評価に入り込んでいた。「知能の発達」にしても「社会性の発達」にしても，そのような社会状況の中で，人が有能な成員として機能するようになっていく過程を評価するための概念だといえる。発達に対する生物学的要因に加えて環境要因の作用を認めた発達研究者も，自分が属する社会の価値を明確に意識しないで取り入れて，その方向での個人の変化を，生物学的な成熟の要因と個人がもつ経験の要因との相互作用の結果による発達だととらえたのであった。

　1880年代からの**児童研究**（child study）を近代の発達心理学の出発点だとすると，発達心理学は120年以上の歴史をもつことになる。児童研究の推進者であったアメリカのホール（Hall, G. S.）も，熱心な進化主義者であった。欧米の

影響下で 19 世紀末に日本で始まった児童研究でも，反復発生説や，フランスの生物学者ラマルク（Lamarck, J. P.）の獲得形質の遺伝の考えが，一時期，強い影響力をもっていた（BOX1.1，BOX1.2 参照）。このように，近代の発達心理学の出発を準備した源流の一つが，西洋の進歩の思想であり，また，それが，

> **BOX 1.1　初期の日本の児童研究を導いた生物学的発達観の例(1)**
> ——「獲得形質の遺伝」説の受容と，自国の研究データの必要性の気づき
>
> 　日本の小児は，欧米の小児とは，全く組織及び歴史の異なれる社会に生長するものなれば，したがって異なれる遺伝を受けきたること，疑いなかるべし。しからば即ち，欧米人がその小児につきて研究したるの結果は，必ずしも我に裨益（ひえき）なかるべし。……広く日本の小児を研究して，もって日本教育の真基礎を建てんことを謀（はか）り，教育篤志家諸君の翼賛（よくさん）を得んことを懇望（こんもう）す。
> （日本教育研究会による児童観察の趣旨（1891 年）から。文字・かな遣い，読点の一部を改めた）
>
> **解説**
> 　現在では，獲得された身体的・心理的特質の遺伝は否定されている。しかし，日本の社会の中での子どもの発達を研究しなければならないという主張は，今日ますます大きな意味をもってきている。また，文化的条件の他に，生物学的条件がわが国の子どもの発達に影響している可能性にも関心が向けられている。
> 　胎生期のヒトの形態的発生過程が系統発生を部分的に反映するとしても，出生後の心理的機能の発達がヒトの進化過程を反映するという心理的反復説（BOX 1.2 参照）は否定されている。また，「未開人」を，子どもやヒト以外の霊長類と共通の心性（メンタリティ）をもつ下等なものとは考えない。そのような概念はもはや使用されず，それぞれの文化の独自性を認識するようになっている。しかし，反復説に内在していた生物・文明・民族を序列化する思想の残滓（ざんし）から，われわれが完全に解放されたと言い切れるだろうか。「まるで話にならないこと」と片づけた BOX 1.2 の高嶋平三郎を，私たちは完全に乗り越えたのであろうか。

BOX 1.2　初期の日本の児童研究を導いた生物学的発達観の例(2)
── ホール(Hall, G. S.)たちの反復説と，西洋文化中心の進化・発達観の受容

　……児童が一つの細胞から発育するに動物のあらゆる階級を経て来るものであるということは前にお話して，胎児の折の比較図も掲げておきましたが，児童はただ胎内で動物の発育の順序をくり返すばかりでなく，生れてから後もその状態がよほど猿猴（えんこう）のような高等の動物に似ているものであります。……このように外形が似るとともに，心もまた子供は猿によく類して，猿と同じ本能を多く顕わします。……それからおいおいと動物の階級以上に進み，人として文明が発達して参りますと，その思想も感情も進んで来て，余り荒々しい事をしたり，また酷たらしい事をしたりするような事が少なくなって来る。……開けない時の人は何事も考えなしにするものであります。これと同じ状態が子供の時に顕われて来るものであります。……これはちょうど子供が原人時代の人と同じような感情をもっているからでありますゆえ，その事をよくのみ込んで置けば，どうやったらこの子供はよくなるかという考えもつくようになるのであります……。

　……原人や未開人は酷いことをすることがあります。もとより慈悲の心が全く無いことはないのでありましょうが，未開人の中には自分の親さえ食べるものがあるそうです。……現にスマトラのバッタクスという土人の中には親を食べる人種があったということであります。……[宣教師になぜそんなに酷いことをするのかと聞かれた土人は] そんな事 [西洋でしているように死んだ親を埋葬すること] をして腐らせて虫に食わせてしまうよりは，自分が食べてしまった方がよほどよい，私等は親が可愛くてならぬゆえ，私等の体を親の墓にして親が私等の中に甦るようにすると答えたということです。まるで話にならないことで，われわれが非常に残酷であると思っておる事も，野蛮人は平気で，かえってよいつもりになって行っておる……。

(高嶋平三郎　1909 年『児童心理講話』広文堂, Pp. 29-39.から。文字・かな遣い，読点の一部を改めた)

当時の学問的・社会的条件とも絡み合いながら展開したという歴史的経緯を，確認しておこう。

　草創期にあった発達研究を主導した生物学的モデルの特徴は，以下のようなものであった。まず，人間の心理的発達は，一定の方向をもち，時間軸に沿って，順を追って繰り広げられる，という意味で，組織的な変化だとみなされた。発達には順序性があって，それはもっぱら生物学的プログラムによってコントロールされると考えた。しかし他方において，生物学的モデルが，環境に対する個人の適応作用に注目したことも事実である。それは，生物としての人間がもつ機能を重視し，個人の能動性を認める視点（2章のピアジェを参照）であった。

　生物学的視点に立った人間発達の研究は，基本的に上昇過程を扱い，発達の頂点と考えられる青年期，または成人期前期までに焦点を当てた。それ以後の時期に，心理的機能の下降過程が起こるのは，生物学的視点からは当然ともいえる。そのような見方は，20世紀後半になっても有力であった。

2. 生涯発達という概念の提起

　上記のような立場からすると，人間の生涯の全範囲にわたる心理的変化を，発達という視点でとらえようとする生涯発達（life-span development）という発想に対して，違和感が生じても不思議ではない。現在では，心理学の内部で，生涯発達という概念は一応受け入れられているが，その意味づけには多様性がある。これまでの30年以上にわたる理論的・方法論的考察と実証的研究の蓄積を通して，生涯発達という用語が明確な地位を占めるようになっている発達心理学の内部ですら，生涯発達の意味のコンセンサスはまだない。しかしそれは，必ずしも困ったことではなく，多様な意味づけ方の間で論議がなされることが大切である。ここで，生涯発達心理学を検討するための2つの論点を提示する。

(1) 児童期に見られる心理的特徴を全体的にとらえようとすることから出発した児童研究は，心理学の領域にとどまらない学際的アプローチを含んでいた（医学，教育学，人類学，矯正や福祉領域など）。そのような視野を保ちながら，乳児期，幼児期，児童期，青年期で終わるのではなく，成人期，中年期，老年期というように対象とする時期を拡張して心理学的研究を進

めれば，その総体が生涯発達心理学となるという考え方が成り立つ。1880年代に出発した児童研究は，ホールの著作にも現れているように，20世紀初めには青年期を，そして1920年代には老年期を視野に入れていた。しかし，老年学との関連で，老年期の心理学的研究，さらに成人期や中年期の心理学的研究が本格的に始まったのは，20世紀後半からのことである。それらの研究成果をまとめて，各時期の心理的特徴の全体像をまず明確化し，それをつなげて考えれば生涯発達心理学になるというのが第1のアプローチである。

(2) 特定の機能（たとえば，記憶）の年齢的変化について，乳児期から，青年期や成人期前期までを研究するにとどめないで，中年期や老年期の変化も研究範囲に含めれば，生涯発達の研究になるのだろうか？ この問いは，1960年代頃から明確になってきた，発達心理学の典型的な研究法と関わりをもつ。そこでは，多面性をもつ個人の全体像の理解よりも，個別の心理的機能の発達過程を知ることに重点を置いた。次に，特定の領域（たとえば，認知）の中での複数の心理的機能（たとえば，思考と言語）を個人内部でのシステムとして扱おうとする研究が現れた。さらには，複数の領域間の相互連関（たとえば，認知とパーソナリティ）の研究も増えてきた。この方向で研究を進めれば，生涯発達心理学が樹立できるというのが，第2のアプローチである。そこでは，機能の上昇的変化だけではなく，下降的変化や喪失も扱うことになる。そのことが，発達という概念の再検討を引き起こした。そして，生涯発達心理学の分野では，発達の過程が終わると，**エイジング**（aging）の過程が始まるというのではなく，発達とエイジングの過程を，ともに生涯にわたる過程としてとらえようとする視点が，だんだんと明確に現れてきた。

上記の2つのアプローチが合流することは，生涯発達心理学の必要条件を表しているといえる。残る課題は，それが生涯発達心理学が成り立つ十分条件かというものである。それに答えるためには，人間の生涯を発達という視点でとらえることの意義と，生涯発達の意味づけの再検討が必要になる。その答えは，発達心理学の研究システムやアプローチの範囲に限定していては出せない。こ

こに，生涯を通しての人間の変化を取り巻く社会的・文化的条件に，改めて目を向ける意味がある（1.2 参照）。

1.1.2　発達的視点の特徴

　発達的視点，つまり人間の心理現象を発達的に理解することの意味を説明する。発達的視点の主な特徴として，次の3つを取り上げる。

(1) 発達的視点は，いま，人が示している心理的特徴を，そこに至る形成の過程を考慮に入れてとらえる，一種の歴史的理解法だといえる。これは，過去の事象の影響であっても，現在の心理的構造の中に反映されているはずであるから，現時点での詳細な分析で十分だとする非歴史的立場と区別できるものである。発達的視点は，時系列的に起こる人間の変化過程に注目する。

(2) 発達的視点は，時系列的に起こる人間の変化を，より完全な状態，あるいは，環境によりよく適応した状態へという方向での前進的変化として，とらえようとするものであった。それが18〜19世紀の進歩の思想の影響のもとで明確になった視点であることは，すでに説明した。過去から現在までの変化過程も，現在から未来にかけての変化過程も，何らかの意味で「よい」ものだと性格づける視点である。それには，暗黙の価値観が含まれていた。

　それは必然的に，発達遅滞，発達の停滞，退行などの概念を生むことになった。たとえば，「知恵遅れ」という概念は，健常者の知的発達がたどるコースとペースが研究されて，初めて明確な問題となったのである。つまり，精神発達という概念がなければ，精神発達遅滞という概念も生じなかったであろう。

　もちろん現在では，人間の特定の側面について考えても，どのような価値を認めるかには，多様性がある。たとえば，「どのような人が賢いのか」，「望ましいパーソナリティとは何か」というような問いに対して，1つの文化の内部ですら，誰もが認めるような普遍性の高い絶対的な基準は決められない。しかし，何らかの意味で方向性のある人間の変化に注目すること

は続いていて，今でも発達という概念には，暗黙の価値（よさ）が絡んでいることが多い。つまり，時系列的に起こる人間の行動・状態や心理的機能の変化のすべてを，発達的変化だとするのではなくて，選ばれた側面の変化に注目する。その選択の仕方に，価値観が関与する。

2章で述べるように，20世紀前半に提起された主要な発達理論は段階理論であり，発達を質的に違う段階をたどる方向性のあるものだととらえた。もちろん，発達をそのような1本道をたどるものとはせずに，変化する環境との間での適合的な関係を維持し続けるという，個人の心理的適応過程に注目する見方も有力になっている。このように多様な見方が共存し得るのは，発達という事実が客観的に存在していて，それを研究者が発見する（つまり，ただ1つの正解がある）ようなものではないことを意味する。

(3) 発達的視点は，発達にかかわる社会・文化的条件の働きに徐々に気づいて，それを含めた理論的枠組みを構成し始めている。すでに述べたように，発達の生物学的モデルは環境に対する個人の適応作用にも注目していた。それは，個人側の条件と個人を直接に取り巻く環境側の条件の間で起こる，相互調整的変化を重視する視点である。しかし，その相互調整過程が起こる場を構成する社会の諸条件や，歴史性をもつ文化的条件の中で人間発達が進むのだ，という認識が本格的に浸透したのは，近年のことである。それには，文化人類学や社会学を初めとした隣接領域の研究から，発達心理学が受けた刺激も関係している。それによって，新たな発達の理論も提起され，研究法にも変化が生じた。

1.2 発達を取り巻く社会的・文化的条件と発達研究の位置づけ

1.2.1　発達のコースをたどる個人と，社会的・文化的条件

集団を形成して生活してきた人間は，古くから，自分たちが，生まれ，育ち，老い，そしていつかは死ぬ存在であることを意識していたに違いない。事実，人生の段階区分や，成長と老いに関する思想は，古代社会でも認められる。生まれてきた子どもを社会の一員となるように組織的に導くことと，成人後の時

期の管理が必要なことを，社会は認識していた。古代ギリシャのプラトンやアリストテレス，中国の漢代の『礼記（らいき）』の中での子どもや家族生活のあり方に関する言説（2章参照）にも，また，古代ローマのキケロの老年期に関する考察にも，現代のわれわれの興味をひく記述が多く含まれている。人間が通常，どの時期にどのような能力と特徴を示し，どのような役割を果たせるのかについての期待と，それに応じた個人に対する評価とは，社会通念として社会の成員に共有されている。そしてその通念と関連して，各時期に属する成員をどのように処遇するかが，慣習や法律によって定められている（図1.2）。

その社会的標準は，一方では社会的・文化的環境として個人の経験内容を規定し，発達を導く。逆に社会の中での個人が実際に示す発達とエイジングの姿は，社会通念と処遇にも反映される。したがって長期的に見ると，年齢に関する社会システムと個人の発達・エイジング過程とは，相関連しながら変化する。

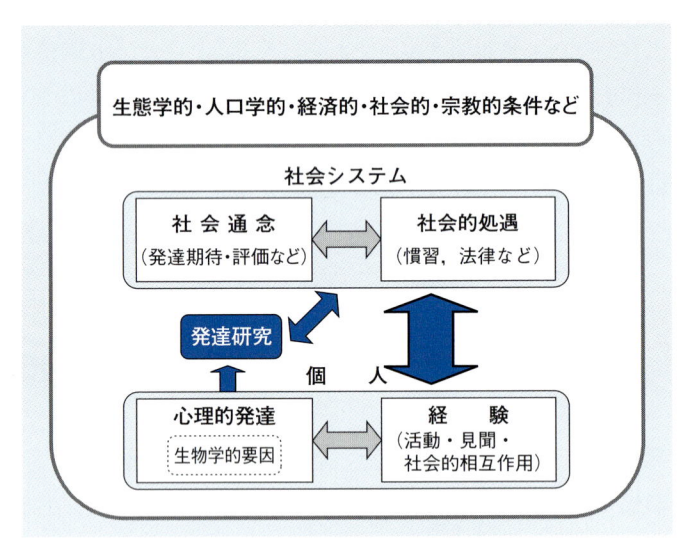

図1.2　社会の中での発達過程の進行と発達研究の展開

そのような変化の底に，生態学的・人口学的・経済的・政治的・宗教的条件を初めとした集団の基礎的条件が関与している。たとえば，生活条件や医療システムの改善によって人間の寿命や発達の様相が変わると，社会による認識が変わり，年齢による分類法も変わってくることがある。

1.2.2 発達研究の位置づけ

図 1.2 はまた，発達研究自体も，社会の条件と個人の発達の間で繰り広げられる相互規定的なサイクルの中に位置づけられていることを示している。まず，発達研究の対象となる現象が，社会システムの長期的影響を受けたものであるだけでなく，現象をとらえる研究者の認知的・価値的枠組み自体が，社会システムによって規定される（p.3 参照）。そして，人間発達の新しい側面を研究者が明らかにすると，その研究結果が徐々に社会に伝達されて，社会システムと個人の両方の変化につながることがある。しかし，研究結果が学界や社会に受容されるかどうかには，時代精神を含めた社会の諸条件が強くかかわっている。

1.2.3 当事者の視点の大切さ

研究者は多くの場合，対象を外から見て，発達の記述や評価を行ってきた。それに対して，発達しつつある個人が自分の歩みをどのようにとらえて評価しているのか，あるいは，本人と直接的な相互作用をもつ周囲の人々（家族，教師，仲間，同僚など）が，相手の変化をどのようにとらえ，それに反応しているのかという視点の重要性に研究者が気づいたのは，比較的最近のことである。親や教師が，子どもの発達的変化をどのように見つめ，それを導こうとしているのか，さらに，子ども自身が，過去の自分と比較して今の自分をどのように評価しているかは，個人の内面生活の面でも，社会的相互作用の面でも，重要な意味をもつ。その側面に目を向けないで外的枠組みによって発達を規定しようとするのでは，結局，人間発達の重要な側面を見落としてしまうのではないだろうか。

ここで，発達心理学を学ぼうとする人に，広い視野をもって学習の成果を高めることを要望しておきたい。人間発達についての学問研究の成果を勉強して

受容するだけではなくて，発達研究の対象となる事象が，現実の社会の中で，相互連関をもちながら進行していることと，自分も生涯にわたる発達の過程をたどり，他の人々のそれにも参与していることに，注目してもらいたい。さらに，発達研究の結果を鵜呑みにしたり，それに対する解釈を無批判に受け入れるのではなく，主体的・批判的な態度を保持することが望まれる。そのためにも，発達研究の課題と方法を理解することが重要となる。

1.3 発達研究の課題と方法

1.3.1 発達研究の全体的枠組み

人間の心理的機能や状態が，時間進行に伴って量的あるいは質的に変化するように見えるとき，つまり発達現象への気づきが起こったとき，研究者は現象の記述から始めるのが普通である。きちんとした記述をするためには，データを組織的に集めて分析する必要があるが，その作業は，概念規定と，それをまとめる理論構成の両者との密接なつながりをもって行われる。

まず，データを集め分析する作業と，概念規定とは，相互連関して進む。たとえば，「知能の発達」と言うときに，知能をどのようなものとして概念化（定義）するのか，そしてそれをどう測定（知能検査）するのかが，まず問題になる。それに加えて，知能の発達には，個人の条件と環境の条件の相互作用が関係するだろうという見通しに立てば，それらの諸条件に関する概念のまとまり，つまり概念群が浮かび上がる。知能に関する理論は，これらの概念同士をつなぐ役割を果たす。理論は，データを集めるときの導きとなるし，また，見出された結果をまとめて理解し説明する役割を果たす。

個々の人間の生涯の歩みは，①生物学的条件の違い，②個人を取り巻くとともに個人がその組立てにも参与する環境条件の変化，そして，③それらの相互作用の結果として形成され変化する個人の心理的構造などの要因によって，多様性が生じる。個人も環境も，閉じたシステムではなくオープン・システムである。したがって，研究課題の設定も，研究方法も単純なものではない。

1.3.2 発達研究の課題
1. 2つの主要な研究課題

　発達研究の課題を大きく分けると，①発達のコースの記述と，②発達の機構（仕組み）の解明とになる。植物の生長に喩えると，種子が根と芽を出し，茎や葉を拡げ，花を咲かせ実を結んで枯れていく過程での質的・量的変化を調べるのが**発達のコースの記述**に当たる。そして，光や温度，水分や栄養素などの外的環境要因に，植物がどのように応答することによって，生長過程に関与する内的要因が働き，植物の分化と生長が起こるか，そしてどのような仕組みで枯れるのかという過程を調べるのが，**発達の機構の解明**に当たる。この2つの課題は，学問的発達研究者が立てる問いであるだけでなく，一般のおとなも子どもも，日常生活の中で，類似した問いかけをしている。

2. 発達に関する基本的概念

　ここで，発達研究の基礎をなす3つの概念を説明する。

① 成熟としての発達と学習としての発達

　発達研究者は，成熟としての発達と学習としての発達の2つを，概念の上では区別してきた。**成熟**(maturation)とは，遺伝的に組み込まれた個人内部のプログラムに従って，時間の経過に伴って繰り広げられる個人の行動や機能の変化を指す。この「内部プログラム」は，外に現れた行動や機能の変化から，その存在を想定したものである。発達初期の運動機能や言語機能の発達のように，適切な環境のもとに置かれた健常児において一定の順序で行動変化が起こるとき，研究者はそれを成熟としての発達だとした。その行動変化の順序には，種としてのヒトの共通性があるが，発達のペース（早熟・晩熟など）や最終到達水準には，遺伝要因に規定された個人差が存在することは認める。

　しかし，人間の心理学的発達がたどる具体的なコースを詳しく調べると，大多数の個人が同一の発達のコースをたどるとはいえないというデータがいくつも見出される。したがって，発達の順序性をそれほど厳密なものとしてとらえず，成熟の要因の規定性もゆるく考えるほうがよいであろう。さらに，成熟の内部プログラムは，内蔵された時計に従って自動的に進行するわけではない。そのプログラムの内容が個人の行動あるいは機能として実現するためには，個

人がもつ経験が関与している。たとえば，親から最小限の世話しか受けなかった6歳と5歳のきょうだい（母親にとっては，第5子と第6子に当たる姉・弟）が発見されたとき，2人は歩けず，ことばもほんのわずかしか言えなかった。しかし，施設に収容されてからの治療プログラムによって，2人の発達はかなりの程度の追いつきを示したのである（藤永ほか，1997；藤永，2001）。

しかも，この子どもたちの側に特定の条件が備わるまでは，成熟のプログラムがいわば冬眠していて，後に条件が整ってから，プログラムが動き出したと見なされるようなことも起こった。たとえば，引き取られた施設での養育者との愛着関係が成立するまで，著しい言語発達は起こらないように見えた。これは，各機能領域の内部だけではなくて，異なった領域間（愛着形成と言語）でも，発達のペースを制御するシステムが働いていることの現れかもしれない。

次に，**学習としての発達**は，心理学でいう学習（learning），すなわち「経験によるある程度永続的な行動の変容」のうち，「発達的変化」とみなされるものをいう。学習による行動の変化のすべてが，そのまま発達であるといえないことは，発達という概念の性質からいって当然である。

この学習としての発達は，個人の経験内容の歴史を反映したものである。たとえば，文法に則った母国語の運用，自分が属する集団の価値への同調，あるいは，複雑な数学の問題解決などは，広い意味での知識構造の習得を必要とするので，特定の内容の経験をもたなくては不可能なことである。ここでいう経験は，直接に本人が遂行して学習するものでも，あるいは，他者の遂行を観察することによって学習するもの（観察学習）であってもよい。

しかし，そのような学習が効果をもつためには，個人側に特定の学習についての準備態勢が必要なことが多い。そうでないと，「馬の耳に念仏」のように，経験すら不可能であるか，あるいは経験はしてもそれから適切に学べないことになる。この準備態勢は，教育心理学でのレディネス（準備性）の研究から分かっているように，身体的，知的，情緒的，動機づけ的，そして態度的要因を含む多くの要因によって規定される複合的なものであるが，中枢神経系の発達を中心とした成熟の要因も関与していることが多い。結局，成熟としての発達にも経験の要因が関与しているし，また逆に，経験を通して何を学習できるか

には，ある程度，成熟の要因が関与しているのだといえる。

② 遺伝と環境の相互作用

　遺伝と環境の問題は，さまざまな領域で古くから論議されてきたテーマであるが，上の説明から分かるように，個人の発達には，内部プログラムを構成する遺伝の要因と，経験の場を提供する環境の要因の両方が関係している。しかし，遺伝子が特定の行動の発現を直接に規定したり，特定の環境条件がじかに発達をもたらすのではない。すでに述べたように，ある行動の発現が内部プログラムに導かれるものであっても，それには個人の経験が絡む。そして，ある環境のもとでどのような経験内容をもつかが個人によって異なることは，同じ授業を受けても，完全に同じ経験をし，同じ影響を受ける受講生はいないことを例にして考えればよいであろう。

　結局，1つの時点で切って考えても，遺伝と環境の要因は，個人という場で相互作用し合うのである。そしてその個人自体が，それまでの遺伝と環境の相互作用の結果として生み出されたものであるとともに，その個人の諸条件が現時点での経験の仕方を規定するものでもある。このことを，児童のパーソナリティ特徴の一つである刺激に対する敏感性を例にして説明しよう。

　ちょっとした刺激にも反応するかどうかの個人差は，生まれたばかりの赤ん坊でも児童においても認められる。これは，同じ環境刺激から受ける影響の違いを生むだけではなく，本人がどのような場を選ぶか・避けるかの違いを生み出したり，また周囲の者から違った働きかけを引き出すこととなる。ちょっとした刺激の変化によって極端に影響される子どもは，それが起こりそうな場を避けようとする。また，その子どもに対しては周囲の者が敏感になって，強い刺激を避けようとして「腫れものにさわる」ような取扱いをしやすい。そのような周囲の者の反応がまた，子どもをいっそう敏感にするというように，個人と環境の要因間の継時的な働き合いを受けながら進むのが発達である。

　さらに，個人の変化と，個人を取り巻く直接的環境（家庭，学校，地域社会など）の変化との間には，相互調整的な関係があるというのが，ブロンフェンブレンナー（Bronfenbrenner, 1979）の主張する発達の生態学の視点である。このことは，家族の子どもの関係を例にして考えるとよく分かるであろう。たと

えば，子どもが自立して行動する能力を高め，親に対する情緒的な依存性から脱却するようになると，家族生活のパターンや親子関係も変わってくる。また，家族が子どもに対して出す要求が変われば，子どもは違った行動様式や能力を獲得するように導かれるのである。

ブロンフェンブレンナーは，上記の直接的環境（**マイクロシステム**）に加えて，マイクロシステム間の関係である**メゾシステム**（たとえば，家庭と学校の関係のあり方），そしてその外で働いている環境条件としての**エクソシステム**（たとえば，教育・保健行政関連機関，情報メディアなど），さらに上記の3つのシステムをデザインする**マクロシステム**（文化など）から構成される4水準の環境を区別して，それが人間発達にどう関わるかを考察した。さらに，これらのシステムの変化を扱う時間軸を入れたモデルを提起した。

③ 発達の臨界期と敏感期（感受期）

風疹のビールス，サリドマイドのような薬物，あるいは放射線の被曝が，人間の胎児の器官形成や後の機能に悪影響を及ぼすことがあるのは，受精後，一定の時間が経過してからの特定の期間である。たとえば，電離放射線の中枢神経系の形成への影響の場合，在胎8〜26週が障害を受けやすい時期だとされている。このような外的条件によって，個人に非可逆的な変化が起こる特定の時期のことを，**臨界期**（critical period）という。

人間以外の一部の動物の行動発達については，このような時期が出生後にも存在することが知られている。エソロジー（比較行動学，または行動学）の領域で研究された**刻印づけ**（imprinting）という特殊な形態の初期学習がそれである。人間に関しても，一部の中枢神経系の形成に対して初期の感覚経験が影響するというような生理水準に近い領域で，出生後に臨界期が存在する可能性がある。しかし，行動発達の水準になると，出生前でも後でも，人間の発達にとって厳密な意味での臨界期が存在するかは疑問である。臨界期とは，後の経験による修正や消去が困難な非可逆的変化が起こる固定した時期を意味するからである。

乳幼児期の社会的関係の形成や，ことばの発達に関するように，初期の経験が発達上重要な影響をもつ時期があるのは事実である。しかし，生物学的に

いっても，他の種よりもずっと大きい A/S 比（大脳の感覚野に対する連合野の比率）をもち，長期間をかけて成長していく人間の発達には，大きな**柔軟性**と**回復力**がある。さらに，人間の場合には，周囲の者からの意図的な働きかけや，本人の自覚による訓練によって，発達がたどるコースが修正されることも起こる。したがって，臨界期よりも緩やかな意味をもつ**敏感期**（または感受期；sensitive period）ということばを使うべきだとする立場が，大勢を占めるようになっている。初期経験の領域でも，それが発達を直接に規定するという決定論的立場を裏づけるデータは多くない。

1.3.3　発達研究の方法

　教科書に限らず，新聞・雑誌などでも紹介される人間発達に関する研究結果が，どのようにして産出されたものかを理解することは大切である。発達研究では，自然観察法，心理検査法，心理測定法，質問紙や面接による調査法，事例研究法，あるいは条件操作を伴って行われる狭い意味での実験法を初めとして，量的・質的データを扱う心理学研究の諸方法が用いられる。しかしここでは，発達研究に特有の研究方法に絞って，基本的事項を説明する。

1.3.4　発達のコースの記述の研究法

　発達のコースの記述の研究は，人がどのようなコースをたどって発達するのかを調べる。そのコースは1本とは限らないし，そのコースをたどるペースに個人差があることを前提としている。この研究課題には，発達の連続性と変化の問題が含まれていて，後に述べる縦断データが得られれば，個人の初期の特徴と後の時期の特徴とが関連するかどうかも調べられる。

　心理的属性は，客観的に存在しないものを概念化したものである。それは，身長のように直接的に測定できるものではない。発達研究では，発達という視点から見て意味のある属性の時間的変化に，選択的に目を向ける。したがって，発達観の違いによって，取り上げる属性が異なることは，十分に起こり得る。

　さらに，発達と関連する環境条件も考慮に入れる必要がある。個人を直接に取り巻く家庭・学校・地域社会や職場，そして，それらを取り巻く社会的諸条

件などの環境条件自体が，時間的な安定性と変化の両面をもつ。したがって，どのような性質をもつ環境条件かを考慮に入れないで，個人の特徴の連続性と変化を問題にしても，得られた情報は十分な価値をもたない。

このように，長い時間軸を入れ複雑な事象を対象とする発達研究は，研究法に関して考慮しなければならない問題が多く出てくる。

1. 年齢関数

年齢関数（あるいは発達関数）[$R = f(A)$；Rは発達の指標。Aは年齢の指標]は，発達のコースの記述に欠かせない情報である。20世紀前半の発達研究は，「何歳になると何ができるのか」という年齢関数の情報を確保することにかなりの力点を置いた。それは，遺伝プログラムによって制御され，特殊な経験の影響を受けにくい成熟としての発達を強調する生物学的発達観と結びついていた。

しかし，「この子はどうして何々ができるのか？」あるいは「できないのか？」という問いに対して，「もう何歳だから」や「まだ何歳になっていないから」というだけでは不十分な答えだという見解が，20世後半に目立つようになった。そして，何歳であることの中身（個人の諸条件と環境の諸条件との相互作用の結果の蓄積）を，分析的に問題にすべきだという立場が強調された。それは，発達の機構を解明しようとする研究への指向性とも関係していた。

しかし，量的な発達の指標（たとえば，使用語彙量，つまり，何種類の単語を使っているか？）に関して，標準的な対象群の平均化した年齢関数が得られ，各年齢水準ごとにRの平均値とその周りの散らばりの情報が得られれば，それを基準に使って，個々の子どもの発達が，平均的なものから大きくずれているかどうかを，確かめることができる。

また，乳幼児期の発達の里程標について，「それが現れるのは，平均的に何カ月ごろ，早い場合でいつ・遅い場合でいつという範囲の中に，90％の子どもが含まれる」というような情報を現在の子どもについて確保すると，それは，個々の子どもの発達のペースが順調かどうかを知る，一つの手がかりに使える。

もし，心身の機能の年齢関数の平均値や散らばりが，時代によって変化したり，同時代の集団別（たとえば，男女別，社会階層別）の年齢関数に違いが見

出されると，その原因と意味を探る必要が出てくる。これらの点で，年齢関数の確保は，実際面でも研究面でも，意義を失っていない。

　発達の指標としては，量的なものだけでなく質的なものも取り上げられる。量的な指標もそうであるが，質的な指標はとくに，1つの観察項目や検査項目によって，個人を発達の尺度(R)の上に位置づけるものではない。いくつかの項目から得られる情報を合わせて尺度化したものが，発達の指標となる。

　この尺度化が大きな課題である。主な問題を，知能を例にとって説明する。まず知能の発達というときに，知能をどう概念規定するか，そしてそれをどう測定するかが問題になる。概念化された知能が異なれば，その測定手段も変わる。その結果，知能発達の程度を示す指標も，違ったものになる。要するに，知能発達の指標は，研究者が拠り所とする知能観に依存したものである。

　次に，1つの知能発達の指標を用いて結果を比較できる年齢範囲を限定する必要がある。知能は身長のように直接に測定できないので，一連の知的課題に対する被検査者(被検者ともいう)の反応を尺度化するという，間接的な測定によらざるを得ない。そこで，たとえば6歳児と40歳の人の身長の比較では自明のことである測定値の比較可能性の検討が必要となる。各知能検査が，適用できる年齢範囲を限定しているのは，そのためである(5章参照)。

2. データ収集法の区別

　年齢関数を調べる目的で用いるデータの収集方法は，2種類ある。すなわち，一群の対象者を確保して繰返し調べて，その年齢的変化を直接にとらえる縦断法と，時間をかけて年齢的変化を追う代わりに，年齢を違えた複数個の対象群を同時点で調べて，その年齢差から年齢的変化を推測しようとする横断法である。

① 縦断法(longitudinal method)

　縦断法は，いくつかの問題を含んでいる。まず何といっても結果を得るまでに長期間を要するし，途中で対象者の脱落(参加の取りやめなど)が起こって，対象集団の代表性(サンプル集団としての片寄りのなさ)の問題が生じる。研究終了まで長期間にわたり参加し続けたのは，恵まれた状態の人々だったかもしれない。また，同一の対象者に，繰返し検査や調査をするという研究手続き

が，練習効果や飽きなどの影響を引き起こすこともある。また，研究開始時点での学問的関心によって研究計画が立てられるので，長い年月を経て得られた成果が，その時点での学問的関心に合致していないということも起こり得る。

さらに，適切な対象者を選んで，1回きちんとした縦断データを収集し分析した結果が，社会的・文化的条件の変化にかかわらず，他の集団にも当てはまるかという，**一般化可能性**の程度も，検討を要する問題である。どうしてかというと，単発の縦断法がもたらした結果は，ある社会で特定の時代に生まれ育った群（出生年コホート）のもので，そのコホートに特有な条件の組合せの影響を受けているからである。社会学のライフコース研究が示唆するように，発達に影響する社会的・文化的条件（教育制度やカリキュラム，情報伝達のシステム，政治的・経済的条件，時代精神など）の変動が，人々に与える影響は，その変動が起こったときの年齢によって異なることは，十分に考えられる。

それでもなお，縦断法はたんに年齢関数を得ること加えて，発達研究のいくつもの重要な別の問いに答えるために欠かせない方法である。そのことは，「4. 縦断データの収集法と分析法のデザイン」で説明する。

② **横断法**（cross-sectional method）

時間をかけて年齢的変化を追う縦断法に対して，年齢を違えた複数個の対象群を同時点で調べて，その年齢差から年齢的変化を推測しようとするのが，**横断法**である。これは縦断法と比べて，ずっと効率の高い方法である。横断法を用いるときには，取り上げる発達の指標に影響すると分かっている年齢以外の要因（たとえば，性別，社会階層など）が，すべての年齢群間で差がないように，対象の選択に注意を払う必要がある。そうしないと，見出された年齢差に，他の要因の影響が混入するからである。

それでも，縦断法と横断法の結果が食い違うことは少なくない。横断法によって見出された年齢差には，年齢的変化だけではなく，生まれ育った時代による違い（**出生年コホート差**）が混入している可能性がある。すでに説明したように，出生年によって，縦断データが示す年齢関数が異なる可能性がある。受けた教育内容と年数，職業生活・家庭生活・社会的生活で必要とされ獲得された技能，生涯学習の機会の拡大，栄養の改善や医療の進歩による健康の維

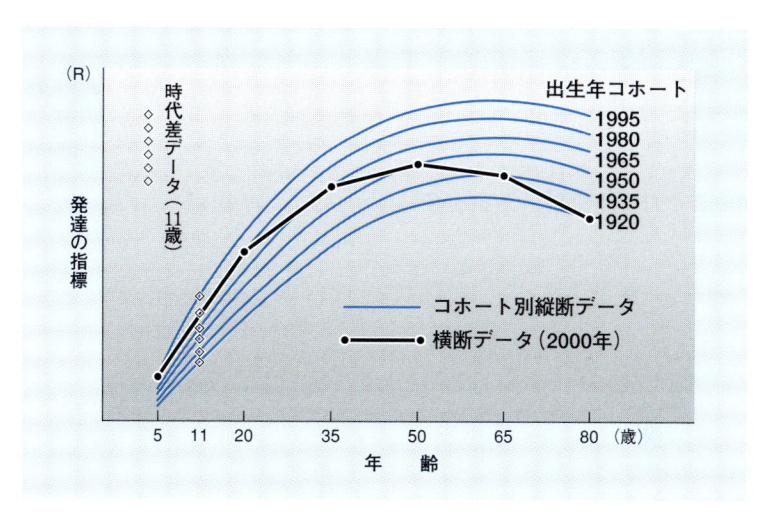

図1.3 縦断法（系列的），横断法，時代差法

持・増進など，新しい世代が知的能力の発達・維持に有利な条件を備えていれば，世代によって違った年齢関数が見出されても，不思議ではない。

　図1.3は，縦断法を用いて6つの出生年コホートの年齢関数を得たところ，新しいコホートほど年齢関数が上に位置したという架空のデータを示している。もしこのようなことが起こるなら，2000年に収集した横断法による年齢関数は，どのコホートの縦断データが示す年齢的変化からもかけ離れた，歪んだものとなる。ただし，新しい世代の人々が古い世代の人々よりも目立って有利な条件下にあるということが常に起こるとは限らない。もし，以前の世代の人々がよく使っていた心理的機能で，新しい世代になるほど使われないものがあれば，その機能に関するコホート別の縦断データは，この図に示したのとは別のものとなり，横断データも全然違う結果を示すことになる。

　図1.3に示したような研究の開始時期を組織的にずらして，長期間にわたる縦断法をいくつも繰り返す**系列的方法**を実行することは不可能に近い。しかし，

単発の長期縦断研究や単発の横断法の問題点を解決するために，系列的方法を効率よく組み合わせることは可能で，実際の研究で使われている。たとえば，シアトル縦断研究(Schaie, 1996)は，複数の28年間縦断データを合成することによって，25歳から88歳までにわたる知能検査得点の年齢関数を報告した。

年齢関数を得ることに関心があるのではなく，現時点における年齢差・世代差を知ること自体が目的である場合には，横断法を用いるしかない。たとえば，現時点で日本の各世代の漢字の知識，計算能力，社会的態度などを比較して，その差が生じる原因を推測し，必要によって対策を講じる場合がそうである。

3. 時代差法(time-lag method)

時代差法は年齢関数を直接に知るためのものではなく，特定の社会で年齢を固定した測定を繰り返し，それに時代差があるかどうかを調べる方法である（図1.3の時代差データ参照）。身体測定や身体的成熟の例でいうと，日本の11歳児の平均身長や運動能力の時代的推移や，女児の初潮を見たものの比率の時代的推移を調べるものである。そのような時代的変化を把握すること自体に意味があるだけでなく，その情報から何が時代による違いを生んだのかを推測する道が開ける。1つの年齢水準に限定して時代差を調べるよりも，いくつかの年齢水準を選んで調べた時代差データを総合すると，情報が増える（3章参照）。

時代差法に関しては，それぞれの時代の対象者として選ばれたサンプルの代表性（片寄りのなさ）に加えて，測定尺度値の時代間の比較可能性の問題があることを考慮する必要がある。たとえば，違う時代の同一年齢群の学力や道徳性の比較は，概念の定義と測定手段が基本的に同じでないとできない。

4. 縦断データの収集法と分析法のデザイン

さて，縦断法に戻ると，縦断データは，年齢関数を知る以外に，多くの貴重な情報をもたらす。ここで，縦断データの収集と分析のための，研究デザインについて説明する。本格的な縦断研究は，かなりの人数の集団を対象にして，時系列に沿って，個人に関するデータと，その環境に関するデータとを，多面的に収集する。

まず，縦断的データは，前の時点での測定と後の時点でのそれを対応づけら

れるので，発達水準の相対的位置の，時間的安定性の程度を調べられる。それによって，たとえば，ある時期に得た知能検査成績にもとづいて，その個人の後の時期の知能検査成績をどの程度まで予測できるのかが分かる。簡単な例を示すと，6歳のときの順位と12歳のときの順位とで，どの程度の集団内での位置の入れ替わりがあるのか，というような研究テーマである。

　次に，発達の多面的な指標に関して，時系列に沿ったデータが確保してあれば，初期のある指標（たとえば，1歳時点での母子の愛着関係の質）と，後の時期での別の指標（たとえば，青年期の異性関係の質）との結びつきを調べるというような，発達のコースと機構に関する情報を引き出せる。さらに，発達と結びつくと考えられる環境条件に関するデータを活用すると，発達の機構の解明にも役立つ情報が得られる。発達上の問題の予測や，問題の生起に関連する条件群を探るために用いられる縦断研究デザインは，最終的には臨床や教育などの実際的問題の解決に寄与することを目指したものである。それは，発達のコースの記述と発達の機構の解明との両方に関係する研究デザインである。

① データ収集法

　まず，**データ収集法**に関しては，プロスペクティヴ（prospective）法とレトロスペクティヴ（retrospective）法の区別がある（図 1.4）。訳はいろいろあるが，ここでは分かりやすくするために，「追跡的」あるいは「前向き」と，「遡及的」としておく。**プロスペクティヴ法**は，通常の縦断研究がとる方法で，最初に研究目的に即した参加者を募り，個人と環境に関する多面的測定を継時的に行うものである。アメリカでは，1920年代の終わりごろから，プロスペクティヴ法を用いたいくつもの縦断研究が始まった。

　ただし，研究の主目的が，生起確率の低い臨床的ケース（たとえば，小児自閉症や吃音児）の発生過程を探ることにある場合には，プロスペクティヴ法は効率が悪くて使いにくい。しかし，研究の出発時点で，特定の条件に当てはまる対象（たとえば，生物学的あるいは環境的条件が，発達上の問題を引き起こす可能性が高いハイリスク群や，発達の初期に特定の予防的処置を受けた家族を，研究群として継続的に追跡する場合には，比較する対照群を設定したプロスペクティヴ法が採用される。

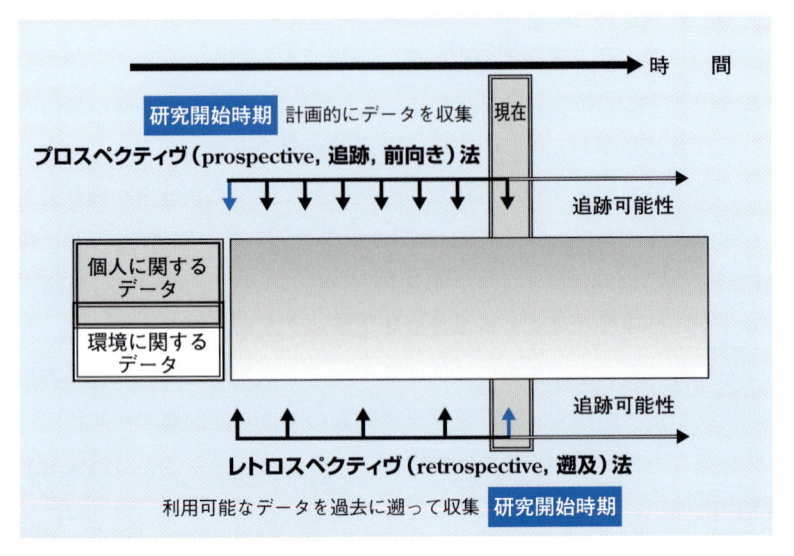

図1.4　縦断データの2種類の収集法：プロスペクティヴ法とレトロスペクティヴ法

　レトロスペクティヴ法は，発達途上の後の段階で，過去に遡ってデータ収集をするものである。そのときにも可能であれば，特定の基準で選択した研究群と比較するために対照群を確保する。旧チェコスロバキアで行われたプラハ研究は，子どもが小学校半ばの時点で開始されたものであったが，その母親が妊娠に気づいた時点にまで遡ってデータを収集した。母親が当時とった行為（人工妊娠中絶の申請を2段階にわたって行った）の記録にもとづいて，その妊娠を望まなかったことが明確に推定できた小学生220例が研究群となり，そうでなかった小学生220例を，厳密な方法で対応付けた対照群として選んだ（David et al., 1988）。レトロスペクティヴ法のデータは，考古学や歴史学と似ていて，既存の情報で利用可能なものに限られるという制約がある。過去の記録が存在しないときには，関係者に回顧的報告を求めざるを得ない（たとえば，親に子どもの成育歴を尋ねる）。ただし，回顧的報告は過去の事実に関する現

時点での報告であるから，報告者の現在の条件の影響を受けやすい。

② データ分析法

　以上の2つのデータ収集法を用いると，過去から現在に至る多面的データが確保できる。そのデータ分析法に関しても区別がある。簡単にいうと，(1)時間軸に沿って，どのような先行条件の組合せが後の違いにつながるのかを調べるのか，それとも，(2)結果から出発して時間軸を遡り，結果の違いをもたらした可能性のある個人側と環境側の条件の組合せを探るのか，の区別である。プラハ研究は，「親が望まなかった妊娠から生まれた子ども」か，「親が受け容れた妊娠から生まれた子ども」かという先行条件の違いから出発して，その後の子どもの特徴を比較したのであるから，(1)の例となる。また，エルダー(Elder, 1974)の『大恐慌の子どもたち』も，既存の多面的縦断データを活用して，大恐慌で収入が激減した家族とそうでない家族の子どもの2群について，その後のライフコースを比較した(1)の例である。それらに対して，(2)の結果の違いから出発することは，臨床領域でよく使われる。これら2つのデータ分析法は，発達の機構の解明で説明する相関的方法に属するものである。

　上記の①収集法と②分析法の組合せの問題は，医学の疫学研究で詳しく論議されているが，ここでは立ち入らない。プロスペクティヴ研究が，従来のレトロスペクティヴ研究(データ収集・分析法ともレトロスペクティヴ)の結論とかなり違った結論を引き出すことは心理学の領域でも認められる。レトロスペクティヴ研究は，問題が生じてから過去に遡って，問題に結びつく条件群を探る。そうすると，特定のリスク条件が，高い確率で後の問題を引き起こすという悲観的結論になりやすい。しかし，同じようなリスク条件を負いながら，後に問題が起こらないケースは見逃される。プロスペクティヴ研究の例としてワーナーたちのカウアイ縦断研究(Werner & Smith, 2001 など)を BOX 1.3 で紹介する。

1.3.5　発達の機構の解明のための研究法

　発達的変化が起こる仕組みを解明するには，個人と環境の相互調整的変化に目を向ける必要があって，それは容易な課題ではない。身体的特徴や機能が年

BOX 1.3　カウアイ（Kauai）縦断研究：プロスペクティヴ法

研究目的

　出生前後の生物学的リスク要因，心理社会的リスク要因，ストレスとなる出来事，そして保護的要因（protective factors）が，乳児期から40歳までの発達のコースにどう影響するかの解明。

対象

　ベビーブーム期の1955年に，ハワイのカウアイ島で生まれた男女698名。そのうち34％弱が日系で，23％弱がハワイ系またはその混血（日系を含む）。

調査時点

　妊娠期と周産期，1歳，2歳，10歳，17/18歳，31/32歳，40歳。40歳の追跡研究への参加率は70％という高率で，しかも青年期に問題をもったケースの85％が含まれていた。

調査方法

　医療記録，家庭での観察と母親面接，教師との面接，本人に対する検査と面接，警察や家庭裁判所などの記録。

主な結果（児童期以降）

- 妊娠中の合併症や周産期の問題のような生物学的リスクは，その後の成育環境が悪い場合を除いて，10歳までに子どもの心理的発達に対する影響がなくなる。しかし劣悪な成育環境（家族関係の問題，貧困，低い教育水準・アルコール依存症・精神的不健康などの問題を抱えた親）の下に置かれた場合（ハイリスク群）の多くに，10歳までに学習上や行動上の重い問題が生じやすい。
- ハイリスク群の多くは，18歳までに問題がさらに発現する（警察の厄介になる，精神的不健康，女性の妊娠）。しかし，ハイリスク群の3分の1は健常な成人となり，その快復力（レジリエンス）には家族外からの支援が寄与した。
- 40歳時の適応に結びつく要因は以下のようであった。母親の有能性と子どもに対する情緒的支援；本人の健康状態，有能性・自己効力感，現実的な計画を立てる能力。青年期に問題があったケースで回復したのは，家族・地域社会から離れて，自分に合った新しい機会を与える場（兵役を含む）を見つけた場合であった。

齢とともに変わるのはなぜかという問いよりも，人間の心理的特徴や機能がなぜ変わるのかは，直接にはとらえられない対象を扱っているだけに，格段に答えにくい問いである。そのために使う心理学的方法は，**実験的方法**と**相関的方法**に大別できる。実験的方法は，さらに比較的短期間の訓練・変容実験と，長期的な介入実験とに分けられる。

1. 実験的方法

① 訓練・変容実験

　実験的操作が可能な場合には，比較的短期間の**訓練・変容実験**によって，発達あるいはエイジングの機構が推測できることがある。発達的に低い段階にいる子どもにどのような経験を与えれば，高い段階に移行させられるかが分かることがある。あるいは，特定の心理的機能が年齢とともに低下した高齢者にどのような訓練をすると，機能回復するかが分かることもある。このような事実を理論的にうまく説明できれば，実際の社会で生活している人々も，同じ機構によって年齢的変化をするのではないか，あるいは，エイジングの個人差が生じる原因ではないかなどと推測するのである。

　ただし，(1)どのような条件のもとで，発達の方向に沿った変化を生み出せるのかということと，(2)実際の発達的変化が，どのようにして進むのかとは，同じ情報とはいえない。(2)の発達の道筋には複数のルートがあって，(1)はそのうちの一つであるかもしれないし，あるいはまた，(1)は(2)のどれでもない人工的なルートなのかもしれないからである。

② 介 入 実 験

　実際に社会の中で生活している人々を対象にして，そのうちの一部の人(実験群)に一定期間，実験的介入をした効果を，そのような介入をしない統制群(または対照群)との年齢関数を比較する**介入実験**は，倫理と技術の両面の問題があって，なかなか行えない。まず，人間の発達にかかわるそのような介入・非介入の処置が正当なもので，しかも参加者に十分な説明をした上での同意(インフォームド・コンセント)を得ているかという倫理的問題の確認が必要である(**BOX 1.4** 参照)。

　技術面では，実験的介入の効果の検討は，介入前の測定から始め，介入期間

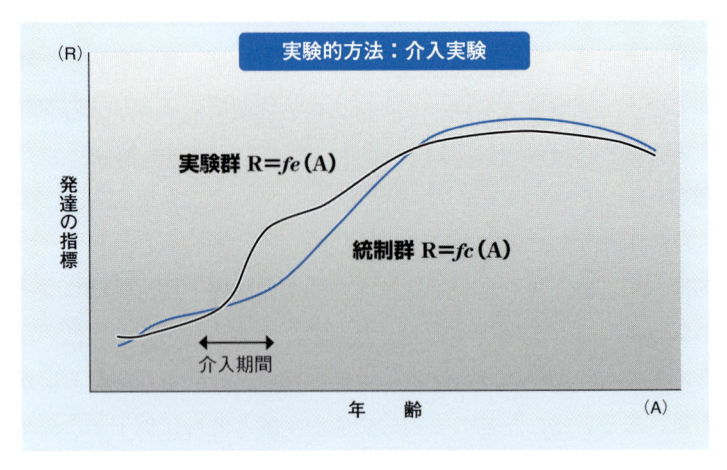

図1.5 発達研究における介入実験の模式図

中だけでなく，介入終了後も追跡する必要がある。図1.5はそれをモデル的に示したものであるが，介入を終了すると効果が持続しないことは，実際にも少なくない。対象を取り巻く多くの社会的・文化的条件が元のままであれば，短期間の介入の効果が徐々に消えても不思議ではないからである。別の技術的問題としては，同じ学校の生徒を2群に分けた場合のように，実験群への介入効果が統制群にも影響する波及効果がある。要するに現実の社会の中で長期間にわたって進行する発達の機構を，実験的方法だけで解明することには，限界がある。

2. 相関的方法

相関的方法は実験法のような人為的操作を加えずに，人々とその環境との両方に関して，現実に存在する散らばりを利用する。どのような発達のコースを歩むか，その歩みのペースが早いか遅いかなどに関して，個人差があるとする。そして，それにつながると考えられる個人側と環境側の要因に関しても，個人差と環境差があるとする。そのときに，個人側のどの要因と環境側のどの要因とが組み合わさって，結果としての発達の違いに結びつくのかを統計的手法を

> **BOX 1.4　研究の倫理**
>
> 　発達の領域に限らず,人間を対象とした研究に共通する倫理をまとめておく。それをどのように具体的手続きとするかに関しては,まだ課題が残っている。
>
> 1. 研究参加者を身体的・心理的な危険にさらしたり,害を与える可能性がある研究はしないこと。子どもや何らかの意味でハンディキャップをもっている人に対しては,特別の留意が必要である。
> 2. 研究への参加者に,人間としての尊敬を払うべきである。相手の尊厳と権利を侵してはいないか,十分に注意する必要がある。
> 3. インフォームド・コンセント(十分な説明にもとづいた同意)という概念の本質を理解すべきである。それは単なる手続きの問題ではなく,2の事項と密接につながる事柄である。どのような場合にそれが必要なのかを認識し,必要であるにもかかわらず,それを事前に完全に得ることができない場合には,研究終了までにきちんと対処すべきである。
> 4. データは,法的・倫理的に正当な方法で取得し,データ収集から報告書の作成までの各段階で,個人情報の保護には細心の注意を払う必要がある。
> 5. 研究の全般的な結果を,参加者に分かるような形で説明するのが原則である。人道的または学問的見地から,結果の報告をしない場合には,それが参加者に悪い影響を残さないように留意する必要がある。

用いて解析することを通して,何が発達をもたらすのかを推測する。

　本格的な相関的方法では,個人側の諸条件と環境側の諸条件に関する多面的なデータを時系列に沿って収集して分析する。このような研究を積み重ねていくと,発達のコースの記述と,発達の機構の解明の両方に関する問いに対する答えを徐々に絞っていくことができる。

　発達研究に限らず,実証的な社会科学全般に共通していえることであるが,1つの研究結果が学問を根本的に変えるようなことは,めったに起こらない。現実の社会で生起している複雑な事象を研究対象にしている領域では,特定の研究課題に関する研究の集積が必要である。その集積の総合的分析を**メタ分析**(meta-analysis)という。それによって,次の研究課題が見え始める。

■まとめ

1. 人間発達は，西洋の進歩の思想と進化論を背景にして展開した概念である。
2. 発達的視点は，心理的機能・構造の形成過程に注目する歴史的理解法で，暗黙の価値観の影響を受けている。
3. 発達の過程は社会的・文化的環境の中で進行し，発達研究もその中で進む。
4. 発達研究の主要な課題は，発達のコースの記述と発達の機構の解明である。
5. 発達のコースの記述に関するデータ収集の方法として，縦断法と横断法がある。研究結果の解釈には，データの収集・分析方法を考慮する必要がある。
6. 発達の機構を解明するために，実験的方法と相関方法が用いられる。

[参 考 図 書]

キケロ　M. T.　八木誠一・八木綾子（訳）　1999　老年の豊かさについて　法蔵館　[原著 BC45 - 44 年ごろ]

Cirillo, L. & Wapner, S.（Eds.）　1986　*Value presuppositions in theories of human development.*　Hillsdale, NJ: Lawrence Erlbaum Associates.

南風原朝和・市川伸一・下山晴彦（編）　2001　心理学研究法入門：調査・実験から実践まで　東京大学出版会

小嶋秀夫・速水敏彦・本城秀次（編）　2000　人間発達と心理学　金子書房

小嶋秀夫・やまだようこ（編）　2002　生涯発達心理学　放送大学教育振興会

教育と医学の会（編）　2002　児童期：知と感性をそだてる　慶應義塾大学出版会

森岡清美・青井和夫（編）　1987　現代日本人のライフコース　日本学術振興会

無藤　隆ほか（編）　1995　講座　生涯発達心理学　全 5 巻　金子書房

日本発達心理学会（監修）　古澤頼雄・斉藤こずゑ・都筑　学（編著）　2000　心理学・倫理ガイドブック：リサーチと臨床　有斐閣

日本教育心理学会（編）　2003　教育心理学ハンドブック　有斐閣

ピアジェ　J.　芳賀　純（訳）　1987　行動と進化：進化の動因としての行動　紀伊國屋書店　[原著 1976 年]

プラース　D. W.　井上　俊・杉野目康子（訳）　1985　日本人の生き方：現代における成熟のドラマ　岩波書店　[原著 1980 年]

斎藤耕二・本田時雄（編著）　2001　ライフコースの心理学　金子書房

田島信元・西野泰広（編著）　2000　発達研究の技法　福村出版

人生の時期の中での児童期

- 人生全体を時期区分する考えはどのようなものか？
- 社会は児童期をどのように認識してきたのか？ ── 児童期の始期と終期，現代の子どもの位置づけの基本的問題
- 主な発達の段階理論は，児童期をどう特徴づけているか？ ── フロイト，エリクソン，ピアジェ，ヴィゴツキーの理論

　この章では，本書で中心的に扱う「狭義の児童期」が，社会的および学問的にどのように位置づけられるかを論じる。まず2.1で，人生全体を時期区分する考えはどのようなものかを，歴史的視点を含めて説明する。

　2.2では，人生の時期または発達段階の一つとしての子ども時代が，どのような特徴をもつものとして位置づけられ，子どもが処遇されたかを説明する。社会を支配し運営している「おとな」に対する「子ども（あるいは，青少年）」という地位には，乳児・幼児・児童・青年が含まれる。それは，身体的・知的・人格的・社会的な有能性からいっても，社会が割り当てた役割と責任からいっても，「本当の意味での一人前」と認められる以前の時期である。多くの国で19世紀の末ごろから20世紀にかけて徐々に社会に位置づき始め，その後の社会的変化とともに長期化してきたのが青年期である。その青年期を「子ども時代」からくくり出した残りの時期の者を，「少年」，「児童」，あるいは「子ども」と名付けて，その処遇を定める場合が，広義の児童期である。

　この広義の児童期から，乳児と幼児の時期を除いたものが，狭義の児童期である。この狭義の児童期の認識は，歴史的にいって乳幼児期や青年期のそれに先行したことには，時代や社会を通してある程度の共通性が認められる。ただし，近世と近代の日本について述べるように，狭義の児童期の終わりがもつ意味が，歴史的に変わってきた。それは，現代の子どもの位置づけの問題とつながる。

　2.3では，発達心理学の主要な理論が，児童期をどのように特徴づけたかを，代表的な段階理論（stage theory）を中心に述べる。

2.1 人生の時期の考え

1章で述べたように，社会がその成員を年齢を目安としたいくつかのカテゴリーに分けて，その処遇を変えることは，どの社会にも存在し，それが社会の中で生活する人々に強い影響を与える。制度化された人生の時期区分は年齢階梯制と呼ばれる。現在のわが国でも，その歴史的影響は，社会的条件の変化を受けながらも残っている。

2.1.1 社会的構成物としての人生の各時期

年齢による人々の分け方は，年齢による人の能力や特徴の平均的な違いを考慮したものであるが，逆に社会が年齢によって要求や処遇を変えることが，人々の発達に影響することは，1章で述べた。したがって，発達心理学の視点から人間の機能の変化に注目して発達段階を分けるときにも，間接的に社会による規定が影響している。「児童期」，「青年期」，「中年期」などの概念とその意味内容も，客観的に実在するものを表すのではなく，社会の所産（社会的構成物；social construction）だという見解が有力になっている。たとえば「子ども」をどのような存在ととらえ，それに関する言説（discourse）を組み立て，子どもに対する扱いを決めるかは，時代と社会により変わる。それに加えて，特定の時代の社会の中で，複数のとらえ方が併存する。そのことは，20世紀末から21世紀初めに10歳過ぎの子どもによる幼児殺人事件が起こったとき（イギリス1993年，ノルウェー1994年，日本2003年など），それぞれの社会の内部で違った見解が現れたことからも分かる。

1. 日本の人生の時期：近世

中世の日本社会での人生段階に関しては，数え年の15歳になると責任能力を備えた一人前と見なされたという説が歴史家の間で有力である（黒田，1986；横井，1975など）。斉藤（2003）は，13世紀前半から16世紀半ば頃の人身売買に関する文書の分析から，売買の対象となったのは7歳からで，そのうち自分を処分したケースは15歳からだとした。

ここでは，もっと多面的な資料が得られる近世日本，とりわけ，18～19世

紀を中心に工業化期以前の伝統的日本の人生の時期を，図2.1 に示す（Kojima, 2003）。そこにも，中世での7歳と15歳頃の区切りが引き継がれている。生後のおよそ12〜14年間が「子ども」であるが，その時期は数え年の7歳を境にして，二分された。前半期の**成育儀礼**は，胎児期に加えて生後1年間のうちに一連の儀礼が行われた後は，3，5，7歳に行われ，7歳が子ども期前半の終わりであった。それまでは，子どもの生活の大部分は，家庭で営まれた。後半期に入る7歳から生活の場が徐々に家庭の外に広がり，仕事への参加や教育・訓練が始まった。子どもは地域の**子供組**の成員になったが，それは日常的に集団として機能したというよりも，地域の行事や祭事があるときに，子どもとして参加する形態が多かった。子守は別として，丁稚・徒弟・女中などの形での奉公を始めるのは，10歳以後のことが多かった。なお，自分の行為に対する刑事責任は，13歳頃から問われる場合が多かった。

社会的に明確な地位の区別は，子どもと若者との間に見られた。その区切りとなるものは，性別・地域・社会階層による違いはあるが，およそ13から15

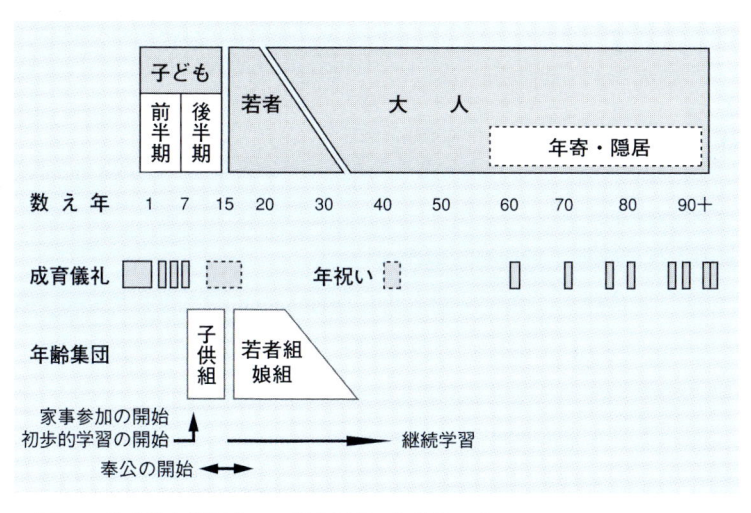

図2.1 社会的年齢区分：工業化以前の伝統的日本(Kojima, 2003を改変)

歳頃に多く行われた通過儀礼であり，元服の形をとることもあった。男性は数え年の15歳頃に，特定の年に生まれた者（出生年コホート）が一斉に地域の若者組（若衆組）に加入した。それを契機として，男性は「一応の一人前」である若者となった。若者組には，地域社会の中で，ある領域・範囲内での自治が認められ，若者は若者組での活動を通して，「本当の一人前」に向かう経験を積んだ。近年の地方公共団体が催す成人式が実質的意味を失ったのとは違って，若者組への加入の儀式は，当時の若者にとって大きな意味をもっていた。それに対して，女性が参加する娘組の機能は男性の場合よりも明白でなく，男性の若者組の支配に従属する面があった。

　男女とも，若者の時期は，特定の年齢に達するというよりは結婚による家族形成によって終わり，それがおとなと認められる主要な区切りであった。女性の場合は20歳頃までの結婚が標準的であったが，男性の場合には，本人の社会的地位や出生順位などによって，大きな個人差があっただけでなく，結婚せずに終わるケースも少なくなかった。

　おとなの時期を生き通していくと，初老とされた40歳過ぎから年祝いが始まった。61, 70, 77歳から100歳まで続く年祝いを経験した人は現在よりはずっと少ない割合ではあったが実際にいたことを，歴史人口学が明らかにした。何歳頃から実生活上の役割から離脱して，隠居や年寄りとしての地位に就くかに関しては，地域での慣習による違いが大きい。このような年祝いや年寄りとしての役割の取得は，時代による変化を経ながらも，現在まで継承されている側面が認められる。

2. 日本の人生の時期：近代から現代へ

　図2.2は，近代化・工業化・都市化した日本の状況を表していて（Kojima, 2003），満年齢で表記してある。明治初期に定めた6歳就学や20歳男性の兵役から，明治中期の民法による20歳成年を経て，第2次世界大戦後の青少年関連から近年の老人福祉関連の法律まで，日本人の公民としての地位がすべて満年齢で規定されたことが，標準的なライフコースの概念に多方面にわたる影響を与えた。この過程は一気に起こったのではなく，1870年代から長寿化が進展した1970年代までにかけて，徐々に進行した（森岡，2000）。

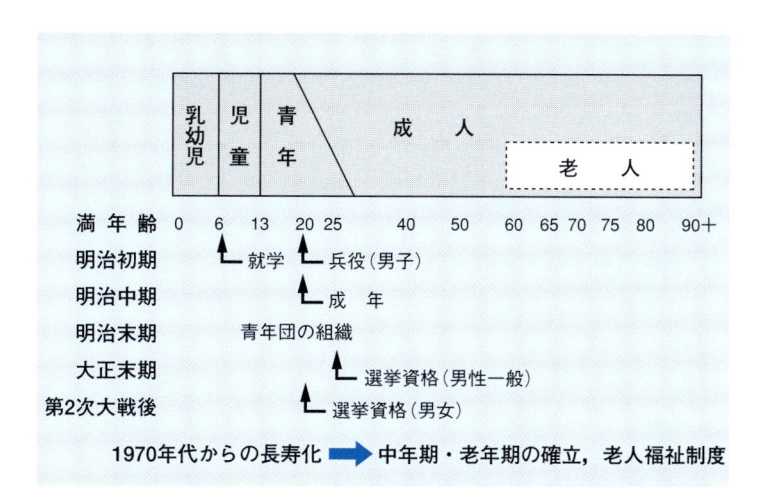

図2.2 社会的年齢区分：近代化・工業化・都市化した日本(Kojima, 2003)
国民の公民的役割の年齢別性別構成(森岡，2000)をもとにした図式化を含む．

さて，図2.1とこの図を比較すると，類似した側面と変化した側面の両方が見て取れる．まず，図2.1の子ども期の前半部分に対応した時期は，乳幼児期と名付けられ，その内部でさらに細かい区分がなされるように変化した．教育の領域への西洋の理論と方法の導入と，それと相互関連をもつ心理学領域における生物学的発達観（1章参照）の導入も，人生の時期を発達段階としてとらえる考え方に影響した．

乳児と幼児の区別に影響した一つの要因は，西欧から導入された小児医学である．子どもの世話・養育を医学の責務ととらえたことが，イギリスでの赤ん坊期（babyhood）の社会的認識につながったとライトはいう（Wright, 1987）．6歳になって就学するという日本の学制は，結果として，すでに近世日本に存在していた子どもの時期の後半期を，児童期として制度化するように働いた．それに比べると，近世日本で社会的に明確であった子どもから若者への移行は，日本の近代化の進行とともに，だんだんと不明確になった．義務教育終了後の進路が多様化して，社会的に一人前と見なされる基準も多様となった．

産業化した近代社会の産物とされる青年期は，欧米では19世紀末頃に目に見える存在となっていた。1章でふれたホールの青年期に関する大著の出版にも，そのような時代的背景が働いている。日本では明治後期の20世紀初め頃に青年が社会的存在として認められたことは，文学作品（国木田独歩，森鷗外，夏目漱石など）にも反映されている。ただしそれは，同年齢人口の一部の恵まれた者にだけ当てはまる青春像であった。それが一般化したのは，第2次世界大戦後の高度経済成長期に高校進学率が急速に高まり，さらに高等教育への進学率が上昇し始めてからである。その時代に流行した歌謡曲の中の「青春時代」や「学生時代」という言葉も，その反映である。しかし，近年には青春時代の存在が不明確になり，青春の終焉という見方も提起されている（三浦，2001）。

2.1.2　ライフサイクルとライフコース

社会的年齢区分と関係して，ライフサイクルとライフコースにふれておく。ライフサイクルは，もともと生物学の概念であって，生物における規則的・周期的な世代交代を表した。生物学的視点に立った心理学の発達理論が，ライフサイクルを基本概念にしたのは，当然ともいえる。社会学における家族周期の概念の基礎にも生物界における世代交代がモデルとして働いていた。ライフサイクルの概念はなじみ深いものとなり，次に述べるライフコースの視点を十分に含んでいる場合でも，ライフサイクルという用語が使われることがある。

ライフコースという概念の定着には，人間発達に関心をもつアメリカの社会学者エルダー（Elder, G. H.）（1章参照）の寄与が大きい。戦争・革命・恐慌のような激変だけでなくて，近年に諸国で起こっている生産・消費生活・交通・通信などのシステムの変化，社会構造や政治形態の変容，あるいは人口構造などの変化は，そこで暮らす人々の経験内容を変える。また，社会的変動が個人のライフコースに与える影響も，その変動が起こった年齢により異なる。その結果として，世代によってライフコースに違いが生まれる。ライフコース研究は，人生移行（学業の終了，就労，結婚，引退など）に注目するが，人生移行のタイミングも男女ともに社会変動の影響を受ける。

ライフサイクルが集団に共通に認められる規則的な世代性に焦点を当てるの

に対して，ライフコースという概念は，現実の社会の中で個人がたどる軌道に注目する。近年になって，日本でもライフコースがとる軌道の多様化や，人生移行のパターンの不明確化が目立つようになった。たとえば，学業を終えれば定職に就く，結婚すれば子どもを産む，ある時期に完全に仕事から引退して生産的な役割から離脱するというような定型的パターンが揺らいでいる。このような状況下では，規則的・周期的な世代交代だとされたライフサイクル自体も変化する。それによって，人間発達がたどるコースにも変化が生じる。

2.1.3 発達段階

　発達心理学でいう**発達段階**は，個人の機能の質的な変化に注目した区分である。それは，認知やパーソナリティなどの領域ごとに行うのが通常であり，特定の領域に属する複数の機能間の連関をシステムとしてとらえて段階を特徴づける。そのため，領域間で区分にずれが生じることがある。次に，領域ごとの発達段階区分を超えて，諸領域における発達を統合した，個人水準での心理学的機能の連関に注目した発達段階を構成することが課題となる。しかし，「下から」組み立てて上部の構造に至る理論構成も，また全体的な組織化（organization）を司る上位のシステム論の構築も，まだ不十分である。したがって，「児童期」という段階区分も，心理学の理論やデータにもとづいて提起されたものというよりは，社会による規定を受けて構成されたものという性格が強い。

　しかし1章で述べたように，社会によるとらえ方に，現実に起こっている年齢に伴う心身の変化が影響している。たとえば，時代とともに早熟化が進み第2次性徴の出現の時期が早まると，それは青少年の精神面や社会的側面での発達にも影響し，思春期のありようが変わる。それが，発達研究の知見にも反映される。また，有能で健康な老年層が人口の大きな割合を占めるようになってきた近年の日本で，老年期の心理学研究の結果が変わってきても不思議ではない。

2.2　児童期の位置づけ

表 2.1 に示すのは，医学領域での著作に現れた年齢段階区分の例である。これと，表 2.2 から読み取れる子どもの処遇に関する処方や慣行とを合わせて考えると，今日いう児童期にほぼ対応する時期を，人生の1つの時期として区分する考えが，かなりの一般性をもっていることがうかがえる。もちろん，処方と実際とは必ずしも対応しない。たとえば，教育を受ける期間も，今日の学校制度のように狭い年齢階梯に限定されたものではなく，それを始める時期にも終わる時期にも，大きな散らばりがあった。また，そのような処方の対象となったのは，自由をもった都市国家の市民，支配者層または知識階級の子どもであったことも忘れてはならない。

表 2.1　生物学的・医学的視点からの人間の一生の中での児童期の例

- 人間の段階は6つである。最初の7年（infantia）ではまだ明瞭に話せない。14歳まで（pueritia）はまだ髭などがなく生殖能力をもたない。28歳まで（adolescentia）は成熟して生殖能力をもつ。50歳まで（juventus）はもっとも強壮な段階である。50から70歳が円熟した時期（gravitas）で，老年（senectus）が最後の時期である。老年のうちの最後の部分をとくに senium という。
　　　　　　　　　　　　　　　　　　　　　　（聖イシドルス［7世紀スペイン］）

- 小品方［5世紀］にいう。およそ人の6歳以上を小となし，16歳以上（18歳以上とする書もある）を少となし，30歳以上（20歳以上とする書もある）を壮となし，50歳以上を老となすと。6歳以下は経書に記載がなく，授乳中の嬰児の病気を治しにくいのは，処方について依拠するところがないからである。
　　　　　　　　　　　　　　　　　　　　　（孫　思邈『千金要方』［7世紀唐］）

- 乳児期：0～12-14カ月；児童期：14-16カ月～12-14歳頃（初期＝6歳頃まで，中期＝6歳頃～9-10歳頃，後期＝9-10歳頃から）；青年期：14-16歳頃～20歳；成熟期：20歳頃～55-60歳頃；終末期：55-60歳頃～死
　　　　　　　　　　　　　　　　　　　　　　　　（スキャモン，R. E.［1942年］）

2.2.1 児童期についての社会の認識と処遇

心理学では，およそ6歳から12,3歳までを児童期とすることが多い。それは，現在の多くの国での初等教育の期間ともほぼ一致しているところから，学童期とも呼ばれる。知的な課題状況下での子どもの行動を調べると，5～7歳にかけて，学習，思考，知覚，知能，言語などの領域で，多面的な行動変化が起こることを示したのが，ホワイトである (White, 1965)。そのような変化をもたらす主な要因としてホワイトは，中枢神経系の成熟という生物学的要因と，学校教育の開始とを挙げた。遺伝的に組み込まれた内部プログラムと経験の集積を基にして準備が整った子どもが，正式の学校教育を受け始めることによって，心理的に大きな変化が起こる。1章で述べたように，心理学者が見出した発達の節目には，社会による子どもの取扱いの結果が関与している。子どもに対して本格的な知的訓練を開始するのに適当な時期だという社会の認識に従って，正式の学校教育が開始される。それによって，子どもの発達の姿が影響を受ける。そのような状況のもとでの子どもの発達を研究して，5～7歳に多面的な行動変化が見出されたのである。

子どもについての社会の認識は，実際の子どもの有能性の変化についての観察結果を土台として形成されたものである。成熟の要因と経験の相互作用の結果として，身体・認知・情緒・パーソナリティ面などでの準備が整ってきた子どもに，社会が本格的訓練の要請を出す。5～7歳は，多くの社会が子どもの取扱いが変わる時期だといえる。子どもに対する本格的訓練の内容は，時代や社会によって異なる。しかし，訓練開始の時期には，次に述べるように，時代や社会を超えた共通性が認められる。

1. 児童期の始期と終期

表2.2 に示した例での年齢の数え方は，今日ほど厳密でない場合がある。しかし，多様な時代と社会において，今日いう児童期の始期に相当した，子どもの取扱いに関する区切りを読み取れる。

① 準備段階としての幼児期後期

本格的訓練を開始する前の準備期を考えた場合があるのは興味深い。それは，今日の言葉でいうと就学前期に当たり (表2.2)，紀元前4世紀のアリストテレ

表 2.2　児童期に対応する時期についての種々の規定

- ところで，6歳以後は男女を別々にすべきです。男の子は男の子と，同様に女の子は女の子同士で過ごさせます。だが，どちらも学習に向かわせなければなりません。
（プラトン　向坂　寛ほか（訳）『法律』岩波書店［BC4世紀］）
- 5年経過した時に，初めて7歳までの2か年間，子供たちが将来自分で学ばなければならない学習の見物人とならなければならない。しかし教育がそれに応じて区別されねばならぬところの年齢が2つある。すなわち7歳から思春期までの年齢と，さらに思春期から21歳までの年齢とがこれである。
（アリストテレス　山本光雄（訳）『政治学』岩波書店［BC4世紀］）
- 六年教之数与方名。七年男女不同席不共食。（『礼記』［漢］）
- 少児7歳に満たざれば，教訓を受くるに耐ゆ可からざる者と思慮す。故に其年齢に登らざるを決して学校に入るるを見ず。
（『日本西教史』［16世紀の宣教師による報告］）
- 6歳の正月，初めて一二三四五六七八九十千万億の数の名と，東西南北の方の名とを教え，その生まれ付きの利鈍をはかりて，6,7歳より和字を読ませ書き習わしむべし。……7歳，これより男女席を同じくして並び坐せず，食を共にせず。
（貝原益軒『和俗童子訓』［1710年］）
- 先づ15歳までを童子というなり。……16歳以上は，人に手寄らずして独道のなる覚悟でなければ叶わざる事なり。（林　子平『父兄訓』［1786年］）
- 3歳にて男女の子共髪置を祝い申し候。男子5歳にて袴着の祝いいたし候。……女子7歳にて紐解の祝いいたし候。男子9歳にて下帯初の祝いいたし候。女子13歳にて鉄漿つけ初の祝いいたし候。……農家にてさしたる祝いも致し申さず候由にご座候。（『陸奥国白川領風俗問状答』［1810年代］）
- まだ友十がえごにいた16,7の頃，役員が廻って津和野へ侍を送りにいったことがある。3人で侍を駕篭にのせて山坂をかついで行くのであったが，まだ子供はずれで一人前に重い駕篭をかつぐのは無理であった……。
（大庭良美『家郷七十年』未来社［1854年頃の出来事］）
- 凡そ15歳未満を幼年と称する事一般の通例なり。其中稍々異なる条款左の如し。……15歳に至れば元服して其家の名に改め始めて村の若い者となり相応の力役を課する事なり。然れども後見を離れ財産を処置するは20歳以上とす（駿河国志太郡・益頭郡）。（司法省『全国民事慣例類集』［1880年］）
- オイコができてから初めてそれを背負って母について山へ行ったのは7歳の旧1月であった。……そのかえりにオイコに小さい割木を6本ほどくくりつけてもらって背負わされた。……これが私の仕事の初めであった。
（宮本常一『家郷の訓』未来社［1913年の出来事］）

2.2 児童期の位置づけ

スの『政治学』では，5から7歳までの2年間であり，16世紀日本で僧侶が著したとされる『世鏡抄』では，数え年の4歳頃から7歳になるまでの時期であった。これらはともに，7歳頃からの知的訓練の開始に先立って，心身の充実を図ったり見習い的な観察を始める準備期間として設定されたものである。ただし，これらは恵まれた階層の子どもが将来に知的な学習を開始することを前提として，「何歳頃から，準備を始めよ」という処方を示したもので，その通りに実行されたかどうかは別問題である。

② 本格的訓練の開始

世界の50の文化についての民族誌資料を分析したロゴフたち（Rogoff et al., 1975）の研究は，社会の中での子どもの位置づけが，やはり5〜7歳の間に起こる領域が多いことを見出した（図2.3）。取扱いの移行の時期は領域によって異なる。また，バリーたち（Barry et al., 1976）やホワイティングたち（Whiting & Whiting, 1975）もいうように，単純な社会的・経済的組織をもつ文化と複雑なそれをもつ文化の間にも違いがある。しかし，いずれにしても，子どもが知的発達によって，おとなの教示を理解し，それに従って行動できるようになると，おとなは子どもに役割を与え，責任を課すようになる。それによって，子どもは徐々に社会の一員に組み入れられる。子どもは家庭の運営と結びついた役割参加を始め，見習いをしながら徐々に参加度を増していった。旧ソビエト・ロシアのヴィゴツキーの理論と関係づけて，ロゴフは，上記のような形態の参加経験が子どもの発達にとって重要な役割を果たすことを，認知的徒弟（apprenticeship）として意味づけている（4章参照）。

③ 児童期が終わる時期

上に述べたように，児童期に対応する時期の始まりについては，かなりの共通性を認めることができる。それに対して，それが終わる時期は，時代，社会，あるいは社会階層などの要因によって，違いがあったものと考えられる。以前の社会では，独立への第1段階へ入るときが，児童期の終わりを告げていた。第2次性徴（早熟化した今日よりも，かなり遅く現れた）の始まりによって画される今日いう思春期の訪れは，当時の人々の人生の時期を区分する考えに，それほど大きな意味をもっていなかった。

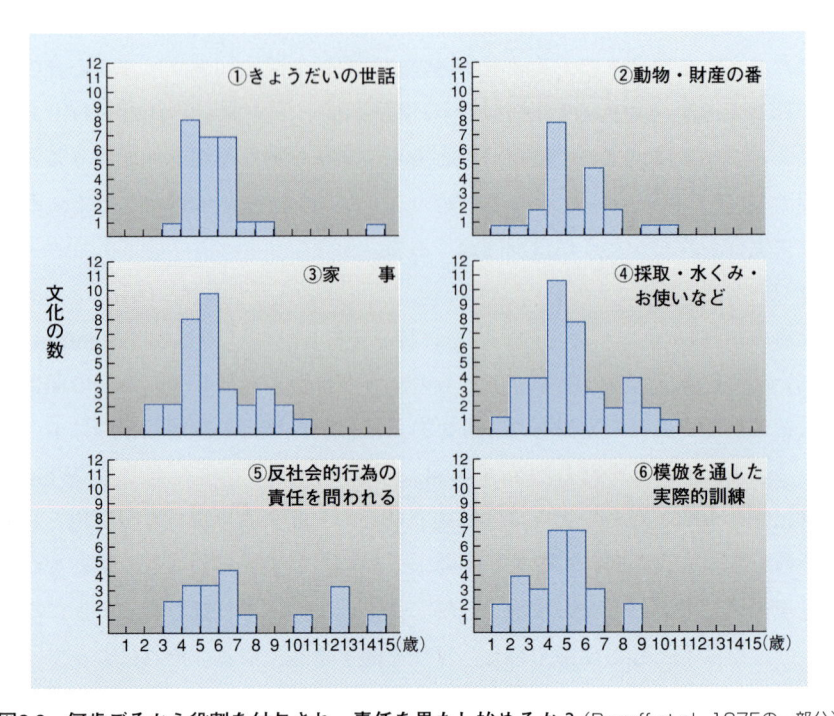

図2.3 何歳ごろから役割を付与され,責任を果たし始めるか？(Rogoff et al., 1975の一部分)

　ギリス (Gillis, 1981) によると,産業革命以前のヨーロッパでは,7,8歳から10歳くらいの間に,多くの者は家庭を離れて生活し始めたという。そのうちごく一部の恵まれた階層の者は学校の寄宿舎で過ごしたが,多くの男女は他家で奉公人や徒弟として働いた。これらの多くの者は,10歳頃にはすでに家族から半ば独立した状態に入っていたのであり,「子ども」ではなく「若者」(youth) のカテゴリーに含まれた。このような家を離れる時期や,外での生活形態の違いは,社会的な取扱いと本人の経験内容や意識の差異をもたらした。

④ 近代の状況

　カニンガム (Cunningham, 1995) によると,生産手段の革新によって6歳頃

から子どもが就労可能になり，賃金を稼げる子どもが家族経済に寄与した．そのために，イギリスで子どもが家族を離れる時期が以前よりも遅くなり，そのピークが 13 〜 16 歳になった．産業化と都市化は，児童労働，児童虐待，ストリート・チルドレンなどの問題を引き起こした．子どもの悲惨な姿に注意が向けられ，母子保健や教育も含めた国家の関心事となったのは，イギリスでは 18 世紀後半からだという（Cunningham, 1991）．とくに 14 歳以下の子どもの長時間労働に対して，医学的・道徳的理由からの反対運動が起こり，19 世紀初頭の法令制定につながった．しかし，イギリスで 14 歳未満の子どもの雇用が禁止されたのは，ようやく 1918 年のことであった．このような過程を経て，子どもの経済的価値よりも情緒的価値を強調する社会的機運が高まった．この潮流と，子どもを純心で無垢な（innocent）存在だとして賛美するロマン主義思潮とがつながった．ただし，ヴィクトリア朝期のイギリスで，『不思議の国のアリス』で知られるルイス・キャロルの少女への興味のように，性愛的成分を含んだ子ども像が併存したのも事実である．

　アメリカで年齢が社会の構造と体制化に重要な役割を占め始めたのは，19 世紀後半からだとされている（Chudacoff, 1989）．生産組織が近代化するまでは，広い年齢範囲の人々が一緒に働いていて，人が何歳であるかについて，細かく意識する必要はなかったという．その後，学校教育や小児医学が年齢による人の区別を促進したが，20 世紀に入ってからの年齢意識の進展には，ターマン（Terman, L. M.）によるスタンフォード・ビネー検査の普及も影響したといわれている．20 世紀には，子どもの科学的研究が進展し，子どもの学問的研究者の役割が社会的に認知された．

⑤ 日本の状況

　明治維新後に，産業社会への道と教育国家への道を同時に歩み始めたわが国の児童たちは，先に産業革命の火蓋が切られたイギリスの児童と比べて，苛酷な年少労働に巻き込まれることが少なかったという点では，幸せであったかもしれない．イギリスでは，炭坑や機械化された工場で，年少労働者を安い賃金で長時間働かせようとする資本家の手から，子どもをどのように保護するかが大きな課題であった．それには弱者を守るという人道的な動機も確かに働いて

いたが，労働と両立しにくい教育の場に子どもを引き入れるという国家のもくろみも働いていた。それに対してわが国では，産業化が先行しておらず，明治政府の強力な教育政策もあって，20世紀の初めには大部分の子どもが初等教育の場に引き入れられた。

　西欧諸国より遅れて産業革命を経験したわが国が，その成熟期を迎えたのは，1910年代から20年代にかけてのことだとされている。資本主義の急速な成長は，高度に訓練された人材を必要としたが，高収入につながる高等教育への進路は狭く，激しい進学競争が起こっていた。伝来の家産も生産手段をもたない都市中間層の家庭では，少数の子どもを，幼い時期からしっかりと養育し教育しようとする姿勢が明確となった。人口上はまだ少数派であったが，このような教育熱心な親の出現は，社会の児童に対する関心を高めた。そのもとで，子どもの科学的研究と，新しい教育法の多様な工夫がなされた。

　第2次世界大戦後の単線型への学制改革と義務教育年限の延長，1950年代後半からの経済成長に伴う高校進学の普遍化（1970年代），さらには高等教育への進学率の大衆化水準までの高まり，そしてモラトリアム（猶予期間）状態の青年に対する社会の許容性の増大などによって，義務教育の終了が第1段階の独立と結びつくことは，わが国では見られなくなった。中学校を卒業した男女（「金の卵」と呼ばれた）が都市部に集団就職する姿は消えた。このような状況は，青少年の位置づけの問題を生み出した。

2.3　子どもの位置づけ

　世界的に見て，社会の中で子どもがどのように位置づけられてきたかを考えると，表2.3にまとめたような大きな歴史の動きが認められる。

(1) まず，保護が不十分な状態から，よりよく保護された状態へという動きは，いくつかのエポックにおける変化を通して進行した。わが国ではそのエポックとしては，17世紀後半から18世紀初めにかけての子育てへの関心の高まり，20世紀初め頃からの養育・教育と子どもの心理への関心，そして，1948年に

> **表 2.3　社会の中での青少年の位置づけの歴史的動向**
> - 十分に保護されない存在　→　保護され，大切にされる存在　→　？
> - おとなと入り混じって生活する存在　→　専用の世界に隔離された存在　→　？
> - 生活に寄与する存在　→　生活の仕組みから切り離され，勉強と消費的生活を送る存在
> - 実際的・経済的価値のある存在　→　情緒的にかけがえのない存在

施行された児童福祉法に代表される子どもの尊重の理念などを挙げることができる。確かに，子どもは保護され大切にされてきたように思える。

　日本の文化には，子どもの地位や権利という観念は明確ではないが，おとなが子どもらしい特徴に関心を向け，子ども中心の活動が家庭でも社会でも営まれるという状況は，少なくともここ 300 年は続いてきたといえよう。おとなを中心とした社会支配が目立つ西欧と比べて，わが国では，おとなと子どもの心理的距離が小さく，おとなが子どもに共感することは，ごく自然に成り立つと思えるほどであった。

　ところで，表 2.3 に示した歴史的変化の最後に「？」がついているのは，どういう意味であろうか。わが国の子どもの多くが，以前の世代が経験したことのないような豊かな生活を享受している一方で，国内と国際間競争の大きな枠に，親だけではなく子どもまでが組み込まれてきたことが，子どもの生活を不自由なものにした。生活する主体としての実感を子どもはなかなかもてない。

　さらに，子どもに対する社会の態度も好意的でなくなり（Packard, 1983），アメリカの子どもは家の外だけでなく内部でも危険にさらされることがある。子どもの虐待や養育の怠慢・放棄などの問題は，1960 年以後の 40 年間に悪化の一途をたどったという主張がある（Ashby, 1997）。イギリスでも，青少年による犯罪や秩序破壊行動がマスメディアにより大々的に報道され，1990 年代初めには，青少年を悪魔（demon）視する風潮がおとなの間に高まったという（Goldson, 2001）。ゴールドソンは，それを「象徴水準での悪魔化」と呼び，そ

れが，青少年に対して成人と同様の法的責任を問い矯正を重視する「制度水準での悪魔化」につながったという。その基底に，おとなの怒り・復讐心・報復・嫌悪があるのだという。それは，20世紀末から今世紀初頭の日本の状況に類似している。それに対するマスメディアの影響は大きく，またその状況を利用しようとする政治的意図も無視できない。

(2) 子どもを保護するという歴史的な歩みは，おとなと入り混じって生活している子どもを，その悪影響から切り離して，「子ども専用」の世界に囲い込むことになった。その典型が学校である。学齢に達した子どもは，起きている生活時間のかなりの部分を，学校で過ごすようになった。学校は，家庭での生活や，おとなが従事している仕事の場から切り離して，特別に準備され管理された場所である。そのほか，子ども専用の場所，時間，商品などが用意され，おとなはそこには立ち入らない。それと並行して，子どもが入れない「おとなの世界」も区分けされてきた。ところが，近年のテレビやビデオ，さらにインターネット・システムの普及が，かつては子どもの目から隠されていたおとなの世界を，子どもに見えやすくして，おとなと子どもの世界の区別がぼやけてきたという主張も出ている。

(3) わが国でも，子どもが徐々に道具的価値を失ってきた。結婚自体や子どもの存在が，家の財産やおとなの経済的利益の維持・拡大の手段とされた時代のことは別としても，子どもは家族や地域社会の生活に寄与し，役に立つ有用な存在であった。かつての子どもたちは，児童期に入るころから，徐々に家の仕事に参加し始めていた。子守，お使い，家事や家業の手伝い，あるいは地域社会の行事への参加などによって，子どもは家庭や地域社会の運営の一部にかかわっていた（1章参照）。たとえば，近世の近郊農村で，苗運び，草刈り，収穫や子守という欠かせない役割を子どもが果たしていたことは，残された図絵からもうかがえる（清水，1983）。近年の日本の青少年の家庭での役割参加の程度は，世界的に見ても低い水準にある。家庭の中で役割として子どもが仕事をすることが，子どもの心理的発達にもつ意味が検討されている（Goodnow, 1988；本書9章）。それは，子どもの生活への参加に関して社会がもつ態度とも関係し，また，夫婦間の役割分担の問題（Goodnow & Bowes, 1994）とも切

り離せない。

　地域社会への参加の減少は，地域社会自体の変貌の影響を強く受けている。地域社会が家族生活にとって重要な意味をもたなくなれば，子どもが地域社会との結びつきを失うのは当然である。これは，ここ40年ほどのうちに目立つようになったことである。子どもの位置づけの変化は，社会とその中での家族の変化の反映でもある。遅く結婚し，子どもを遅く生み始めて早く生み終えるという形での晩婚・少子化という近年の人口動向の中にあって，親にとっての子どもは，直接的な道具的価値はもたないが，情緒的価値の高い存在となってきている。しかし，最近の子どもは，家庭，地域社会，そして学校の中で，これといった役割をもたず，生産と生活上の運営に寄与しないものとなってきた。生活の仕組みから切り離されて，子どもは勉強をし，消費するだけの存在となった。学習に関しても消費生活に関しても，子どもと家族をターゲットとした商業主義が，情報メディアを介して強い影響力をもっている。このような状況が，現在の青少年が自己を確認することを困難にしている一つの大きな原因だと思われる（小嶋, 2001）。

2.4 発達の段階理論に見られる児童期

　この節では，心理学的発達の段階的特徴を扱った代表的な理論を取り上げて，そこで，児童期がどのような特徴をもつ時期とされているかを検討する。それに先立ち，心理学でいう発達の段階理論の特徴を説明しておく。

2.4.1　発達の段階理論と漸成説

　発達を，個人の心理学的機能と構造とが時間とともに質的に変化していく過程としてとらえ，その変化の系列としての発達の段階性を強調する理論を，**発達の段階理論**（stage theory of development）と呼ぶ。その際，人間の発達の全領域を統合して扱うのではなくて，「心理・性的発達」や「認知発達」のように，特定の領域での発達段階を扱うのが普通である。

　発達の段階理論は，ほぼすべて心理学的な**漸成**（epigenesis，後成ともいう）

説の立場のものである。それは，生物学の領域で前成 (preformation) と対立して提起された説である。漸成説は，昆虫に見られる卵→幼虫→サナギ→成虫の変態のように，まとまりをもったシステムが形成される各段階の間に，心理的な構造と機能の質的な違いを認める（質的非連続性）。そして，前の段階から次の段階への移行は必然的なものだとして，心理的発達に関する単線型の段階の系列を措定する。さらに，段階間の質的な非連続性にもかかわらず，前段階でのシステムは，次の段階でのそれのもとに統合されると考える。すなわち，心理的漸成説にあっては，段階を通しての生成 (transformation) を主張するが，前段階でのシステムが完全に消滅して，新たなシステムに置き代わってしまうのだとは考えない。たとえば，青年や成人の多くは，抽象的な論理的操作が可能になったからといって，日常生活の中で出会う問題解決事態で，いつも高次な水準での論理を使用しているとは限らない（4章参照）。必要によって彼らのレパートリーの中にある低次の解決様式が使用されることもある。ただし，大学生が直観的な思考をしたとしても，それは幼児期にしていた直観的思考と完全に同じものではない。このように心理学的な漸成の考えは，質的に非連続な段階を通しての，個人としての全体の連続性・統合性の保持を強調した。

2.4.2　主な発達の段階理論

人間の心理学的発達に関する段階理論は，特定の側面（単一の領域か，少数の相関連した領域）での発達的変化に注目して，①それをいくつかの段階に区分してそれぞれの特徴を記述する。そして，②各段階で，心理的諸機能が相互に連関している仕組みを理解するとともに，③どのような仕組みによって，前の段階から次の段階へと移行するかを説明しようと試みる。ただし，これらのうち②と③に関しては，これまでの理論は，その仕組みの仮説的な説明法を提起しているに留まっている。そのため，発達的移行の予測や，教育あるいは治療の目的による発達的移行の促進・制御を可能にするには至っていない。

以下に，発達研究に大きな影響をもたらし，ある程度一般性をもつ理論の例として，フロイト，エリクソン，ピアジェ，そしてヴィゴツキーの理論を取り上げる。これらの源泉をたどると，ダーウィンに行き着く。ダーウィンの考え

は多面性を包含していて,そのうちのどの側面に注目するかによって,人間の心理的発達についての違ったモデルが生まれた。これら4つの理論は,今日の多様な発達理論への展開を方向づける役割を果たし,さらに包括的なモデルの流れの図式化の中に位置づけられている(Dixson & Lerner, 1999)。

1. フロイトの精神・性的発達の理論

モラヴィアに生まれオーストリアで育った**精神分析**の創始者であるフロイト(Freud, S.)の多面にわたる理論は,精神医学の領域だけではなく,人文科学や社会科学にも大きな影響を及ぼした。そのうちで,発達心理学にとくに大きな影響を与えたものは,精神・性的(psychosexual)発達の段階理論である(表2.4)。それは,情動,欲求,適応,人格構造など,パーソナリティの発達に関する諸領域の研究を刺激した点で,有用な理論であった。

彼の理論化の基礎となったデータは,神経症に悩む成人の患者を主な対象とした精神療法の過程で臨床的に得られた情報と,精神分析派に独特な自己分析の資料である。したがって,乳児期から青年期に至る精神・性的発達の理論も,それらの対象の実証的研究から直接に得られたデータにもとづいて構成されたものではない。患者を理解し,その精神的な疾患の治療に適用することを主目的にして構成された理論であるから,その目的に有効であれば,それは治療理

表2.4 精神分析的立場による発達段階(フロイトとエリクソン)

フロイトの心理・性的発達	エリクソンの心理・社会的危機	年齢段階
口愛期	信頼 対 不信	0〜1歳半頃
肛門期	自律 対 恥・疑惑	1歳半〜3歳頃
男根期(エディプス期)	主導性 対 罪悪感	3〜6歳頃
潜在期	勤勉 対 劣等感	6〜11歳頃
性器愛期	同一性 対 同一性拡散	青年期
——	親密性 対 孤立	若年成人期
——	生殖性 対 停滞	成人期〜中年期
——	統合 対 絶望	円熟期

論として役立つ。

　フロイトの理論は，広い意味での性的エネルギーの**漸成**を扱ったものである。性的エネルギーは，おとなの性愛として初めて発現するのではなく，乳児の段階から存在している。それが，大別して5つの質的に異なった段階を通って変化するとした。誕生のときに存在している個人の構造はイド (id) と呼ばれ，それに由来する性的エネルギーであるリビドー (libido) が向けられて快感を覚える身体部位が，生物学的プログラムによって順に移っていくとされた。それに伴って，個人の心的構造も形成され，またその機能も変化するというのである。

　まず，**快楽原理** (pleasure principle) にもとづいて，無制限の欲求充足を求める**イド**が，それを即時に充たしてくれない環境に直面した結果，個人の構造に**自我** (ego) という領域が生じる。そして，社会の現実の中でイドによる欲求充足の仕方を**現実原理** (reality principle) にもとづいて調節し，また，自我を防衛する試みを通して，個人の構造の第3の領域である**超自我** (super-ego) が形成される。それは，社会の規制や価値が取り入れられ，内面化されたものである。

　発達の各段階で，リビドーがどのように充たされるか，自我がどのような調整を行うか，そしてどのような超自我が形成されるかには，個人がもった経験が関係する。その意味で，生物学的存在である個人を取り巻く対人的・社会的環境，とりわけ親子関係が重要となる。フロイトは，後のパーソナリティ発達上の問題と関連させて，乳幼児期体験をとりわけ重視した。

　このような子どもに対する新しい見方と，幼いときからの子どもの取扱い方がパーソナリティ形成やその障害に及ぼす影響の強調は，徐々に子どもの養育に関する理論と実際に影響するようになった。フロイトの理論は，精神医学，文化人類学，心理学などの領域で，養育法と後のパーソナリティ特徴に関する多くの研究を生み出した。しかし，彼の理論構成に用いられている概念は，実証的研究に耐えるほど明確化されていなかった。それに加えて，すでに述べたような成人患者の想起した過去経験と現在の心理的問題との結びつきは，現実的な基礎をもつとは限らず，そのような連関を見出そうとした実証的研究の多くは失敗に終わり，そのタイプの研究は1950年頃を境にして下火となった。

しかしフロイトの理論は，1950年以降に**母性的養育の剝奪**（maternal deprivation），情緒発達，パーソナリティ形成，愛着の領域での発達研究に大きな影響を与えたイギリスのボウルビィ（Bowlby, J.）の理論形成の重要な基盤となった。

表 2.4 からも分かるように，フロイトの段階理論では，児童期は**潜在期**（または，潜伏期）と規定されている。それは，男根期に男女ともに盛んであった性的関心や活動が静まり，思春期に再び発動するまで，潜伏する時期だとされた。この穏やかな時期に，子どもは新しい技能を獲得することに興味を向け，いろいろな活動に打ち込む。潜在期が，フロイトのいうような生物学的条件に起因する必然的な段階かどうかには疑問が生じた。彼の理論に刺激された文化人類学の研究は，潜在期が認められず，児童期に当たる子どもの性的関心・活動が持続する文化が存在することを報告している。そこでは，19世紀末から20世紀初めにかけての西欧社会とは異なり，おとなの性的活動が児童に対しても隠蔽されず，また児童の性的活動に対する禁止も見られないという。そうだとすると，潜在期は，理解力を増してきた子どもの目から性的な事柄を隠蔽し，また，自己統制力のできてきた子どもに対して性別のしつけを強化し，その性的関心を抑制した社会が生みだしたものだといえる。つまり，潜在期は生物学的条件によるものではなく，文化的所産だということになる。

2. エリクソンの心理・社会的発達の理論

フロイトの理論を継承したエリクソン（Erikson, E. H.）は，ドイツに生まれ，後にアメリカに渡った。彼は，フロイトの娘で児童分析家であるアンナ・フロイトのもとで児童臨床の経験をもち，さらに，子どもや成人を多様な状況のもとで，そして複数の文化にわたって観察した。彼の理論が扱うのは，情緒，自己，対人関係を中心とした発達の領域である。

個人は，内部プログラムによって，特定の身体部位が順次に活性化されるが，同時に社会的環境からの影響を受けながら発達していく。それには文化が関連していて，たとえば，子どもがいろいろな形態での口唇的活動をすることを許容する文化もあれば，その表出を制限する文化もある。そして，各段階での個人は，成熟のプログラムの進行によって活性化された身体部位に特有の精神・

性的機能の様式に従って，心理・社会的危機を解決するための適応活動が発展するとエリクソンは考えた。

表 2.4 から分かるように，エリクソンの発達段階はフロイトを基礎として，成人期以降を拡張して老年期までを包含したものである。そして，各段階を，人格的成長のための独自の可能性をもつ時期だとした。またエリクソンは，それぞれの段階に特有の課題があり個人がそれにうまく応えて次の段階への基礎を獲得できるか，それともチャレンジにうまく応えられないで後まで問題を引きずるかの分かれ目となる「危機」が各段階に存在すると考えた。それらの課題は，個人の準備状態に応じて社会から与えられるものである。新たな要請を出してくる社会と個人との張り合いが，各段階で生じる危機の源泉だといえる。

エリクソンが図式化した心理・社会的発達の 8 段階において，中心的位置を占めるテーマは，**自我同一性**の確立である。それは「自分とは何者であるか」の確認であり，とくに青年期はそれに関する分かれ目の時期として重視される。この理論の影響のもとに，個々の青年が，自我同一性の確立に関してどのような状態にあるのか（自我同一性地位）を確認するための研究が多くなされた。エリクソンでも明確な概念規定をせずに理論が構成されている。また，各発達段階における諸機能間の相互連関構造も明確化されていない。

わが国でのエリクソンに対する関心の中心も，青年期の自我同一性に置かれてきたが，近年では生涯にわたる検討がなされている（岡本, 2002）。しかし，他者との関係における自己のあり方，時間と状況を超えた自分の一貫性を重視する程度，一貫性を保持する様式などに関して，文化による違いが存在する可能性がある。児童期から青年期にかけて，状況に応じて変化する側面をもつ自己（たとえば，父親，教師，友人との関係の中での自己）に日本の子どもが気づくとすれば，違った自己の姿をどのような様式で統合していくかに関心がもてる。

さて，フロイトと同様にエリクソンは，児童期を安定した潜在期として特徴づけている。エリクソンは，この時期の心理・社会的危機状況は，「勤勉性」対「劣等感」のそれであるとした。子どもは生産と結びついた技能，運動の技能，あるいは学校と関係する知的な技能など，自分が置かれた社会の文化で有用だ

とされる技能を獲得するように求められる。子どもは勤勉に学習の努力を続け，目標を達成することを通して，「やれば自分なりにできるのだ」という確信や有能感を形成できるかもしれない。またはその反対に，そのチャレンジに応えられずに，自分を不適格な存在だと感じ劣等感を抱く可能性もある。ときにはそれは，以前の段階での失敗の影響を引きずってきたために起こったものかもしれないし，また，その子どもを取り巻く現在の状況，たとえば，教師や学校の条件や文化的条件などが関与することもある。また，児童期での課題達成の如何が，後の段階の生活に結びつく可能性がある。

　フロイトもエリクソンも，発達の契機を基本的には制御不可能な生物学的な成熟の要因に帰しているが，生物学的条件によって規定される各段階での経験様式と社会的条件との絡みの重要性を認めている。ただし，社会的条件との出会いをより詳しく理論化した点と，その中に文化の要因を取り入れた点で，エリクソンの理論のほうが発展したものといえる。そのことによって，個人の発達をより多面的に，しかも相互に連関したものとして取り扱うことが可能となった。さらに，乳児期から老年期までを包含した理論は，生涯発達（life-span development）研究に刺激を与えた。

3. ピアジェの認知発達理論

　認知の領域で漸成説的な段階理論を提起して発達研究に大きな影響を与えたのがスイスのピアジェ（Piaget, J.）である。淡水産の貝類の研究からキャリアを開始した彼は，西欧哲学の伝統である認識論にふれて，人間がどのようにして世界の認識に至るかの過程に関心をもち，生物進化の視点から発生的認識論を展開した。ピアジェは，個人が環境に適応するために，自分の頭の枠組みに合わせて環境を取り入れ（同化），同化しきれないときには環境に合わせて自分を変えていく（調節）と考えた。この概念は，アメリカのボールドウィン（Baldwin, J. M.）が提起していたもので，適応はこの2つの過程の適切なバランスによる動的な均衡化の働きによってなし遂げられるという。個人が自分を取り巻く環境にどのように適応していくかという視点から発達を考えたピアジェは，乳児にも知能の働きを認め，その仕組みを独自の理論的枠組みのもとで構成して提示した。

ピアジェが理論化の基礎として用いたデータは，主として2つの方法によって得られた。一つは，種々に変化させた条件のもとで子どもが示す行動を詳細に観察することであり，もう一つは，子どもの思考の仕組みと知識内容を探るための柔軟な面接であった。それらは，厳密に条件統制された実験法でもなく，また，手続きを標準化した検査法でもなかった。その方法は，子どもの反応に応じて柔軟に変化するものであり，かつて「臨床法」と呼ばれた。それは，ある状況下での子どもが示す行動や質問に対する回答によって，研究者は，子どもが何をどのように考えているかの仮説を組み立てる。そしてそれを確かめるために新たに条件を作り上げ（条件発生）たり，問いを投げかけたりする。それに対する子どもの反応にもとづいて，研究者が頭の中で組み立てた子どもの知的活動に関する構造のモデルが変化していく。このような循環を経て，子どもの思考を構造的にとらえ，その発達的変化を記述した。

ピアジェは個人がどのような認識の仕方をするかの質的な違いによって，**表2.5**に示す4つの段階区分を行った（もっと細かい区分や，新たに組み替えたものもピアジェは提出した）。彼は，その特徴を構造の視点から記述したのである。これらの段階は，相互に明確に区別できるものであるが，ある段階から次の段階への移行は，漸進的になされるというのがピアジェの主張である。

漸成説に拠る他の理論と同様に，ピアジェは，発達の主要因を個人がもつ生物学的成熟の要因に帰している。自然的環境や社会的環境自体が発達を生み出すことはないとした。ただし，個人は遺伝プログラムに従い変化する受動的存在ではなくて，環境との間の適応的関係を維持しようとして，能動的に環境と相互作用をもちつつ発達を遂げる存在だとした。彼は段階間の移行についての機構を具体的に明らかにはしなかったが，個人の頭の中での葛藤を解消しようとする均衡化という概念を提起した。

表2.5から分かるように，児童期の中心をなす時期は，ピアジェが**具体的操作の時期**と規定したものに当たる。前操作期の子どもが示す思考の弱みをピアジェは強調する（4章参照）が，それから解放された子どもは，具体的対象物に対する論理的操作が可能となり，だんだんと安定した思考を示すようになる。ただし，具体物の支えがない課題状況下で，あるいは具体性による規定を超え

2.4 発達の段階理論に見られる児童期

表2.5 ピアジェによる認知発達の時期

時期の名前	特徴	およその年齢範囲
感覚運動	感覚の働きと運動的活動を通して世界を知っていくが，象徴活動がわずかで，現前を超えるには限界がある。	0〜2歳
前操作	表象（イメージやことば）の働きにより，「いま・ここ」を超えた世界が広がるが，論理的に考えるのが困難。	2〜6,7歳
具体的操作	具体的対象に関して，論理的な思考ができる。見かけにとらわれず，他者の視点に立って考えられる。	7〜11,2歳
形式的・抽象的操作	具体的でない抽象的対象について考えることができる。多くの考えを統合した思考のシステムが形成される。	12歳〜成人

て，抽象的に考えることはまだ困難だとした。

　ピアジェのいう具体的操作の時期は，認知発達の段階の中で重要な位置を占めていて，その内容に関する理論化も，実証的研究も充実している。ただし，ピアジェが段階的に発達するものとして描いた認知構造は，果たして子どもの内部で現実的に起こっていることを反映しているのか，それとも現実的基礎をもたずに，研究者の頭の中のモデルにとどまるのかに関しては，論議が分かれる。

　ところで，ピアジェの理論は教育者の関心を強く惹いた。その取り入れ方の例として，子どもの認知発達に合わせてカリキュラムを編成しようとするもの，あるいは，特定の段階における各領域での認知発達の特徴を考慮して，それと関係する経験を子どもに与えるプログラムを組むものを挙げることができる。しかし，個人の能動的活動を通しての認知発達を強調するピアジェの立場に厳

密に拠るならば，ピアジェの諸概念を教師が教え込むことは論外である。また，発達を促進するために能動的な活動を子どもが経験できるカリキュラム編成の指針をピアジェ理論が提供するとしても，個々の子どもに対応した実践には課題が残っている。

4. ヴィゴツキーの文化－歴史的アプローチ

旧ソビエトの心理学者ヴィゴツキー（Vygotsky, L. S.）の理論は，ヨーロッパの心理学理論の影響から出発しながら，マルクス主義理論の影響下で，人間の行動がもつ歴史的・社会的側面に注目した。他の動物とは違って，人間は道具を使用して人工物を造り上げ，それによって生活環境を改変する存在である。そして，社会が経験してきた歴史を文化として保存し，また人間の思考の道具としても欠かせないのがことばである。

子どもの知的発達に，文化と社会の条件が，そしてそれらを形成する歴史的条件が重要な役割を果たすが，ことばの獲得と思考の発達との間に密接な関係があるので，子どもの発達過程にことばが重要な役割を果たすとヴィゴツキーは考えた。そして，ことばの獲得にも思考の発達にも，子どもがおとなや有能な仲間との間で繰り広げる社会的相互作用が果たす役割を強調した。最初は対人間の相で経験したことが，次の相で個人の頭の中に内面化された活動として作用することが発達の基本であるとヴィゴツキーは提言した。**発達の最近接領域**の概念（4章参照）は，子どもにとって，おとなや有能な仲間との相互作用を重視し，発達を導く教育の役割を強調するものであった。

ヴィゴツキーの考えは，発達の固定的な段階を認めていない。しかし，社会が行う養育は，子どもの生物学的発達に対応するように組み立てられたものであって，年齢に応じた適切な学習活動が何であるかが自ずから定まってくる。

ヴィゴツキーが主導した研究が，政治的理由で公認されず，さらに彼が若くして病死した（1934年）こともあって，彼の理論と研究が西洋や日本に広く知られるようになったのは，第2次世界大戦後かなりを経過してからであった。日本では，戦後になされたソビエト心理学の紹介の中でヴィゴツキーが評価された。欧米では，弁証法的心理学の導入と関連して，ヴィゴツキー・ルネサンスともいわれるほどの再評価と検討がなされている。

2.4.3 発達に関する非段階説

発達の段階理論は，段階間の移行が起こる仕組みを明確には扱っていないので，理論にもとづいて発達的変化が起こる機構を実証的に研究することは困難である。ヴィゴツキーは別として，主要な段階理論は，段階の順序性と段階間の移行を規定するのは成熟の要因だとするが，その概念は漠然としたものである。それらの理論は漸成説に含められるが，漸成の基本的過程はあらかじめ決まっているという考え（predetermined epigenesis）が底にある。もちろん，漸成過程を，決定的ではなく確率的であり，また静的ではなく動的なものとする考えも成り立つ。しかし，漸成の視点だけで発達的変化の機構を明らかにするのは困難である。

そこで，いろいろな領域における人間の発達の姿の記述とそれをもたらす仕組みを研究するときに，発達の段階理論以外の理論を援用する試みがなされた。それらは通常，人間の行動の発達的変化を，質的に非連続なものとは見なさない。また，発達のコースを固定した順序性をもつ一本道のものとは考えない。個人によって変化の順序も代わり得るし，また，発達的変化がたどるコースも複数個あり得ると考える。したがって，これらは発達の非段階説というカテゴリーにまとめられよう。その主なものを以下に列挙する。それらは，1 章で述べた学習としての発達という概念にもっぱら関係したものである。

1. 学習理論

これを大別して代表的な理論家の名前とともに示すと，古典的（または，レスポンデント）条件づけ（パヴロフ；Pavlov, I.），オペラント条件づけ（スキナー；Skinner, B. E.），そして社会的学習（バンデューラ；Bandura, A. L.）の 3 つとなる。最初の 2 つは，個人が直接に遂行することを通した学習であり，最後のは，他者の遂行を観察することを通して観察者の内部に生起する認知過程の変容で，観察学習と呼ばれる。これらの内容は，学習理論や学習心理学の本が扱っている。また，臨床領域での認知行動療法（cognitive behavioral therapy）は，行動論的アプローチと認知的アプローチを組み合わせた，広い意味での学習過程を基礎にしたものである。

2. 情報処理モデル

注意，知覚，記憶，判断，思考，知識獲得などの領域での実験心理学の研究は，いくつもの情報処理モデルを生み出した。それらの大部分は，おとなの情報処理過程をモデル化したものであるが，いくつかに分けられた下位の情報処理過程を統合的に制御する上位の過程を含むものとなっている。その上位の過程として，制御方略，モニタリング過程，メタ認知などが考えられている（4章参照）。これらのモデルに拠った研究は，当初はおとなの認知機能をコンピュータ・モデルでどのように記述するかに関心をもち，発達の機構自体には関心を向けなかった。しかし，年齢の違った被験者の成績の違いはどの過程の違いによるものなのか？　何が「発達」するのか？　特定の子どもの認知過程の障害の原因はどこにあるのか？　それに対する治療プログラムをどのように企画したらよいのか？　といった問いに対して，情報処理のアプローチが何らかの答えを出すことが期待されている。実際，特定の課題遂行に関与する情報処理過程を詳しくモデル化し，年齢や経験の違う子どもが，そこで必要とされる処理能力をどのように行使できるのかを実証的に明らかにする研究が進められている。その代表的なものがシーグラーによるもので，子どもが課題遂行に当たって取る方略を区別し，その年齢的変化の記述と，それをもたらす記憶機能を中心とした発達を論じている（Siegler, 1996 ; 1998）。

　ところで，広い意味での情報処理アプローチの建設者の一人は，アメリカの心理学者ブルーナー（Bruner, J. S.）であった。心理学で 1960 年代に起きた「認知革命」に深く関与した彼は，後に人間の行動についての情報処理モデルに満足できなくなった。彼は，ピアジェとヴィゴツキーの考えのいくつかを統合したとされている。とくに，ことばを基礎とした象徴的知識は，文化により伝達されるものであって，文化がもつ民衆の心理学（folk psychology）から子どもが学ぶ過程を強調した（Bruner, 1990）。

■ まとめ

1. 人生の時期の区分は，人間の生物学的条件を直接反映したものではなく，社会的に構成されたものといえる。それは，社会によって，また時代によって変わり得る。

2. 心理学の発達段階も，社会的・文化的条件の規定を受けている。本書で中心的に扱う狭義の児童期の始期と終期に関しては，時代的にも文化的にも，かなりの共通性がある。
3. 青少年を社会がどのように位置づけて処遇するかに関して，時代的変化が認められる。それが，青少年の心理的生活にも影響を及ぼす。
4. 主要な発達理論を見ると，生物学的発達観と，文化－歴史的発達観の系譜が中心となる。

[参 考 図 書]

小嶋秀夫　2001　心の育ちと文化　有斐閣
小島康次　1987　認知発達の理論と展望：ピアジェ理論への新たな視点　青弓社
小谷　敏（編）　2003　子ども論を読む　世界思想社
中村和夫　1998　ヴィゴーツキーの発達論：文化-歴史的理論の形成と展開　東京大学出版会
岡本祐子（編著）2002　アイデンティティ生涯発達論の射程　ミネルヴァ書房
祐宗省三ほか（編）1985　社会的学習理論の新展開　金子書房
滝沢武久　1992　ピアジェ理論の展開：現代教育への視座　国土社
トーマス　R. M.　小川捷之他（訳）1985　児童発達の理論：ラーニングガイド　新曜社
ヴィゴツキー　L. S.　土井捷三・神谷栄司（訳）2003　「発達の最近接領域」の理論：教授・学習過程における子どもの発達　三学出版

からだと心の問題の関連

- 運動技能の発達の姿は？ ── 男女差と時代差
- 運動技能の違いが，心理面にも影響を与えるか？
- 心理学的特徴とからだの健康や安全とは，どう関係するのか？

　本章では，児童期の身体発達やその問題の中で，心理学的側面が関連するものをいくつか取り上げて検討する。まず，運動機能の発達とその男女差・時代差にふれる。次に，からだと心の問題の関連の仕方は，幾通りかに分けられるが，その主なものを問いの形で示すと，以下のようになる。

1. 子どもの身体的条件が，心理的生活と発達にどのような影響を及ぼすか？
2. 子どもがもつ心理的経験と子どもの健康との間には，どのような結びつきが認められるか？
3. 子どものパーソナリティ特徴と，身体的健康や安全との間には，何らかの結びつきがあるか？

　「不器用な子どもの学級内での地位には，何らかの特徴があるか？」や，「身体的なハンディキャップの有無と，パーソナリティや心理的適応との間に何らかの関連が認められるか？」といった問いは，1に関するものである。

　また，「生活上でのストレスが，子どもの健康にどのように響くか？」や，「社会的支援は，子どもを保護する要因としてどう働くのか？」は，2に関する問いの例である。

　そして，「摂食習慣に結びつく心理的問題は何か？」，「おとなの心臓病と関係するといわれているタイプAのパーソナリティ特徴の持ち主が，子どもの中にもいるのだろうか？」や，「安全と結びつく子どもの心理的特徴は何か？」というのは，3に関する研究の出発点となる問いの例である。

　ここで注意したいのは，データとして，身体的側面と心理的側面との関連が認められたとしても，その仕組みは複雑であって，たやすく解明できるようなものではないことである。また，それは決定的な関係でなく，例外的なケースも多いことを忘れてはならない。

3.1 運動技能の発達の一般的特徴

3.1.1 年齢に伴う変化

　児童期を通じて，男児も女児も，体力テストや運動能力テストの成績にも反映されているように，走る・跳ぶ・投げる・握るなどの力が伸びていく。この期間のうちに，子どもは身体的に成長するとともに，体力的に強くなっていくのであり，また全身運動における協応性，敏捷性，柔軟性，そして平衡（バランス）性も増していく。つまり，子どもの身体はより強く，そしてよりうまく機能するようになっていく。そのことは，小学校低・中・高学年の走りや球技の違いをしばらく観察すれば，すぐに分かることである。

　この年齢的変化には，生物学的な成熟の要因のほかに，経験や訓練の効果も，そして認知発達も関与している。たとえば，異年齢の児童で編成されたチームでのドッジボールの試合を観察すると，技能と作戦の両面で優れた子どもが目立った活動をする。また，遺伝的素質と経験の要因の組合せによって，同じ年齢の集団の内部での個人差が目立ってくる。それは，後に述べるように，子どもの心理的生活に影響することがある。

　次に，細かい運動の技能も児童期を通して発達することが認められる。小学校に入ったばかりの頃と比較すると，高学年の子どもでは，書字，描画，楽器の演奏，プラモデルなどの組立て，テレビゲームなどでのボタン操作，パーソナル・コンピュータのマウス操作，手芸，園芸や動物の世話などにおいて，大きく進歩していることが分かるであろう。それは，目と手の協応が進み，指の細かい筋肉運動をうまくコントロールできるようになったためであるが，ここでも中枢神経系の成熟の要因の他に，経験の効果の蓄積が関与している。

　その経験の効果の中には，練習や訓練の直接的効果に加えて，練習や訓練の効果を媒介する認知機能の発達（4章）も含まれる。たとえば，複雑な動作系列の遂行には，言語化やイメージの機能が関係することがある。また，自分の遂行過程を自分でモニターして修正したり，指導者のアドバイスを理解して，それによって自分の行動を制御するのにも，認知機能の発達が深くかかわっている。これに関しても，一般的な発達傾向とともに，個人差が認められる。

3.1.2 男女差と時代差

　青年期とは違って，現在のわが国の児童では，運動能力の男女差がそれほど大きくない領域がいくつかある。ただしこれには，社会的条件の変化が絡んでいることに注目する必要がある。図 3.1 に示されているように，1917 年と 1969 年の 2 時点での比較（時代差法，1 章参照）では，以前では目立っていた 5 分間走距離の男女差が，1969 年ではぐんと縮まった。その主な原因は，女児の成績の向上にある。その成績の向上をもたらしたものとしては，栄養摂取の増加による体位の向上もあろうが，女児がスポーツや活発な身体遊びに参加する機会が増えたことが大きいと考えられる。そして，その背後には，女児の身体的活動を抑制しないで奨励する社会的条件が働いていたのであろう。

　ただし，いまだに児童期でも大きな男女差が認められる領域がある。アメリカのデータでは，ボールの投擲力の平均値に関しては，児童期の最初から性差があり，それが年齢とともに拡大していた。わが国の体力・運動能力調査結果

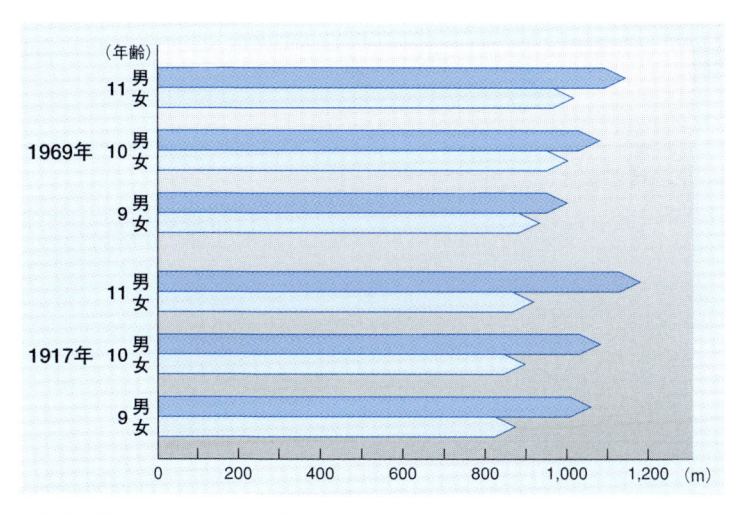

図3.1　5分間でどれだけ走れるか：縮まった男女差（東京の子ども）（猪飼, 1971にもとづく）

を見ても，女児は男児の約6割ほどの距離しかソフトボールを投げることができない（表3.1）。それには，基本的身体的条件の男女差に加えて，経験の違いも関係している可能性がある。たとえば，ソフトボールや野球に参加する子どもの率に大きな男女差があると，平均値の差が拡大する。もし，女児も男児と同じ程度に，ボール投げや石投げを経験する社会があるとしたら，どのような男女差になるのかに興味がもてる。

3.1.3 近年の状況

表3.1で10, 11歳について示したソフトボール投げの成績は，体格の向上にもかかわらず，1983年度ごろから2002年度にかけて，小学生の各年齢で男女とも低下傾向を示している。50メートル走などの他の成績に関しても同様であるが，とくに低学年での低下傾向の進行が目立つ。これは，幼児期に遡って日常活動などを検討する必要性を示唆している。ただし，運動能力の時代的低下傾向には，日常の運動経験の程度による群差がある。すなわち，体育の授業以外に運動・スポーツを週3回以上する子どもでは，時代による低下傾向が大きくない。これには，もともと運動が得意でない子どもは，日常的に運動しようとしないという傾向も関与していると思われる。

表3.1　日本の小学校高学年児童のソフトボール投げの成績
（文部省／文部科学省，昭和42年，昭和63年，平成14年度体力・運動能力調査報告）

年度	10歳男子	10歳女子	11歳男子	11歳女子
1967	30.2 (5.67)	16.1 (4.31)	34.4 (6.26)	19.0 (5.10)
1988	28.26 (6.80)	16.56 (4.74)	32.99 (7.85)	19.33 (5.34)
2002	26.58 (7.86)	15.19 (4.82)	30.86 (9.34)	17.49 (5.39)

注1）平均値。（　）内は標準偏差。単位はm。
注2）男子だけでなく，1987年ごろからは女子の成績も低下し始めた。男子は平均値が低下しているにもかかわらず，標準偏差が増大（個人差が拡大）しているのが目立つ。主として，低成績者層の増加による二極化傾向を反映しているものと思われる。

ところが、この運動・スポーツを週3回以上する子どもの比率の男女差が、1971年と2002年とでは、大きく違っている。すなわち、10・11歳児において、その比率が1971年では男女とも7割台であったのに、2002年では男児が5割台半ば、女児が3割前後と格差が広がっている。このような時代差をもたらした要因と、それが子どもの発達に与える影響を注視する必要がある。これらの基礎データは、文部科学省のホームページで例年10月中旬頃に公表される（http://www.mext.go.jp/　公表資料→統計情報→体力・運動能力調査）。

運動技能の個人差がもたらす心理的影響
3.2.1　運動技能と子どもの自己概念・自己評価

　前節で述べたような一般的発達傾向とともに、すでに触れたように、個人差も増大する。一般的にいって、めざましく発達する技能・能力・特徴であって、しかもその個人差が本人や仲間の目に明確に見えるものであるときには、発達の個人差の心理的影響が大きくなる傾向がある。それが、社会で重視される技能・能力・特徴である場合には、その傾向はいっそう強まると予想される。児童期の運動能力も、その例であろう。

　スポーツの成績も大切であるが、細かい運動のコントロールは、ノートをとったり、答案や作文を書いたり、モノの図や地図を描く活動、あるいは図工・楽器演奏などと関係して、子どもの学習活動と深く結びついている。それはまた、全身的な運動技能とともに、子どもの遊びでの活動とも結びついたものである。その意味で、これらの技能は、親・教師によっても、子ども同士の間でも重視される。

　児童期も半ばになると、運動技能の個人差が心理的な意味を増すようになってくる。まず、個人側の条件としては、同年齢の仲間がもつ意味が一段と強まることと、仲間の技能・成績と自分のそれとの社会的比較による自己評価も可能になってくることが挙げられる。そして仲間による反応や評価も、相手がどの程度の魅力や能力をもっているかによって、かなり規定されるという現実的性格が強まってくる（6章、10章参照）。このように、本人が示す行動に応じ

た客観的な反応が仲間から返ってくるとともに，子ども自身が自己客観視が可能になるという二重の条件の作用によって，子どもの自己像は，自分の技能の評価にもとづいたものになりやすい（8章参照）。

したがって，スポーツの得意な子どもは，学級集団の中で人気があり，また，自信が強いという結果になりやすい。しかし逆に，おとなや仲間の間で重要視される技能を十分に獲得できていない子どもにあっては，その仲間関係や自己像の上での問題が生じる可能性がある。現に，目立って不器用な子どもは，仲間の笑いものにされたり，極端な場合にはいじめの対象となることすらある。その子どもたちはまた，「仲間に好かれていない」と感じやすく，「たいてい暗い気持ちでいる」という報告がある（Cratty, 1979）。

3.2.2 教育指導の視点

以上で述べたことから，教育的に重要な指針が出てくる。すなわち，上記のような子どもと仲間集団の特徴をよく理解して，技能の水準が仲間とかけ離れて低い子どもへの指導方針を立てる必要があることである。

その指導に当たっては，その子どもに応じた指導法を工夫することと，子どもによる観察学習（モデルの動作の観察と，自分の動作のビデオ記録を観察させて指導者が助言する）と反復練習とを中心にして，段階的訓練プログラムを組むことが重要である。すでに述べたように，多くの運動技能の個人差には，素質的あるいは身体的要因が関与している。しかし，子どもが興味・意欲をもって反復練習することによって，ある程度の技能の向上は可能である。もちろん，医学的な処置が必要なケースについては，それを優先させるべきである。

指導に当たってもう一方で考慮しなくてはならないのは，当該の子どもに対する教師の態度である。仲間の生徒は，教師の評価や反応に敏感である。当該の子どもに，「仲間に拒否されている」，「笑いものになっている」と感じさせるような集団雰囲気の醸成に，教師自身が何気なしに漏らす評価的なことばによって加担していないか，子どもを少数の能力次元だけで評価してはいないかなどについて，教師による自己点検が必要である。

3.2.3 身体的条件と子どものパーソナリティとの関係

　運動技能を例にとって説明したのと同じことは，各種の身体的障害やハンディキャップの場合にも当てはまる。外から見てはっきりと分かる障害や奇形をもっていたり，ハンディキャップのある子どもの場合，その集団内での地位や適応，あるいはパーソナリティ特徴に関して不利な結果が見出されることがある。それは，障害自体の直接的な結果ではなくて，すでに述べてきたように，大部分は周囲の人々がとる態度や反応と，その背後にある社会がもつ「障害観」が媒介となってもたらされたものといえる。

　以上の説明から，身体的条件が子どもの発達に及ぼす影響は，けっして，前者が直接に後者の原因となるというような単純なものではないことが分かるであろう。そこには，特定の身体的条件に対して，社会がどのような反応・評価をしているのか，また，それに影響された周囲の者の反応を，本人がどのように受けとめるかということが，媒介として働いていると考えられる。

　そしてまた，特定の身体的条件と子どもの発達の特徴との結びつきは，けっして決定的・必然的なものではないといえる。すなわちそれは，社会のあり方や，家族・教師・仲間・地域社会の人々の受けとめ方が変われば，変わり得るものといえる。ここに，身体的条件と結びついた差別の根を絶つための社会政策と教育的働きかけの必要性がある。

3.3 心理的経験と身体的健康

3.3.1 心理的環境の重要性

　人間の心理的経験が，その身体的健康に響く可能性があることは，いくつかの領域で知られている。たとえば小児喘息の転地療法の効果がそうである。喘息児が家庭から離れて病院やキャンプに行っている間は，発作の回数が減ることがある。しかし，家庭に戻ると症状も後戻りすることが多いといわれている。それはアレルゲンとなるものが家庭に多いということだけでは説明できないとされている。なぜなら，家庭と病院でのアレルゲン物質の水準をコントロールしても，なおかつ転地効果が認められたという報告（たとえば Eiser, 1985）が

あるからである。つまり，子どもが家庭でもつ心理的経験が，症状の生起と直接または間接的に関係している可能性があるといえる。

子どもの心理的経験を直接に調べたものではないが，筆者たちの研究では，小児心身症の家族的背景を，両親に施行した調査から推定している（鈴木ほか，1986）。それによると，小児心身症群と対照群との目立った差は，前者のほうが家族としての安定性が低いという点にある。すなわち，父母のどちらの報告によっても，小児心身症群のほうが，家族内の調和，夫婦間のコミュニケーションが統計的にいって有意に低く，また，家族内外からのサポート体制の欠

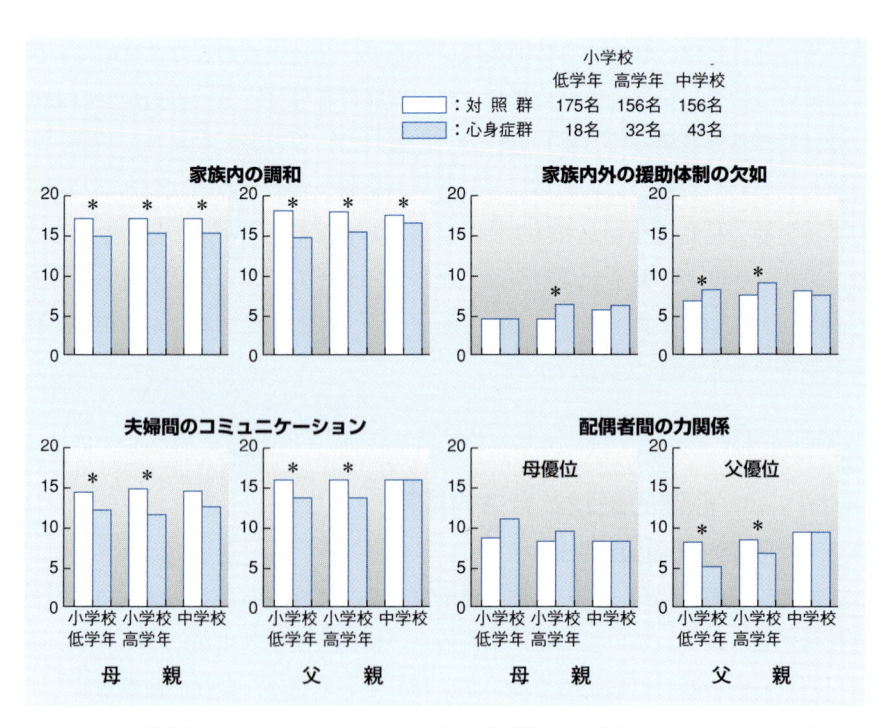

図3.2　対照群と比較した小児心身症児群の家族関係の特徴（鈴木ほか，1986から）使用された尺度については，表9.1を参照。＊は，群間に少なくとも5％水準で有意な差があることを示す。

如を訴える傾向が強かった（図 3.2）。これは，家族としての安定性の欠如と，小児心身症の発症・持続との間に，循環的な関係が存在する可能性を示唆している。家族として不安定であること自体が子どもへの心理的ストレスとなるとともに，家族がシステムとしての安定性に欠けることが，家族内外からのストレスにうまく対処することを困難にするものと考えられる（8 章参照）。

もちろん，問題が家族に起因していないケースもある。しかし，教師－生徒関係や仲間関係などで問題を抱えている子ども（10 章参照）を，家族や家族外の人々がどのように心理的に支援できるかは大切な条件となる。

3.3.2　ストレスの影響と社会的支援体制の効果

子どもにとってストレスとなり得るものは多様である。これまでの欧米での研究によると，生活上の変化はストレスの主要な原因となり，とくにそれが複合する場合には，子どもに対する影響が強まることが知られている。つまり，多くの子どもは，少数のストレス要因にはなんとか対処できるにしても，それがいくつも重なって生起すると対処能力の限界を超えてしまい，心理的問題や行動上の問題が出てくる。表 3.2 はそのような条件のリストの一部である。その数値自体をわが国の子どもにそのまま当てはめるわけにはいかないが，どのような条件が，心理的に強いストレスとなり得るのかを知るための参考となるだろう。そこでは家族に絡む条件の変化が，大きな位置を占めていることが見てとれる。

家族の成員に何かの変化が起こったり，家族全体が新しい状況に投げ込まれたとする。家族は，それに対応するために，行動や考え方を変える必要に迫られる。そしてそれへの対応にエネルギーを奪われる状態が続くと，家族成員の全体的な対処力の水準が下がり，病気や事故が起こりやすくなるのではないかといわれている。転勤，家族の成員の重い病気や問題行動などが起こると，親はそれへの対応に目を奪われがちである。しかしそのときに，他の子どもにもストレスがかかり，心理的に脆い状態になっている可能性のあることを，親は理解しておく必要がある。

子どもがもつ社会的支援（ソーシャル・サポート（7 章参照））体制がストレス

表 3.2　小学生に対してストレッサーとなる最近の生活上の変化（家族による評定）		
(Coddington, 1972 から相対的な重さによって三分して抜粋)		
程度の重いもの	中程度のもの	比較的軽度のもの
親の死亡	重病による親の入院	親の失業
親の離婚	子どもの親友の死亡	きょうだいが家庭を離れる
外見から分かる奇形となる	養子であることを知る	祖父または祖母の死亡
きょうだいの死亡	両親の間の口論の増加	親の経済状況の変化
親の再婚	出生または養子による　きょうだいの出現	両親の間の口論の減少
子ども自身の入院	両親との口論の増加	
	小学校入学	
	転校	
	家庭での不在を伴う父親　の仕事上の変化	
	母親の就労開始	
	3人目の成人（祖父母な　ど）が家族に参入	

に対する緩衝効果をもつことがある。それは心理的水準での問題である。しかし，社会的支援体制は，生理学的水準でも，ストレスの効果を緩和する可能性がある。子どものデータではないが，ガン患者で，配偶者からの社会的支援を多く受けている者とそうでない者との間に，生理学的な免疫機能（キラー細胞の活性度とT細胞の増殖）に差があるという報告が出ている（Baron et al., 1990）。人間の免疫システムは複雑なもので，生得的免疫システムと，それが伝達する情報に反応する適応的免疫システム（T細胞とB細胞）からなるとされている。後者のシステムの作用の一部に，個人の心理的状態が関与する可能性はあるとしても，その機構はよく分かっていないようである。

3.4 身体的健康・安全と子どもの特徴

3.4.1 生活習慣，健康に結びつくパーソナリティ特徴

　子どもの身体的健康と安全には，遺伝的素質，病歴，食事や生活習慣を含めた環境要因など，いくつもの要因が絡み合っているのは事実であろう。しかしその他に，子どもの行動やパーソナリティの特徴も関係している可能性がある。肥満になりやすい子ども，食欲不振に陥りやすい子ども，あるいは事故に遭いやすい子どもなどには，弱い関連ではあるか，行動やパーソナリティに特徴があるという報告もある。

　子どもの食べ物に対する好き嫌いには，経験の積み重ねが関係している。好き嫌いや偏食に対して親がどのように反応するのか，そして親自身がどのようなモデルとなっているのかが関係する。また，幼児期の終わりごろから，子どもがどのような食べ物を好むかに関して，仲間がモデルとして働く傾向も強まる。それ以前の問題として，家庭で子どもがきちんと朝食をとっているのか，また家族が朝食や夕食などをともにする頻度とその経験内容とが，子どもの生活の諸側面（健康，生活習慣，学習成績など）と関連して重要性をもつ。

　食べ物の種類の組合せとともに，食べる量を適切に自己調整できるかは，身体的健康，将来の生活習慣病，そして精神的健康ともつながる重要な問題である。摂食に関する習慣・態度と心理的特徴とは，相互に連関する可能性がある。たとえば，特定の心理状態（欲求不満，怒り，不安など）のときに，食べることによってそれを紛らそうとする人もいれば，食欲を失う人もいる。そのような傾向が持続すると，体重などに影響が出てくる。

　肥満は，子どもの日常活動を制約するだけでなく，それに対する他者の評価的反応を媒介として，本人の自己概念に影響する可能性もある（8章参照）。児童期・青年期に肥満状態にある人は，生涯にわたり肥満とそれに付随する問題を抱えるともいわれているので，子どもの摂食習慣だけではなく，その原因でもあり結果でもある心理的側面にも注目する必要がある。もちろん，肥満には遺伝的要因が関係する場合もあるし，また，痩せや肥満などの体型に関する社会的・文化的背景も無視できない。

成人の心臓病，とく冠状動脈系の疾患や急性心臓死との関連が問題にされてきたタイプAの行動パターンの持ち主は，競争心・達成意欲が強く，せっかちで時間に追われ，他者に敵対的だという特徴をもっている（それと対照的な人をタイプBという）。そのような行動特徴が子どもにおいても認められるのかどうかに関心をもった研究者たちは，子どもの**タイプA行動特徴**を調べる方法を開発した。それには，子どもに自己診断させるものや，子どもをよく知っているおとなに判断させるものなどがある。現在までのところ，児童においてもタイプA的行動特徴をもつ者がおり，児童期の後半では，それはある程度安定した個人特徴になるという報告も出ている。わが国では，幼児を対象とした評定方法の研究もなされている（山崎・菊野, 1990；表3.3）。山崎・菊野の研究では，幼稚園教師の評定により分類されたタイプAとBの幼児は，時間計測していることを気づかせない実験的場面での行動（動作の迅速さ，反応潜時の短さ，作業時間の短さ）が，予想された方向に違っていたことを見出した。

もちろん，それが将来の心臓発作を予測できるのか，そしてもしそうだとしたら，子どもの行動特徴の基礎にある心理的特徴を変えるような試みが予防効果をもつのかなどは，長期間にわたる追跡研究によって調べる必要がある。それと並行して，そのような子どもの行動特徴の起源と形成過程についての研究

表3.3　日本版タイプA検査（幼児用・17項目）の項目例 (山崎・菊野, 1990)

競争性
- ゲームをするとき，競争心がつよくでる。
- ものごとを行うとき，他の子どもよりよくしようとがんばる。

焦燥－攻撃
- 口げんかをよくする。
- 自分よりゆっくりしている子どもと何かするとき，しんぼう強く待つことができる。（逆転項目）

注）教諭・保育士などに5段階評定を求める（「1.まったくそんなことはない」〜「5.まったくそのとおりである」）。タイプA得点と，競争性と焦燥－攻撃性の2つの下位得点が算出される。

を進める必要がある．すなわち，いわゆるタイプAの行動特徴には，出生時にすでに個人差が認められる気質のような先天的な基礎が関与しているのであろうか．また，家庭を中心とした養育環境の影響があるのか，そしてさらに，個人的または集団的な競争を強調する社会状況が，その行動特徴の形成に絡んではいないかなど，多くの問いが出てくる．このような問いに対する答えは，子どもの行動特徴を予防医学の立場から変容する方法を考えるときに，是非とも考慮すべき条件を示すと期待される．

　上記の問題と関連して，心理的ストレスに対する心拍の反応性に，親子間の類似性が見られるかどうかが問題にされる．オーストラリアでの研究（Sharpley et al., 1990）によると，正常のサンプルでは，そのような類似性は認められなかった．彼らは時間計測を伴う競争的な課題（暗算あるいはパズル）のもとでの両親と子どもの心拍の反応性を調べたが，5歳児でも10歳児でも，親子の間で反応性の相関が認められなかった．これは心臓病歴をもつ親とその子どもの間には，心拍の反応性が相関するという過去の報告と食い違っているが，それがサンプルの違いによるものかどうかはまだ分からない．

　高血圧症や高脂血症などの生活習慣病自体と，その予備軍が，わが国の児童でも増えているといわれている．それらの原因として，食事習慣や運動不足などが指摘されているが，上に例として述べたようなパーソナリティ要因が関与する症状もある可能性を否定できない．そうだとすると，心理学的研究が予防医学とも結びつく可能性がある．最近，健康の維持・改善をめざした<u>健康心理学</u>という領域を確立しようとする動きがある．

3.4.2　安全と子どもの特徴

　事故に遭いやすい子どもや，失火のような事故を起こしやすい子どもに何らかの共通特徴がないのかにも，研究の関心が向けられている．上記のような事故は，子どもの安全と生存に関係するから，その予測と予防手段の考案が<u>重要性</u>をもつ．子どもの性別，年齢，知的能力と知識のほかに，パーソナリティ特徴（攻撃性，拒否されているという感情，衝動性など）が関係している可能性があるが，これまでの研究の大部分は，知覚機能に関するものである．

たとえば，双生児 160 名が 6 歳のときに視知覚による探索検査を行い，6 〜 9 歳の間に事故に遭った記録との関連を調べた研究（プロスペクティヴなデータ収集法，1 章参照）がある（Matheny, 1980）。それによると，子ども全体を事故の回数により，高・中・低の 3 群に分けると，探索検査における誤りの多さに明確な差が見出された（レトロスペクティヴなデータ分析法，1 章参照）。また，双生児の対ごとに比較した結果も，同様の関係を見出した。この結果にも，探索検査で誤数と，事故に遭いやすさとの両方に関係する子どもの行動またはパーソナリティの特徴が関与した可能性がある。

　もちろん，知覚機能自体の差が，直接に事故に遭いやすさにつながる可能性も否定できない。事故歴のある子どもとない子ども各 65 名（9 〜 10 歳）を対象とした日本の研究（Ono & Maruyama, 1971）は，動く対象の知覚に関して，群間の差があることを報告している。

　さらに，「ガスレンジのそばのカーテンが風にあおられて，火事になる可能性がある」，「よく消さないでマッチ軸をゴミ箱に捨てると，後でくすぶり出すかもしれない」，「車の陰になって見えないが，さらに別の車が後から来ているかもしれない」といった予見性の有無に関する認知の働きも，事故に遭ったり，それを起こしたりする程度に関係するものと思われる。このように，各種の生活場面での安全と関連する子どもの行動的・心理的特徴を探り，それを予防に結びつける実践的研究の進展が要請されている。

■ まとめ

1. 児童期を通して，子どもは体力も身体の使い方も向上する。
2. 運動能力には男女差があるが，それに時代差が絡んでいる。
3. ここ 20 年以上続いている児童の運動能力の低下傾向は，運動機会の減少によるものと考えられ，幼児期の生活実態にも目を向ける必要がある。
4. 運動技能の個人差や身体条件の違いが心理的側面に影響をもつのには，周囲の者の反応・評価や，その背景にある文化の要因が媒介している。
5. ストレスとなる心理的環境とともに，ストレスの影響を緩和する社会的支援システムのあり方が重要である。

6. 子どもの身体的健康や安全に，子どもがもつ心理的・行動的特徴が関係することがある。

［参考図書］

平山　諭・保野孝弘（編著）2003　脳科学からみた機能の発達　ミネルヴァ書房

井形高明・武藤芳照・浅井利夫（編）　1997　新・子どものスポーツ医学　南江堂

野口京子　1998　健康心理学　金子書房

島井哲志（編）　1997　健康心理学　培風館

Weiss, M. R. 2001 Developmental sports psychology. In N. J. Smelser, & P. B. Baltes (Eds.), *International encyclopedia of the social and behavioral sciences* (pp. 3620-3524). Amsterdam : Elsevier.

山崎勝之　1996　タイプA性格の形成に関する発達心理学的研究　風間書房

認知機能の発達

- 認知の発達はどのようなコースをたどって進むのか？
- 子どもが年齢とともに，うまく課題を処理できるようになるのはなぜか？
- 他者や自分の心の働きについての知識はどのように発達するのか？
- 言語機能と認知機能とは，どう関係しているのか？

　本章では，人間の認知発達のコースを重点的に記述する。まず，ピアジェの考えを取り上げ，幼児期の後半から青年期の前半にかけての思考の働きの質的な変化を記述する。ただし，その研究結果は用いた研究法によって変わるので，年齢を目安とした認知発達の段階区分は絶対的なものではない。また，この領域での発達的変化は，昆虫が変態するように前の段階の形態が失われて新しいものに置き代わるのではなくて，以前の思考形態が新しく出現したもののもとで再体制化されるのだと見なせる。実際，普通の青年やおとなが，日常生活の中でいつも抽象的・論理的思考をしているわけではない。また，そのような抽象的・論理的思考は，特定の社会の生産・学問・社会システムのもとで有用とされるもので，違った条件に囲まれた社会では，高度な思考が別の形で発展する可能性がある。

　上記のようなモノを中心とした領域だけでなく，人の心の働きに関する領域でも，認知発達が進む。それを「心の理論」の発達として述べる。それは，心の働きについて子どもがもつ素朴な考えが，徐々にまとまってきたもので，一般のおとながもつ「民衆の心理学」にもつながる側面をもつ。

　認知発達や問題解決能力の発達に，子どもがもつ社会的相互作用の経験が関与することが注目されている。おとな-子どもの相互作用に加えて，仲間が影響性を増す児童期で，同年輩どうしの相互作用の経験が果たす役割は大きい。

　児童期の半ばごろから，自分の認知過程をモニターする能力が高まり，それが課題に適切に対処することを可能にする。これらの認知機能の発達は，言語発達と切り離して考えられない。両者は相互規定的関係をもちながら発達するものであり，言語領域での子どもの経験が認知発達と結びつくのである。

4.1 認知発達についてのピアジェの考え

4.1.1 ピアジェの理論の特徴

　認知発達の領域で大きな影響を与えたスイスの心理学者ピアジェの考えの概要を最初に述べる。それは次のようにまとめられる。

(1) ピアジェは，人間は乳児の段階から外界と能動的な相互作用をしながら，外界についての知識を自分で組み立てていく存在だと見なし，思考の仕組みが質的変化を経て発達する過程の記述に関心を向けた。

(2) ピアジェは，人間がどのような様式でどのような内容のことを考えるのかについて，質的に異なった段階を区別できると考えた。一つの段階から次の段階へとたどるペースや最終到達段階には個人差があるにしても，段階を進む順序はヒトに共通のものだとした。それを大きく分けると，4つの時期となる。すなわち，①感覚運動的知能（およそ2歳頃まで），②前操作的思考（およそ2歳から6，7歳），③具体的操作（およそ7歳から11，2歳頃まで），そして④形式的・抽象的操作（12歳以降）の時期である。

(3) 2章で述べたように，個人が，認知の働きを通して外界との間に適応的関係を保つために，同化と調節の2つの過程が働いている。同化とは，個人が自分の頭の中にすでにもっている考えの枠組みに合わせて，外界の情報を消化・変容して取り入れる作用を指す。それに対して調節とは，外界の情報を取り入れる際に，自分の内部の枠組みのほうが変化する過程をいう。この2つがバランスよく働くことによって，個人は外界に適応でき，認知発達がもたらされる。

4.1.2 弱みとしての直観的思考

　ピアジェが分けた4つの時期のうち，児童期の中心をなす具体的操作期に至る前の時期から説明する。心像（イメージ）やことばの出現はふつう1歳代のうちに起こり，現実の対象・事象・行為（すなわち，表される対象としての所記）とは別に，それを表す能記として機能し始める。それによって子どもの世界は，時間的・空間的に拡大し安定度の高いものとなる。いま目の前にない事

物も思考の対象にでき，概念的思考の芽生えが現れる。もちろん，この概念は幼児期の後半からの直観的思考の時期（およそ4歳頃から6，7歳頃まで）になっても，まだ本格的な概念の水準には達していないので，それによる思考も不完全であるのは事実である。

　直観的な思考の時期に入った子どもは，イメージやことばを使って，それらを関係づけて考えることはできる。しかし，その思考活動は，それぞれバラバラであることが多く，頭の中で行う複数の思考活動が，相互にきちんと関係づけられていないように見える。この年齢の子どもにも，推測・判断・推理などの思考の働きが明らかに認められる。しかしそれらは，直観的な関係づけ方によったものなので，論理的な操作として考えると不完全なものにとどまる。

　具体的な対象・事象について論理的な操作ができ，さらに抽象的な思考ができるという方向で認知発達をとらえたピアジェの立場からすると，直観的思考は，未発達で弱みをもったものと位置づけざるを得なかった。その「弱み」は，後の研究者によっても繰返し確認され，幼児から小学校低学年の子どもの思考の特徴に関する「常識」となった。その特徴としてよく挙げられる例を示す。

　まず，この時期の子どもがする判断は，「見かけ」にとらわれやすい。たとえば，数個のコインの並べ方を変えると，その数が変わるという。あるいは，形の違った容器に移し代えると液体の量が変わると判断したり，粘土を変形させると重さが変わると言ったりする。これらのことは，子どもの思考が見かけの現象に強く影響され，その底にある本質をとらえることが困難であることの現れだとされた。

　さらに，この段階の子どもは自分の視点からものごとを判断しやすく，それとは別の視点があることに気づいて他者の視点に立つことはできないとされてきた。たとえば，3つ山問題と呼ばれる課題では，テーブルを挟んで向い合って座っている相手から見ると，テーブル上の3つの山の配置が，自分とは違って見えるということが理解しにくい。相手の位置からは違って見えるということに気づき始めてからでも，「では，どう見えるのだろう？」と問われると，いま自分に見えている配置に影響されてしまう。

　上記のような結果は，子どもの頭の中での活動が体系性をもたずに行われ，

おとなから見ると論理的な一貫性に欠ける反応をしていても，子ども自身がそれに気づいて調整しないためであると考えられた。そのことが可能になるためには，子どもが対象の目立った知覚的特徴や自分の視点だけにとらわれなくなること，すなわち，脱中心化が必要だとされた。

その後の研究によって，課題が簡単で子どもの日常活動と結びついたものであると，ピアジェが主張したよりも早期から，他者の視点を考慮に入れた反応が現れることが分かっている。たとえば，3歳児が母親に「これを読んで」と絵本を差し出すときには，自分にではなくて相手に絵を向ける。そして，3つ山問題で，自分に見えている配置に影響されているように見える反応も，その外側の環境の手がかり（たとえば，実験室の窓）を参照基準に使ったために起こったものが含まれている可能性があって，自分の見えにとらわれているとは限らないことも分かってきている。また，4歳の子どもでも，年下の子どもに対しては，親や仲間に対するときよりも，短くて分かりやすいことばを使うというように，聞き手に合わせた自己調節が可能である。

さらに，見かけにとらわれた判断を子どもがするというのは，与えられた課題を，本当（reality）ではなく，どう見えるか（appearance）を実験者に問われたのだと子どもが解釈したことによっても起こることを示す研究も出ている（表 4.1）。要するに，実験者は，自分が意図したのとは違うように課題を受けとめた子どもがいたのに気づかずに，子どもの思考は不完全なものだとしていた面があったことは否定できない。

4.1.3 具体的操作の時期

論理的操作の対象となる具体物があったり，具体的経験の足場があるときには，一貫した正確な思考ができるようになる時期である。子どもは具体的に知覚できる対象や事象について，情報を整理・分類・関係づけるなどの論理的な処理ができるようになり始める。たとえば，いろいろの領域における保存は，その成立に「水平的ずれ」を含みながら順々に獲得されていく。粘土のボールを例にとると，それをどのように変形しても，それがもつ特定の属性は不変であるという認識は，ふつう，量→重さ→体積という属性の順に成立していく。

表 4.1　液量の保存テストにおける教示の影響：「見かけ」と「実際」
（Bijstra et al., 1989 にもとづき作表）

教示条件	非保存反応（一方が多い）：保存反応（両方とも同じ）の人数	
見かけ→実際条件	「どちらが多く見えるか？」	「本当にこちらが多いか？」
人数	39 ： 9 　→	21 ： 27
標準条件	「両方とも同じだけあるか、それともどちらが多いか？」	
人数	26 ： 7	

注）上記の2条件の他に、見かけ→実際条件Ⅱ（見かけ→実際→実際）と標準条件Ⅱ（標準→標準）を加えた第2実験によって、上記の条件差が、2度同じことを聞かれたために、「前の答えは間違っていたのだ」と子どもが受けとめて、答えを変えたために生じたのではないことを確認した。

　研究方法によって結果が変わることがあるが、1～6年生を対象としたある研究（Uzgiris, 1964）では、93％の子どもの成績のパターンがその順序性に従ったものであった（表4.2）。このようなずれは、抽象的な推理を必要とする程度が、課題によって異なる（量よりも重さが、そして重さよりも体積が、それを必要とする）から起こるのだというのが、代表的な解釈である。
　〈バラ，カーネーション／花〉，〈男の生徒，女の生徒／生徒全体〉，〈イヌ，ネコ，ウマ／動物〉の間の関係というような、部分が全体に含まれる包括関係の理解も、部分を考える視点と全体を考える視点とを共応させられるようになることにより進む。たくさんのバラと、2, 3本のカーネーションとが目の前に置かれていて、バラ全部で作った花束と、花全部で作った花束とどちらが大きくなるかと聞かれた場合に正しく答えるための情報の組織化が、具体的操作の時期のうちに可能になるとされている。数概念の獲得、一群の対象物を複数の次元（たとえば色と形）を組み合わせて行う分類、あるいは、A・B・Cの3本の棒の長さに関して、A＞BとB＞Cの情報から、A＞Cを導くというような推移律の理解も、情報を組織化する能力によって進むとされている。
　これらの領域においても、①課題を構成する材料に子どもがどれほど日常生

表 4.2　保存の成立の順序性			
(Uzgiris, 1964 にもとづく)			
保存の領域			平均達成年齢
物質量	重さ	体積	
−	−	−	7 歳 9 カ月
＋	−	−	9 歳 3 カ月
＋	＋	−	10 歳 0 カ月
＋	＋	＋	10 歳 7 カ月

注）＋と−は，保存の成立・不成立を示す。用いる材料によって保存が成立する時期には違いがあるが，どの材料でも保存成立に順序性が認められた。120 名の子どものうちで，上記の 4 パターンから外れたのは，8 名だけであった。

活でなじんでいるものかによって，あるいは，②質問の仕方によって，いつ可能になるかの年齢は変わり得る。したがって，「具体的操作の時期に入るまでの子どもは，○○の課題はできない」というような断言はできない。質問のことばを易しくしたり，記憶の要因が結果に作用しないようにすると，幼児でも推移律の問題に正しく答えられる場合がある。

4.1.4　形式的・抽象的操作の時期

前の時期では，具体的な事象に対しては論理操作が可能であったが，その足場を外して現実には存在しない可能態（想像上あるいは仮想の事態）としての抽象的命題を扱うことはできなかった。それが，11，2 歳から 14，5 歳にかけて，人は具体的なものにとらわれない抽象的な論理操作が可能になるとピアジェは主張した。帰納と演繹の推論ができたり，確率的事象の理解が可能になるのも，また，要因やその組合せの効果を検出する科学的な実験計画を立てられるようになるのも，その現れとされている。

ただし，このような抽象的な論理操作は，そのような能力を必要とする社会で，近代的な学校教育を中心とした意図的訓練が行われる場合に，高度の発達

を遂げ得るものである。それとは生態学的・社会的条件が異なった文化では，西洋型の抽象的な論理操作はできなくても，航海・牧畜・農業のような実生活の必要に応じた，別の形での高度な問題解決がなされている。海図として使われる簡単な道具と，環境から読み取る情報を頼りにして，何千キロもの距離を航海することなどは，近代化された社会の人間にとっては考えられないことである。これらのことは，近代西洋型の抽象的論理操作を，発達の唯一のゴールとして絶対視しないように注意する必要があることを教えている。

4.1.5　いろいろな水準の思考法の併存

　では，子どもは直観的思考を卒業すると，それから完全に抜け切って論理的思考に移行するのであろうか。教育的にもそれが望ましいことなのだろうか。人間の心理的発達は，そのような道筋をたどるものではないことが知られている。現に，認知発達の観点からいうと，最高の段階に達しているはずの大学生でも，あらゆる場面で抽象的思考による問題解決をしているわけではない。

　抽象的・論理的思考は，繰返しがきき，頭の中で思考過程の後戻りが自由にできるような事態（たとえば，複雑な科学実験など）では効果を発揮する。しかし，日常生活の中での問題解決のためには，そうすることがつねに有効であるとは限らない。われわれも，状況の必要性に応じて，論理的に思考したり，直観的に反応したり，あるいはまた両者を組み合わせて使っている。子どもに対しても，直観的思考を早く脱却して，論理的思考だけに頼って問題解決できるように導きさえすればよいのではない。

4.1.6　社会的相互作用の影響

　4.1.2 から 4.1.4 で述べたような認知発達がどのような機構によって進むかは，まだ明らかではない。この章の最初に述べたピアジェの考えからすると，子どもは環境と能動的に相互作用をもつが，発達は内的過程により進むもので，環境自体は発達を作り出さないということになる。しかし，その立場は，子どもがもつ社会的相互作用が，認知発達の契機として働くことを否定するものではない。事実，ピアジェがごく初期に問題にしたが，長年本格的に顧みられな

かった社会的相互作用の働きに，研究者が関心を向けるようになった。

たとえば，3つ山問題に似た課題で，自分からの「見え」にこだわった配置をする子どもに対して，違う視点に立った2人の仲間が違う配置を作り，3人の間に社会的相互作用が起こる状況を考えてみよう（図4.1）。それは最初の子どもにとっては，どれが正答かを巡る仲間同士での社会的葛藤であるだけでなく，頭の中で「どうして違った答えになるのだろう？」という認知的葛藤を引き起こす可能性がある。その葛藤を頭の中で解消して，均衡を回復しようとする努力が，子どもたちの認知発達にプラスに働くという（Doise, 1985 など）。これは，必ずしも自分よりも有能な仲間と相互作用しなくてもよく，同等の水準の者や自分より低い水準の相手と相互作用しても，プラスの効果が起こる場合がある。これは，問題の間違った解き方を身につけている仲間やきょうだい

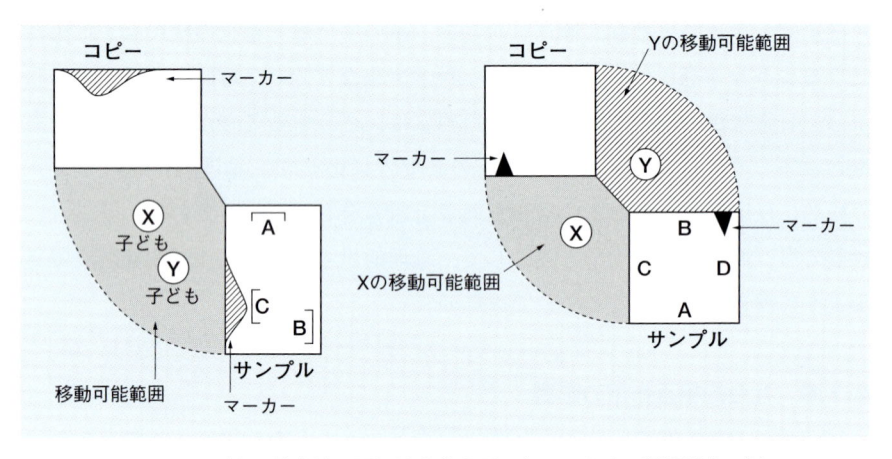

図4.1 子どもに社会的・認知的葛藤を引き起こしやすい課題設定の例
(Doise & Mugny, 1984による)
どちらの課題も，サンプルの内部の位置関係を保持したまま，コピーを構成することが求められる。マーカーは実験者が設置する。右の課題のほうが，視点が対立しやすい。

に苦労して教えることを通して，教え手もいっそう明確に理解できるようになることにも似て，興味のもてる現象である。

　子どもの認知発達を調べるために従来使われてきたピアジェ課題は，すでに述べたように，日常生活でのなじみが薄く，高度の言語理解を必要とし，記憶力を必要とするという課題の困難さに加えて，実験者の意図とは違う意味に子どもが教示を受け取る場合もあることが関係して，子どもの認識を高めるための訓練実験の多くは成功しなかった。たんに「どう答えたら当たるか」を習得したのではなくて，訓練の効果が安定した（持続性があり，後戻りしない）ものであり，そして般化する（類似した他の問題にも応用の利く）ものかという基準を立てると，子どもの考えの仕組みを変えるのは簡単ではないことが，すでに 1960 年代に分かっていた。そのような研究経過の後で，社会的相互作用が認知課題への反応の向上と関係し得ることが分かったことは意味がある。

　また，本人は直接に問題を解かずに，正しく考えて反応するモデルを観察することによって，子どもの保存の理解が進むという過程にも興味がもたれている（Robert & Fortin, 1983 など）。それはたんにモデルの反応を模倣したのではなくて，観察者も能動的にモデルと似た認知過程をたどっていて，「そうなのか！」と理解が進むことがあることを示唆している。

　上記のような直接的・間接的な社会的相互作用が子どもの認知発達の契機となるとしたら，子どもが正答を出すことに目を奪われないで，教師や仲間との相互作用を通して，一人ひとりが自分で分かっていく過程が重要だということになる。それは，組織的なプログラムによる教授過程というよりは，日常生活の中で子どもが長期にわたってモデルを観察したり，折にふれて相手とやりとりをするというような，非公式的な形態での学びの形態が，認知発達にとって重要な役割を果たすという見解である。そのような見習い過程を通した認知発達を**認知的徒弟制**として重視する立場があり（Rogoff, 1990 など），それは，認知を個人内部での過程としてよりも，人々が繰り広げる協同過程だととらえる視点へと展開する。

4.2 児童期のメタ認知機能

4.2.1 メタ認知

　児童期のうちに，注意，知覚，記憶などの面での発達が進むことは，これらの能力の年齢差に関する多くの研究によって示されている。研究の多くは，注意の範囲，妨害刺激によって影響を受ける程度，知覚の正確さ，あるいは記憶範囲（記憶できる最大の刺激項目数）や誤り率のような量的側面での年齢差を調べたものであった。そして，そのような変化がなぜ起こるかの機構を解明するための研究が進められてきた。記憶についていうと，その発達は，1. 記憶容量の増加，2. 記憶方略の変化，そして 3. 知識（メタ認知的知識と，領域特有の知識の両面がある）の増加が関係しているとされている。

1. 記憶容量

　年齢とともに多くの情報（たとえば，数字の桁数，用事のリストの項目数）を同時に覚えておけるようになる一つの原因は，記憶容量が増すためだとされる。ただし記憶容量といっても，生物学的条件によって規定できるような，いわばハードウェアの容量がものをいうのは，乳児期と幼児期初期であると考えられている。就学前の時期以降の変化は，入力された情報を早く処理したり処理の自動化によって，多くの情報の処理が可能になるためだとされている。

2. 記憶方略

　記憶に当たって，リハーサル（口頭や動作によって，あるいは頭の中で，記憶内容を繰り返すこと），材料の組織化（覚えやすいように，あるいは思い出しやすいようにまとめる），精緻化（elaboration,できるだけ多くの情報を付加して記憶痕跡にとどめておくこと）といった記憶を助ける方略（ストラテジー）を使うようになることが，記憶の発達につながると考えられている。就学前の幼児でも記憶方略を使えることが見出されているが，それが本格的に発展するのは児童期である。子どもたちは，自分で工夫したり，人に教えてもらった方略を，実際にうまく使えるようになっていく。

3. メタ記憶と領域特有の知識

　子どもが記憶に関してもっている知識（メタ記憶）は，記銘（覚え込む）行動

と記憶成績に関係すると考えられている。とくに，自分はどのような記憶方略をもっているか，どれをいつ使えば有効かといった知識は，記憶方略の使用と密接に結びつく。このようなメタ記憶も児童期に入って発達するが，その完成は青年期に入ってからである。また，4.2.3で説明するように，特定の領域についての知識が十分あると，その領域に関する記憶は大幅に促進される。熟達者は初心者と比べて，その領域に関して効率のよい記憶を示す。

記憶の領域だけではなく，学習や問題解決などの領域においても，自分が正しく情報処理をしているかを吟味して制御するメタ認知（metacognition）の発達が重視されるようになってきた。これは，個々の認知機能に対して上部で働くモニター役・調整役を果たすという意味で，メタという接頭語がついている。児童期後半には，自らの認知過程に対するこのような自覚ができることによって，知的課題の解決方式の質的な変化が起こると考えられている。自分の認知過程を対象として考えるようになると，課題への対処法が違ってくる。

たとえば，いくつものモノが描かれた絵を見るときに，「絵を見ていてください」と言われる場合と，「何が描いてあるか覚えてください」という教示を受けた場合とで成績に違いがあるかどうかを調べたある研究では，小学校1年生では差がなくて，5年生で差が生じた（図4.2）。この結果に対する一つの解釈は，5年生では自分の記憶過程について知っていて，それを内省の対象とすることによって（すなわちメタ記憶が働くことによって），課題に対する適切な方略を採用したというものである。メタ記憶とは，情報の貯蔵と取出しにかかわる過程についての知識であって，記憶過程を制御するために，随意的に使用可能なものを指している。その内容はいくつかに分けられている。

4.2.2 メタ記憶の内容

(1) まず，記憶者としての自分についてどれほど正確に知っているかである。描かれた多くのモノをちゃんと覚えて後で言えるかと問われると，幼児はふつう「全部覚えられるよ！」と言う。自分が忘れるかもしれないということはほとんど考えていないように見える。それが小学校後半になると，課題遂行前に自分の記憶能力を現実的に評価できるようになる。そのよう

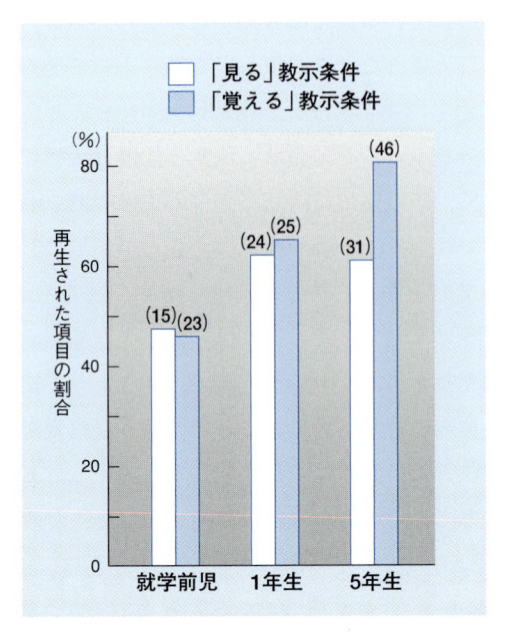

図4.2 教示による再生率の違い(Appel et al., 1972)
与えられた項目数は、年齢順に、9, 12, 15であるので、再生率を年齢間で比較できない。（　）内の数字は、同種の絵（乗物、楽器など）がまとまって再生された割合(%)を示す。

な自分の記憶能力についての正確な知識は、課題への効率のよい取組み方につながる。
(2) 記憶方略についての知識は、課題に応じてどのような記憶方略をとれば成功するかを知らせ、適切な対処法を準備させるように働く。与えられた材料を覚え込む前に、材料に何らかの処理を加える（たとえば、道具や動物というようなカテゴリーに分けたり、「サルが電話をかけた」、「イヌが三輪車に乗った」というような関係づけをする）のも、自分がもつ記憶方略についての知識を使ったものである。自分が忘れるであろうことを知っているのも、これと関係している。約束を忘れないために手に印をつけてお

いたり，お使いに行く途中で買う物を忘れないように口で何回か唱える（リハーサルする）のも，忘却しやすいことを自覚しての対処法である。これも小学校の半ばごろから，使われ始めることが多い。ただし，子どもは段階を踏んで効率のよい方略に完全に移行するというのではないだろう。どの時期においても子どもは複数の方略が使用可能であって，徐々にある方略を使うことが減り，別の方略をよく使うようになるというように，漸進的な移行が行われると考えられる。

(3) 記憶課題の要求に適合した方略を選択することも，児童期のうちに始まる。これは自分の能力を知り，それに応じた課題の困難さをあらかじめ推測するという複雑な機能である。記憶材料の量が多いかどうか，いつまで覚えておかなければならないのか，後で記憶内容を再生（口で言ったり，図に描いたりする）を求められるのか，再認（どれが該当するかを選択肢から選ぶ）でよいのかなどの課題条件によって，どれくらいの練習が必要かを知るのは，おとなにとっても簡単なことではない。しかし，どちらの課題が易しいのかの識別や，課題の困難度に応じた練習回数の増減を指標にすると，小学校半ば頃までに原初的な方略選択法が現れる。

　上記のようなメタ記憶は，年齢とともに発達することは確かである。しかし，同一年齢の集団内で比較すると，メタ記憶の働きの個人差と，記憶課題での成績の個人差との関連は，それほど明確でないことも多い。メタ認知に関しては，訓練プログラムによって特定の方略を獲得させるというアプローチには限界がある。自分の認知過程をモニターすることは，もともと能動的になされてこそ意味がある過程である。そのような能動性を備えた学習者の場合には，ビデオに記録された自分の課題解決過程を見せる（自己観察）だけで，次回の成績が向上することがある（Fireman et al., 2003 など）。それには，自己観察を通して学習者が能動的に自分の課題解決過程を検討して，手続きに関する知識や遂行法を修正することが関与していると考えられる。それがうまく運ぶと，特定の課題の成績向上だけではなく，類似した他の課題の解決にもプラスの効果（正の転移）が起こる。これらの過程には，ピアジェ課題における観察学習の効果（p.85 参照）と共通する仕組みが含まれている可能性がある。

4.2.3 熟達化

　すでに述べたように，小学生でも夢中になって打ち込んでいる領域では，ふつうのおとなが及びもつかないほどの知識を獲得しているだけでなく，その領域に関しては，新しい情報を効率よく覚え込むことに驚嘆させられることがある。鉄道の車輌やダイヤ，ラジコン・カー，植物の形態や昆虫の生態，マンガの物語，将棋などを含むゲーム，人形のコレクション，パソコン・ゲームなど趣味的な活動への熱中がわれわれの社会の子どもでは目立つ。

　このように，趣味としてあるいは日常生活の必要から，集中的に繰り返して行った活動が熟達した水準に達すると，その活動に関した新しい情報の要点を巧みにとらえて，それを既有の知識・活動体系の中に織り込むことができるようになる。ただし，それは当該の活動と直接に関係する領域で有能になるのであって，他の領域に関する同一の機能の向上に直接つながらないことも多い。たとえば，新しい鉄道車輌の特徴をすぐに覚えてしまい，他の車輌と比較・関連づけできる子どもが，社会科学習全般での知識獲得が上手だとは限らない。小学校3年生での引き算に関して，珠算を学習していても，その手続きの意味を子どもが理解していないと，珠算と筆算との間に学習転移が起こりにくいという天岩（1987）の結果は興味深い。しかし，これは子どもだけの特徴ではなく，大学生や一般成人に関しても当てはまることが多い。

　ところで，児童期に入るころから，生活の必要から，手漕ぎ舟の操作や，織物，もの売りの際の計算（「ストリート算数」と呼ばれることがある）などを，正規の学校教育とは別の仕方で巧みにこなす子どもがいる社会が，現在でも存在する。この種の学習には，周囲の人々との共同作業に参加する過程で，子どもが能動的に観察したり聞き込んだりするという活動が重要な役割を果たしている。このような様式での学習は，かつて多くの社会で行われていた。それが産業化の過程で，おとなと一緒に活動する世界から隔絶した場所（学校）で子どもへの一方向的な情報伝達がなされる社会が増えたとして，その問題性をロゴフたち（Rogoff et al., 2003）が指摘している。田島（2003）も，共同行為過程の中で，学習・発達がどのように生起するかに注目して，親子関係や教師－生徒関係の中で展開する相互作用を分析している。このようなロゴフや田島の立

場は，ヴィゴツキーを起点とした社会文化的アプローチに属するものである。

4.3 心の理論

子どもは5～6歳頃までに，だんだんと人間の心がどのように働いて，行動に影響するのかを理解するための基本的枠組みを組み立てる。それは，ある程度の体系性を備えた知識のまとまりを示し，**心の理論**（theory of mind）と呼ばれる。個々の子どもがもつ心の理論は，児童期を通してさらに発達を遂げる。

4.3.1 心の理論を構成する基本的概念

図4.3は，ウェルマン（Wellman, H. M.）が，就学前の子どもの心の理論に含まれる基本的カテゴリーをモデルとして表したものである。その中核をなすのは，**行為**，**欲求**，**信念**の概念で，これら3つをまとめてつなぎ合わせられると，心の理論が成立するという。図の中心に行為が置かれている。まず，ある行為をした人はそれと結びついた欲求をもっていたからで，欲求が違うと行為

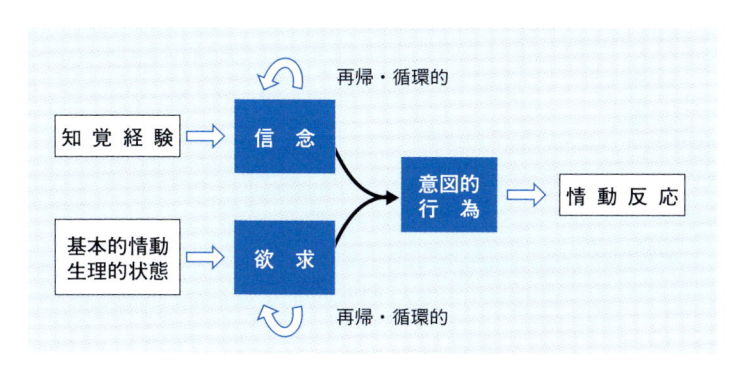

図4.3 就学前の子どもがもつ心の理論の中心的成分
（Wellman, 1990 [p.100] をもとに構成）
欲求に関して（そして，信念に関しても），「お菓子を食べたくなったのは，それが好きで，お腹が空いたからだ」というような考えのサイクル（再帰・循環）が起こり得る。

も変わるという素朴な理解は，3歳までに形成されることが多いとされる。それは「お菓子が食べたいから，主人公はお菓子を探した」というように，〈欲求→行為〉の図式による理解である。

次に，行為には信念も関与していることに子どもは気づき始める。たとえば，「主人公は，お菓子が戸棚に入っていることを知っている（know）から，あるいは，お菓子が戸棚の中にあると思っている（believe）から，戸棚のほうに行く」という，〈信念→行為〉の図式による理解である。3歳を過ぎた多くの子どもは，主人公の行為に関して，「戸棚にお菓子が入っていると思っていたから」と説明できる。しかし，実際には主人公が知らない間にお菓子が移し替えられていて，もう戸棚に入っていない場面（つまり，お菓子が今ある場所を被験児は知っているが，主人公は誤った信念をもっている場合；BOX 4.1）でも，「お菓子が戸棚に入っていると思っている人は，戸棚のほうに探しに行くだろう」という予測は，4歳を超えないと困難である。このような場面で，人の行為の正確な予測ができるようになって，欲求と信念の両方を考慮に入れた〈信

BOX 4.1　幼児期の「心の理論」の成立を調べる代表的な課題

誤った信念課題（false-belief problems）：「人は，自分の信念（それが間違ったものであっても）に対応した行為をするものだ」ということを，子どもが理解しているかを確かめる課題。たとえば，主人公は，少し前に実際に見たので「子犬は庭にいる」と信じているが，被験児は子犬がその後で車庫へ行ったのを見ていたとする。そのような状況でも，「子犬を散歩に連れて行こうとした主人公は，庭へ行く」と予測できると正答となる。

見かけと実際課題（appearance-reality problems）：見かけが実際と食い違っている場合に，見かけ（外見）と実際の区別が可能かを確かめる課題。たとえば，実際はスポンジで作られていることを子どもは知っているが，色や形が岩のように見える物体に関して，「何のように見えるか」と問われたときに，「スポンジ」だとは答えないのなら，見かけが実際の区別が出来ていると見なす。3歳児の多くは「スポンジ」と答えるのに対して，大部分の5歳児は「岩」と答える。

念・欲求→行為〉という図式による理解ができる。このようにして，5歳児の多くに心の理論の基礎が形成される。

　かなり違った文化のもとで育つ子どもでも，普通は5〜6歳頃には，上記の課題に正答できる。ただし，誤った信念課題の正答率の年齢関数は国によって異なることがあり，日本の幼児の成績が低い可能性がある（Wellman, Cross, & Watson, 2001）。また，自閉症児では，児童期後半になっても誤った信念課題は困難なことが多い。それは，複雑で相互に矛盾する情報をまとめて処理する能力の障害がもとになっている可能性がある。しかし療育の現場では，自閉症児が経験を通して心の理論を形成する可能性を認めて，誤った信念課題に類似した状況を用いた訓練プログラムも検討されている。

4.3.2　心の理論の発達に関係する条件

　心の理論が発達する仕組みは，まだ十分には解明されていない。その基礎に脳の成熟や情報処理能力の発達が関係していることは確かであろう。それと並んで，他者との社会的相互作用の経験が，心の理論の発達過程に関係することも事実である。心の理論の発達に促進的に働く可能性がある一つの条件として注目されているのが，日常生活の中で親が幼児と交わす会話のスタイルである。中でも，心の状態に関係した詳細で説明的な話しかけをする母親であると，子どもがもつ心の理論の発達水準が高い傾向が報告されている（Peterson & Slaughter, 2003など）。もちろん，これは〈親の働きかけ→子どもの心の理論〉という方向の影響関係だけではなく，子どもがもつ特徴が母親の働きかけを引き出したという影響関係も作用した結果だとも解釈できる。これと関連して，親が重い聴覚障害をもつ子どもと交わす心の状態に関係したコミュニケーション手段の適切さ（手話を使用するかどうかなど）の効果に関心がもたれている。

4.4　言語と認知機能

　児童期の言語発達は，語彙量の増加，理解したり使用したりする文が構造的

> **BOX 4.2　学年による隠喩の理解の違いのエピソード**
>
> 　卒業式を控えて全校で歌の練習をしていた。その中に「春に先ず逢う鶯は……」という歌詞があったので，音楽の指導をしていたI先生が「鶯って何でしょう？」と発問した。T君（4年生）が勢いよく手を上げて指名され，「トリです！」といった。それは上級生の大爆笑を誘った。その中で次に指名された6年生のY君は，「はい。卒業生のことです」と落ち着いて答えた。これは筆者が今でも鮮やかに覚えている，1948年の早春の1コマである。なお，このタイプの出来事に関する記憶を，意味記憶と区別して**エピソード記憶**という。

に複雑なものになっていくこと，隠喩の理解が進むこと（**BOX 4.2**），言語によるコミュニケーション・ルールの理解が進んで適切で効率のよい伝達ができるようになっていくなど，多くの側面から研究されている。国による差はあっても，初等教育で国語が重視されるのは，文化が産出した成果を受容して社会の構成員となっていくために，言語の総合的学習が欠かせないものだという認識によっている。一方では認知発達を基盤とし，他方では意図的・組織的教育を受けることも関係して，幼児期に獲得された基本的な言語能力は児童期にめざましい発達を示す。それと並行して，発達した言語機能が認知過程に影響を与える。ここでは，言語機能が認知過程に寄与することを示す例を説明する。

4.4.1　語彙の分化と知覚

　子どもは，自分が生まれた集団で使用されている言語体系を獲得していくが，言語によって，特定の対象を指示する語彙の分化の程度が異なることがあるという事実は，よく知られている。日本語では「ラクダ」としか命名しないものを，アラビア語では年齢・性別・子を生んだかどうかなどによって，多様に分化したことばで言い分ける。また，「出世魚」とされるブリに対する日本語のようには細かく分化した言語的ラベルをもたない言語も多い。このように世界の言語は，どの領域に関する経験を表現する言語的ラベルが分化していて，どの領域ではそれが未分化であったりラベル自体が欠けているのかに関してさまざまである。その社会の生態学的条件や社会システムにとって，正確な情報伝

達が必要とされる領域で，細かいラベルの分化が見られるのであろう。

　これは，ウォーフ（Whorf, B. L.）が仮説として提起したように，母語の言語構造が，人々が自分を取り巻く世界を概念的にカテゴリー化する仕方を部分的に決定するという方向に沿った作用とも考えられる。しかし逆に，文化やそれと結びついた認知過程に対応して，言語が発展するという歴史的方向からも解釈できる。実際には両方向の循環的関係が働いていると考えられるが，個人の発達過程に関しては，前者の方向が相対的には強く作用するであろう。

　ところで，アラビア語では言い分けている一群のラクダが，日本人には，いくら努力してもみな同じようにしか見えないとは考えられない。また，中国語がもっているような親戚関係を表す複雑な言語的ラベルの体系を欠くと，親戚関係について考えることが不可能になるとも思えない。しかし，分化したラベルがあれば，類似した対象・事象を識別するための重要な特徴が容易に認知できるし，それぞれに対応した適切な反応がしやすくなるのは事実である。つまり，言語は環境を把握するための概念的道具を提供するといえる。

　このことは，異なった言語を使う人々の間の違いについてだけでなく，特定の言語を使用する社会の中での発達的変化についても当てはまると考えられる。たとえば，組みになった刺激対象の相互を識別する際には，識別すべき特徴を言語化できるかどうかによって，「目のつけどころ」も変わる。また，ある対象を記憶する際に，対象の特徴を明確に言語化して貯蔵できるかどうかが，後の再認に影響するといえる。このように言語が媒介することによって，認知過程の働きに質的な差異が生じる可能性がある。

4.4.2　社会階層による差

　英語を使用する同年齢の子どもの間でも，使用している言語コードの違いによって認知機能にも違いが出てくる可能性を指摘したのは，イギリスの社会言語学者バーンステイン（Bernstein, B.）であった。彼は，イギリスの労働者階級と中産階級の談話を特徴づけるものとして，制限されたコード（restricted code）と精密なコード（elaborated code）という対比をした。そして，労働者階級に属するものは，もっぱら前者の言語コードを使用していて，幼児期から

の親子の対話もそれによっているとバーンステインは主張した。そのコードは，いま・ここにある対象についての具体的な情報を伝達するには適切なものである。それに対して精密なコードは，複雑で抽象的な内容の伝達に適していて，中産階級のものは，両方のコードを使用できるという。

　上記のウォーフの仮説に従うと，このように日常生活で使用する言語コードが異なると，認知機能の違いが生じることになる。現に認知機能の一部の側面には，社会階層による差が認められるという報告がいくつか出ている。しかし，言語コードの違いが直接にその差をもたらしたのかについて，決定的なことは言えない。社会階層という形式的要因による分類ではなくて，実際に親子間などで繰り広げられる会話のスタイルの違いに注目するのが発達心理学のアプローチである。ただし，それは相関的研究（1章参照）であって，影響関係を直接に解明することはできない。

4.4.3　言語による行動の調整・問題解決

　次々と提示される刺激に対して，左左右右左左右右……という順で反応すると報酬が与えられるという二重交替課題は，ことばを獲得している子どもとそうでない子どもとでは，困難度が全然違うという実験結果は，言語の媒介が課題解決にプラスに働くことを示している。上記の課題は，ことばで覚えた道順をたどる場合にも似て，「左左，右右……」と自分自身に言いきかせて選択行動を調整するならきわめて簡単であるが，そのような言語の参与がない幼い子どもや動物にとっては，困難なものとなる。

　上の例は選択行動に関したものであったが，言語はもっと広い範囲の行動を調整する機能をもっている。ルリア（Luria, A. R.）は，幼児が最初はおとなのことばによる教示（外言）によって，そして後には内言化して表には現れない信号によって，自己の行動を制御できるようになる過程に注目した。もともとコミュニケーションの道具として発生したことばが，自己の行動を調整し，さらに思考の道具として使うというように，その機能が広がる。

　社会的相互作用の中で使われることばが，子どもの問題解決能力の発達にとって重要な役割を果たすと主張したのは，ルリアを指導したヴィゴツキーで

4.4 言語と認知機能

あった。彼は，まず個人間で経験したことが，後に個人の頭の中で起こると主張した。そして，特定の時期において，「子どもが自力で解決できる問題の水準」と，「おとなや有能な仲間の援助があると解決できる問題の水準」とを区別し，その間の領域を，その時期での**発達の最近接領域**（ZPD；zone of proximal development）と名づけた。

その領域（ZPD）での問題（たとえば，自力ではできないパズル）を解決する際に，援助者はことばによる指示やヒントを与えるのが普通である。そのような社会的相互作用の場面で使用されたことばを，だんだんと子どもが取り入れて，自分の行動を制御するようになる。実際，問題に一人で取り組んでいる子どもが発することばは，以前に相互作用場面で援助者が発したことばであることが多い。これは，最初は対人的状況での問題解決で使用されたことばが，子

表 4.3　課題解決場面で自己制御に使われることば（Wertsch, 1979 から）

以前の発達水準での相互作用場面で指導者が使ったのと同種のことばが，後の水準での問題解決場面（見本と同じトラックのコピーを，平面上に色板を並べて構成する）で，「ひとり言」として現れたと推定できる例。母親はその場にいるが，ほとんど発言しない。子どもは4歳半の男児で，やりとりの途中から示してある。

- □（残っている色板を見て）次は黒だ。（黒の積み荷の色板をつまみあげ，見本を見る）
- ■（見本を見て）黒はここだ（コピーを見る）……。
  次は（黒の色板をコピーの正しい位置に入れて）白。
- □白はどこかな？（残っている色板を見て，白の積み荷の色板をつまみあげ，コピーを見て，コピーの正しい位置に色板を入れる）パズルの真ん中？
- □（残った色板を見る）OK。
- □（見本を見る）次に要るのは……（コピーを見る）……えーっと……（残りの色板を見る）むらさ……（残りを見て，見本を見る）むらさき。（残っている色板を見て，紫の積み荷の色板をつまみあげ，コピーを見て，コピーの正しい位置に色板を入れる）
- □（パズルから目を離して）ほら。

注）□印をつけた発言は，前の水準の子どもと母親との相互作用場面で母親が使ったことばときわめてよく似ており，■印をつけた発言は，その場面での子どもの発言によく似ていた。

どもによって内面化され，子どもの内部で自己を指南する機能をもつようになったことを意味している（表 4.3）。1980 年代からの欧米を中心にして，ヴィゴツキー・ルネサンスとも呼ばれるほど，その理論への関心が再興した（2 章参照）。

■まとめ

1. ピアジェは，人間がどのような様式で何を考えるのかについて，4 つの時期に大別して，その構造的特徴をとらえ，認知発達研究の発展に大きな影響を与えた。
2. 思考の発達は質的に異なる段階を経て進むが，前の段階の思考のシステムが完全に消失するのではなく，それを統合したシステムが後の段階に形成されると考えられる。
3. 子どもがもつ社会的相互作用の経験が子どもの内部で働くと，認知や問題解決能力の発達に重要な役割を果たす。
4. 自分の認知過程をモニターする機能（メタ認知）は，児童期半ばから高まり，課題に適切に対応できるようになる。
5. 幼児期のうちに発達する心の理論は，他者との相互作用と，相互規定的なつながりをもつ。
6. 認知機能と言語機能とは，相互規定的関係をもちつつ発達する。

［参考図書］

コール M. 天野 清（訳） 2002 文化心理学：発達・認知・活動への文化-歴史的アプローチ 新曜社
子安増生 2000 心の理論：心を読む心の科学 岩波書店
日下正一 1996 ピアジェの均衡化概念の形成と発展 風間書房
中村和夫 1998 ヴィゴツキーの発達論：文化-歴史的理論の形成と展開 東京大学出版会
丸野俊一（編著） 1998 認知心理学における論争 ナカニシヤ出版
ワーチ J.V. 佐藤公治ほか（訳） 2002 行為としての心 北大路書房

知的機能の個人差 5

- 頭のよさとは何か？ ── 一般のおとなと子どもの考えと，心理学の考え
- 創造性とは？
- 認知スタイルとはどのようなものか？　日本の子どもの特徴は？

　広い意味での知的機能に関して個人差があることは，科学としての心理学が各種の認知機能（知覚，記憶，思考，問題解決など），知能，創造性，あるいは，情報処理の様式としての認知スタイルなどの研究を始めるずっと以前から，一般の人々によって認められてきた。たとえば，動物の糞や足跡から獲物をうまく見つけられる者と下手な者との区別は，狩猟段階にある集団やそこで生活する個人にとって大きな意味をもっていたであろう。また，歴史上の出来事を記憶しておく成員が必要な無文字社会においても，それをよく覚えられる人とそうでない人とがいることに，人々は気づいていたはずである。さらに，知的な学習を組織的にさせる必要が出てきた社会で，学習する能力に個人差があることに教え手が気がついていたことは，古代ローマや中国漢代の著作からも推測できる。

　現代の社会でも，「頭のよい子ども」や「賢い人」，「知恵遅れの子ども」といった一般的な特徴づけや，「リズム感のよい人」や「仕事の段取りが上手な人」，あるいは「ユニークな発想をする人」といったやや特殊な領域での記述用語からも分かるように，知的機能や知的能力の個人差は，家庭，学校，社会の場での日常的な関心事ともなっている。

　本章では，児童期の後半頃から個人差が顕著となり，その相対的水準が安定してくる知的機能の個人差を，心理学がどのように研究して何を見出したかを述べる。また，社会の関心のあり方が心理学の研究に影響を及ぼす面に加えて，知能検査の場合のように，心理学が開発した方法が社会と人間の生活に影響する面があることにも触れる。この章では，知的機能のうちで，心理学的にも実際的にも重要性の高い3つ（知能，創造性，それに情報処理の様式としての認知スタイル）を取り上げる。

5.1 知能に関する考え

5.1.1 一般のおとなの考え

　「頭のよい人」とはどのような特徴をもつ人を意味するのだろうか？　現在の日本に話を限っても，その意味は，対象となる人の年齢や性別などの要因のほかに，状況によっても変わる。たとえば成人が仲間同士で，「彼女は頭のよい人だから，ちょっと気づかせてあげれば，行動を改めるだろう」と言う場合には，知的な課題を効率よく的確に処理できる能力は直接には関係しない。そこで話題になっている特徴は，少しの手がかりから自分に期待されている行動様式を上手に察して，それに応じて自分に不利とならない行動をとることである。「感情に流されないで，論理的・合理的に考えて判断を下し，的確な指示を行う」上役のことを，部下が「頭がよい」と評価する場合もある。

　上記の例は，**知能の日常的概念** (everyday concept of intelligence) または，**知能に関する暗黙の理論** (implicit theory of intelligence) と呼ばれて，それ自体が心理学や文化人類学の研究対象となる。特定の社会に属する人々は，かなり共通した知能の概念をもつと考えられ，それは人々が営む日常生活の中で役立っている。このような知能の日常的概念は，心理学の知能概念と無関係ではないが，それよりも広い領域にわたる能力だととらえられている。また，年齢や性別によって期待される知能の内容が変わったり，文化による違いも認められる。

　東と柏木 (Azuma & Kashiwagi, 1987) は，日本の大学生がとらえた頭のよさが 5 つの主要な次元で記述できることを示した (表 5.1)。頭のよさの成分として，課題の処理能力と並んで，社会的技能が含まれていることが分かる。また，ケニアのデータ (Grigorenko et al., 2001; Super, 1982) は，現代心理学の知能理論の直接的影響を受けていない日常的概念の例と考えられる。キプシギス族では，「知能」に対応する 3 つのことばが使い分けられており (表 5.2)，またルオ族では，子どもの知能に関係する 4 つのことばを大別すると，社会的・情緒的側面の能力と認知面の能力とになった (Grigorenko et al., 2001)。

　しかし，その重みは文化によって違うにしても，いくつもの文化に共通して

表 5.1　「頭のよい人」がもつ特徴の 5 次元（日本の大学生のとらえ方）
(Azuma & Kashiwagi, 1987 にもとづく)

因子分析法により見出された 5 次元と，それぞれの代表的な項目

Ⅰ. 積極的な社会的有能性		話し上手，つきあい上手，話題が豊富，ユーモアがある，積極的，いつも明るい
Ⅱ. 課題の能率性		仕事をてきぱき片づける，時間の使い方がうまい，判断が早い，計画性がある，見通しがきく
Ⅲ. 受容的な社会的有能性		人の立場になって考える，思いやりがある，謙虚，人の話をよく聞く，誤りを素直に認める
Ⅳ. 独創性		独創的，鋭い
Ⅴ. 読み書き能力		文章がうまい，筆まめ，よく本を読む

注）上記の結果は，使用した項目，被調査者の特性，分析方法によって変わり得る。

表 5.2　ケニアのコクウェット地方のキプシギス族が，知能を表す 3 つのことば
(Super, 1983 による)

kwelat	鋭い，機敏な
ngom（子どもに適用）	言語を中心とした認知機能が速い，複雑なことを速く理解できる，責任感がある，対人関係技能が優れている
utat（おとなに適用）	考案力に富む，賢い，（知恵のある，思いやりのある）*

注）*印は，そのような用法もときには見られることを示す。母親は 6 歳児を 'ngom' だとみなす。

認められる知能の日常的概念に，「頭の働きの鋭さ」が含まれているのは興味深い。それは，「心理学用語としての知能」の中心的な構成成分でもある。結果的にいうと，19 世紀末から 20 世紀の初頭の研究者が，知能を概念化したときに，産業化した西欧の文化的価値だけには限定されない，かなり普遍的な能力が含まれていたことになる（5.1.3 参照）。

　もちろん心理学の領域でも，認知面の能力に加えて，社会的・情緒的側面での能力としての**情緒的知能**（emotional intelligence）の重要性を考慮に入れ始め

ている (Goleman, 1995; Bar-On & Parker, 2000など)。それは自己制御，自分と他者の感情の理解，共感性などが中心となるもので，パーソナリティ機能と対人関係における有能性を強調した概念である。しかし，それは認知的課題状況下で個人がとる行動と無関係なものではない。たとえば，困難な課題にぶつかっても欲求不満に陥らずに，自分を励まして持続的に努力できるか，衝動的に反応することを抑制して我慢できるか，必要によって自分の情動やその表出をコントロールできるか，相手の立場になって考え感じることができるか，などは，日常場面で起こる認知的課題に対処する個人の遂行結果につながることが多い。

5.1.2　子どもの考え方

今の子どもたちが頭のよさをどのようにとらえているかは，子どもの年齢の進行に伴って変化していく。表5.3はその段階的特徴をまとめたもので，ニコルズとミラー (Nicolls & Miller, 1984) が，5～12歳の子どもを対象とした詳しい面接によって，引き出したものである。能力，努力，それに結果という3つの概念を区別すること，そして，能力と努力のそれぞれの程度の組合せが結果を規定することを理解することは，一般的にいって小学生には困難な課題である。それには，課題の困難度をどう理解するかが絡まっている。つまり，自分ができるかできないかを基準にするのではなくて，自分の同輩集団の成功と失敗の比率を考慮に入れる必要がある。たとえば，同級生はほとんどできないけれども，上級生なら多くの者ができるような課題は，「困難な課題」だというような理解である。これは，社会的比較の過程（8章参照）が，自己理解だけでなくて，もっと一般的な概念の理解にもつながる例といえる。

この領域での諸研究の結果にもとづいて，スティペックとマッキーヴァー (Stipek & Mac Iver, 1989) は，知的能力に関する子どもらのとらえ方の年齢的変化を，表5.4のようにまとめた。また，知能に関する子どもの考え（belief）の発達的変化に関する研究のまとめ (Kinlaw & Kurtz-Costes, 2003) は，子どもが知能に関する概念を獲得する過程と，知能に関する自分なりの理論を組み立てる過程とが中心になるという提起をしている。

表 5.3 知的能力についての子どもの考え方の 4 水準と，学年との関係
(Nicolls & Miller, 1984a, 1984b にもとづく)

水準と，各水準の考え方の例	各水準に属する人数		
	2年	5年	中2
Ⅰ．能力とは努力のことである たとえテスト成績は悪くても，よくがんばった人が頭のよい人である。	10	4	3
Ⅱ．努力が結果を決める テスト成績がよいのは，その人がよくがんばったからである。	44	22	5
Ⅲ．努力と能力をいくらか区別 同じ努力をしても結果に違いが出るのは，努力以外の何かが関係しているからである。	6	12	9
Ⅳ．能力は潜在的可能性である 同じくらいか，少ない努力しかしないのに成績がよいのは，能力のある人である。	0	22	43

表 5.4 能力の概念と，個人間比較の基礎についての年齢的特徴
(Stipek & Mac Iver, 1989 にもとづいて構成)

	就学前〜2年生	3〜6年生	中学生
能力に含まれる行動	社会的行動，勉強の習慣，行い	学業成績中心（社会的行動，勉強の習慣は下位に置く）	学業成績
教科間の分化	未分化	部分的に分化	完全に分化
能力の定義法	「増加的」（練習と努力によって増えるものとみなす	主として「増加的」。安定した特性としての能力概念の発展	「実体」（努力によって影響されない安定した特性）
個人間比較の基礎	他の1人と比較 きわめて狭い関係枠	複数の他者と比較 狭い関係枠（主として学級）	複数の他者と比較 広い関係枠（学校全体またはそれ以上）

上記の結果は，能力についての子どもの考えが，徐々におとなの考えに近づいていくことを示している。教育環境によっても変わるであろうが，一般的にいって小学校の終わり頃には，子どもは個人の安定した特性としての能力の概念をもつようになる。これは，個々の子どもが「頭のよさ」をどのようにとらえているかを理解することが，その子どもを導く際に大切であることを示唆する。おとなが「お前は頭が悪い」と言ったときに，子どもはそれをどのような意味に受けとめるのだろうか。また，「ぼくは頭がよくないので，勉強ができない」と子どもが言ったときに，それは何を意味しているのかを，子どもの視点に立っておとなが知る必要がある。

　しかしここで，子どもを導くおとなが直面する問題が生じる。おとなの概念に近い能力概念をもたない段階の子どもは，失敗しても努力を続ける可能性があるのに対して，子どもが能力を安定した個人特性ととらえるようになると，失敗が続いた場合に，課題に取り組む意欲を失いがちになる（Rholes et al., 1980）。つまり，おとなの共通理解に近づく子どもは，努力だけでは乗り越えられない壁に気づきやすくなる。「なせばなる」がモットーでもある日本社会で，多くの努力を投入しても成果が上がらない原因，すなわち「能力」に気づくことは，子どもの意欲に響くとともに，自己概念の形成（8章参照）にもつながる。

　もちろん，人間の能力は多面的で，特定の領域で成功するための能力が十分でなくても，他の方面の能力はあるかもしれない。しかし，次項で述べる心理学の研究結果にも影響されて，知的な領域での学習に成功するために必要な，ある程度一般的な能力としての「知能」の概念を信じ，しかもその重要性を認めているおとなの社会が，暗々裡のうちに知的能力の存在を子どもに伝達してきたことは無視できない。心理学で知能の概念の再検討が続けられているが，20世紀前半に樹立された知能の概念の社会的影響力は今日でも根強く，また実際のデータからいっても，知能の概念は無視できない。そこで，次に心理学における知能の概念を検討する。

5.1.3　心理学の考え：初期の検査から標準的方法の確立まで

　知能をどのように概念規定するかと，それをどう測定するかの2つの課題は，相互に規定し合いながら展開した。そしてその背景には，一方では学問の進展があり，他方では知能の測定を要求する社会的状況が存在していた。

1．知能検査への関心の高まり

　日常場面での問題解決であっても，学習・研究場面における情報処理であっても，知的活動がなされる状況で人の行動を観察すると，そこに大きな個人差が存在することに人類は早くから気づいていた。しかし，それを知能の差ととらえて研究の対象としようとしたのには，**進化論**の影響が強い。19世紀も後半に入ると，イギリスのスペンサー（Spencer, H.）やゴールトン（Galton, F.）によって，知能の概念規定，理論化，そして測定の試みが展開された。1章で述べたように，産業社会化の進展と，国内だけでなく国家間の競争の激化が，生存競争に勝ち残れる個人の識別への関心を高めたとしても不思議ではない。そして19世紀末までに，欧米で知能検査の作成が進められた。

　個人差の検査は，視力検査を例にとって考えれば分かるように，実際場面とは別の標準的な検査状況を設定して，そのもとで被検査者（被検者ともいう）が示した特徴から，実際場面で当人が示す特徴を予測しようとするものである。したがって，知能検査も実際場面での知的行動の個人差と相関するものでなければならない。これは検査の**妥当性**（validity）の重要な側面である。19世紀の知能検査は，感覚の鋭さや反応の速さを調べる検査が中心をなしていた。それは当時の心理学の能力観と利用可能な方法からして当然の帰結といえるが，残念ながら検査成績と外在基準（たとえば，指導教員が判定した学生の知的優秀さ）との間の相関はきわめて低かった。

2．実用的な知能検査の始まり：ビネー検査

　この状況に大きな変化をもたらし，今日の知能検査に至るまで強い影響を与えたのは，フランスの心理学者ビネー（Binet, A.）であった。公教育が発展して学級を単位にした授業と学習が中心となるにつれて，今日いう精神遅滞のために特殊教育を必要とする子どもたちを識別する必要が高まった。教育行政当局からの依頼に応じて，ビネーが精神科医のシモン（Simon, T.）と開発した知

能検査の最初の版が出たのは，1905年のことであった．ビネーは19世紀の終わりごろから，知能測定の領域で独自の研究を進めていた．**ビネー検査**が測ったものは，実際的・一般的知能といえる．検査を構成する項目は，バラバラの能力ではなくて，子どもが日常に出会う課題状況のミニアチュア版のようなものであった（表5.5）．その課題解決には，理解・構想・方向づけ・批判といった複雑な精神過程が関与するとされた．

ビネー検査では，困難度順に並べられた項目に対して，どこまで子どもが正答できるかによって，その子の知的水準を表すが，その指標として，その子どもの実際の年齢（暦年齢または生活年齢という）にかかわらず，普通の何歳並の知能水準に当たるかを表す**精神年齢**（MA；mental age）が用いられた．このことは，知能は年齢とともに伸びていくものであり，また，同じ年齢の子どもの間で認められる知能の個人差と，年齢が増すにつれて伸びていく知能とを1つの物差し（精神年齢）によって表せるとビネーが考えたことを意味する．そして精神年齢を暦年齢で割って100を掛けて求めた**知能指数**（IQ；intelligence quotient；後述する偏差IQと区別するために，比率IQと呼ぶこともある）は，個人の知能水準の代名詞として，一般にも通用するほどになった．

表5.5 ビネー検査の項目の例（鈴木ビネー［鈴木，1953］から）

年齢水準	問題の内容
3〜4歳	4つの数え方（4つのコインに指を当てて数える）
5〜6歳	絵の中の遺漏の発見
7〜8歳	5数字の反唱（聞かされた数列を，その順に口頭でいう）
9〜10歳	ボール探し（円形の大きな草むらの中のボールを見つけるために歩くルートを計画する）
11〜12歳	不合理の発見（短い話の内容の矛盾や不合理な点を指摘する）
13〜14歳	時計の針を反対にする（特定の時刻を示している時計をイメージして，その短針と長針を入れ替えた場合のおよその時刻を答える）

注）各項目の年齢水準への配置は，時代により変わる可能性がある．

5.1 知能に関する考え

　その後も改訂が進められたビネー検査は，その後数十年にわたって個別式知能検査の標準としての役割を果たし，多くの国で使用された。ビネー検査は，幼児期の終わりごろから，言語性知能に重みのかかった項目内容となっている。このことは，学校での成績を予測する手段としてのビネー検査の有用性を高めた。なぜなら，学校教育では伝統的に言語を媒介とした教授・学習がなされ，学習成績の評価も言語を通してなされたからである。しかし，言語性知能は平凡でも非言語性知能が優れている子どもは，ビネー検査では見逃されやすい。そのような子どもには，よく注意していないと教師も気づかないことが多い。

　ビネー検査のような個別式知能検査を，一群の被検査者を対象として，3歳頃から20歳前後までにわたって繰返し施行した縦断研究から，児童期，とくにその半ば頃になると，後の時点で測定した知能指数との相関が相当高くなることが分かっている。これは，個人の遺伝的素質と，それまでの家庭・学校の文化的・教育的環境との相互作用の結果として，個人の知能検査成績の相対的水準が，児童期の半ば頃にはかなり安定してくることを意味している。

　もちろんその後も，身体的条件，環境条件，あるいは心理的適応などの劇変によって，知能指数が大幅に変動するケースはある。しかし集団中の多くの者にとって，知能指数の変動はそれほど大きなものではない。また，通常の学校教育の範囲内では，教育方法の違いが知能検査成績の恒常的な伸びの違いを生むことは見出されていない。ただし，学校教育（またはそれに代わるもの）を受けないことが，知能の発達にマイナスに働くことはいうまでもない。また，学年進行に伴って教育内容が変わることも，知能検査の素点（年齢による調整を加えない得点）に影響する。実際，イスラエルの4，5，6年生を対象とした研究では，同じ学年の子ども間でも年長児が年少児よりも検査成績がいくらかよい傾向があるが，それよりもずっと大きな差が，学年進行により起こった（Cahan & Cahan, 1989）。

3. その後の検査の開発
① ウェクスラー検査
　ビネー検査の後に現れた個別式知能検査の代表として挙げられるものは，アメリカのウェクスラー（Wechsler, D.）が開発したウェクスラー検査である。

もともと，ビネー検査の主対象である子どもよりも年長者を対象にして知能の臨床的診断を目指したこの検査は，原型が 1939 年に発表された。それは後に，成人用（WAIS, WAIS-R, WAIS-III）の他に，児童用，幼児・低学年児童用（WPPSI）も作成された。現在使われている児童用の WISC-R や WISC-III は，6 歳（または 5 歳）以上・17 歳未満の者を対象としたものである。

　ビネー検査が種々の内容の問題が混じった系列をなしていたのに対して，ウェクスラー検査は，問題の内容によって下位検査にまとめた。そして，下位検査ごとの得点に加えて，言語性知能，動作性（非言語性）知能，そして全体をまとめた全検査知能に関する得点をそれぞれ求めることができるようになっている。そして，言語性知能と動作性知能との間に，あるいは下位検査の得点の間に大きな差が出た場合には，そこから診断に役立つ情報が得られる可能性がある。後に述べる知能の次元と関連して，この言語性検査と動作性検査はそれぞれ，キャッテル（Cattell, R. B.）が区別した結晶性知能と流動性知能に，ある程度対応すると考えられている。WISC-III に関しては，日本を含む 12 の文化ごとに行われた因子分析で，4 つ（言語理解，処理速度，知覚的組織化，気の散りにくさ）または 3 つの因子が見出されている（Georgas et al., 2003）。ただし，上記の言語性知能と動作性知能の間にも，そして WISC-III の 4 因子の間にも，プラスの相関がある。つまり，1 つの側面で高い得点を取るものは，それ以外の側面でも高い得点を取る傾向が強く，全検査知能指数が全般的な知的水準を表すものとして使用される。

　ウェクスラー検査の得点は，被検査者と同一の年齢集団の標準をもとにして，それぞれ標準得点（偏差値）で表示される。下位検査は，その年齢集団での平均値が 10 で標準偏差が 3 となるような尺度値で表される。また，上記の 3 種類の知能を表す指数（それぞれ VIQ, PIQ, Full IQ と略称する）は，平均値が 100 で標準偏差が 15 となる尺度値で表示される（図 5.1）。これらの知能指数は偏差 IQ と呼ばれる。

　特定の年齢の標準的な被検査者集団の IQ が，平均値を中心としてどのように散らばるかを示す標準偏差（SD）が，比率 IQ では年齢によって変わる。そうすると，集団内での相対的位置が同じ被検査者（たとえば，平均より 2 標準

5.1 知能に関する考え

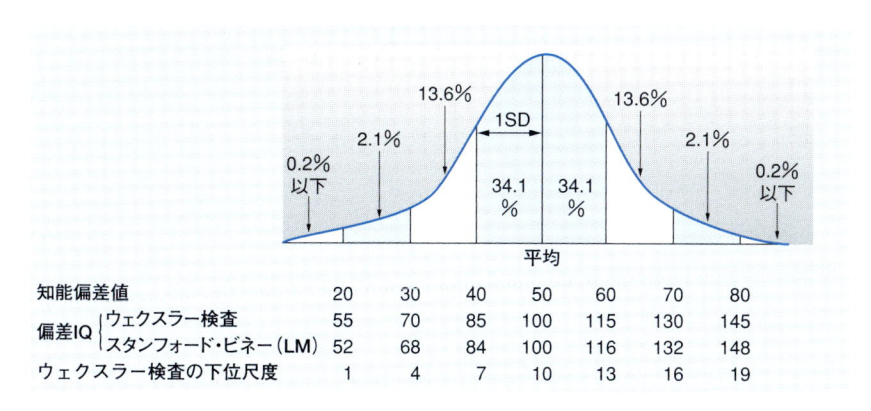

知能偏差値	20	30	40	50	60	70	80
偏差IQ ウェクスラー検査	55	70	85	100	115	130	145
偏差IQ スタンフォード・ビネー(LM)	52	68	84	100	116	132	148
ウェクスラー検査の下位尺度	1	4	7	10	13	16	19

図5.1 標準得点による知能検査成績の表示法
1SDは1標準偏差を示し、百分率は得点が正規分布をする場合の、各区間の人数が占める割合を示す。

偏差下にいる者）のIQが変動することになる。そのため、多くのビネー検査が、偏差IQ（平均＝100, 標準偏差＝16）による表示を採用するようになった。

ここで、知能検査との関連で、精神遅滞（かつては精神薄弱と呼ばれた）に少しふれておく。それは、先天的にまたは発達初期に、脳髄に何らかの障害が起こったために、知的領域と適応行動の領域の両方の障害を示す状態に適用される概念である。その診断・判別に当たっては、子どもの成育歴、医学的所見、環境条件、現在の適応状態などと並んで、個別式の精神発達検査や知能検査の結果が重要な情報となる。検査成績だけで精神遅滞とは診断しないが、同年齢の子どもの平均を2標準偏差下回るあたりで線を引くのが普通である。

② 集団式検査

第1次世界大戦のときにアメリカで開発された集団式知能検査は、短時間のうちに多人数の施行・採点することを狙ったものである。それはたいてい冊子に印刷された多量の問題に対する解答を鉛筆で記入させるもので、制限時間内にどれだけ多くの正答を出したかによって、知能を評価するものが大部分であ

る。その結果には，知能以外の要因（たとえば，知覚・運動面での身体条件，精神的テンポ，検査への動機づけ，教示の理解）が入り込んでいる可能性があるが，一斉に実施する検査状況で，それを被検査者ごとに知ることはできない。

したがって，集団式知能検査の得点が，必ずしも被検査者の知的機能の程度を反映していないことも起こる。とくに低得点が出た場合には，関係した諸記録（学業成績，身体条件の資料，パーソナリティ特徴，教育的・文化的環境など）を調べるとともに，専門家に精密な個別式知能検査を依頼することが必要である。なお，それ以前の問題として，知能検査を含めた各種の検査を学校などで実施するに当たっては，その利用目的の適切性が説明可能であって，個人情報の十分な管理体制が保証されている必要がある。

低学年児童に集団式の知能検査を施行して正確な結果を得るのは，一般的にいって困難であるが，中学年からは施行可能である。次項③で説明するような研究の発展によって，個人の能力の特徴をプロフィールに描けるようにした集団式検査が多くなっている。なお，集団式知能検査の結果は，わが国ではほぼすべて，平均が 50 で標準偏差が 10 であるような，**知能偏差値**と呼ばれる標準得点で表示される。前項で説明した偏差 IQ では，100 がちょうど平均並を表していたのに対して，知能偏差値では 50 がそれに該当する。

③ 知能の因子的構造

センチメートルや摂氏の度数で表示される身長や体温と同じように，知能は 1 次元の尺度で表せるものであろうか。それとも，特定の個人の知能の特徴を表すためには，複数の次元を組み合わせる必要があるのだろうか。ビネーの一般知能の考えは，1 次元で知能の個人差をとらえようとするものであった。その後，とくに集団式検査によって多量のデータが収集できるようになって，知能をいくつかの構成成分に分けてとらえようとする試みが盛んになされた。

知能の構成成分の解明に関する研究の多くは，データにもとづいた実証的アプローチをとった。それは，多人数の被検査者に多種類の知能検査問題を課して得たデータ行列に，相関分析の諸手法を適用して，その結果を理論的なモデルにまとめたものであった。この方法の中心に位置するのが，因子分析法というデータ解析法であり，問題間の相関（ある問題でとる成績と別の問題での成

績との間に，どの程度の相関があるかという統計的指標）の情報にもとづいて，知能を構成する成分（知能因子）を見出そうとする。

　結果は，被検査者の年齢水準や用いた検査問題によって変わるが，言語（流暢性と意味の2因子に分かれる），推理，空間（空間情報の視覚的把握），数，記憶，知覚速度の因子がアメリカの心理学者サーストン（Thurstone, L. L.）以来の研究で安定して見出されている。これらの知能因子を個々の被検査者がどの程度もっているかを測ろうとする集団式知能検査が開発された。しかし，集団全体を統計的に見ると，個人の知能因子別の得点には相互相関がある。たとえば，ことばの意味の得点が高い者は，推理の得点も高い。つまり，各因子水準で知能を測定するにしても，高次の水準での一般的知能因子（g因子）の個人差がもつ意味は無視できない。

5.1.4　その後の展開
1．ギルフォードの知能構造モデル

　情報処理の考えが心理学の中で有力になってくると，サーストンの知能因子の中には，言語や数のように処理する**情報内容**に関するものと，知覚や推理のように情報に対して加えられる**操作**に関するものとが混在していることが問題となった。アメリカの心理学者ギルフォード（Guilford, 1967）は，知能の因子を体系的に整理するために，操作・内容・所産（産出されるもの）の3次元からなる知能構造モデル（SIモデル）を提唱した。それによると，各次元のパラメータの数は，順に5，4，6個であり，それを組み合わせた120個の知能因子が存在し得ることになる。ギルフォードは因子分析法によって，120個の因子の大部分を確認したと主張し，各因子を測る検査の開発にも力を注いだ。**図5.2**はその一例で，図形（内容）のクラス（所産）の発散的産出（操作）を測るとされた。ギルフォードは後に150や180の因子モデルまで提起した。しかし，モデルによって定義され測定された多数の知的能力を考慮に入れることが，多様な場面での人間の行動の説明や予測に有用であるかは疑問である。

　ただし，ギルフォードが操作の次元に関して，収束的産出と発散的産出を区別したことは重要である。収束的産出を行う操作は，知能検査や学力試験を含

む多くのテストで求められてきたもので，与えられた条件に合致する唯一の正答を出すものであった。それに対して発散的産出では，図5.2の例からも分かるように，条件に当てはまる答えをできるだけ多く産出することを求める。それは，後に述べる創造性とも関係する。

2. 精神過程の実験的分析

ギルフォードのモデルは，情報処理能力としての知能を扱っているが，個々の情報処理過程を問題にしていない。それに対して，古典的な意味での知能という包括的概念を捨て，人が情報を取り入れ，符号化（コーディング）し，貯蔵し，そしてその知識を問題解決に使用する過程をとらえるのが大切だという考えが1980年前後から出てきた。この立場による研究では，情報処理過程に関する理論的モデルを立てるとともに，処理過程を分けて取り出す実験的手法を工夫する必要がある。それが比較的容易にできるのは反応時間の研究である。認知的処理を要する課題の処理速度を，刺激が提示されてから反応するまでの

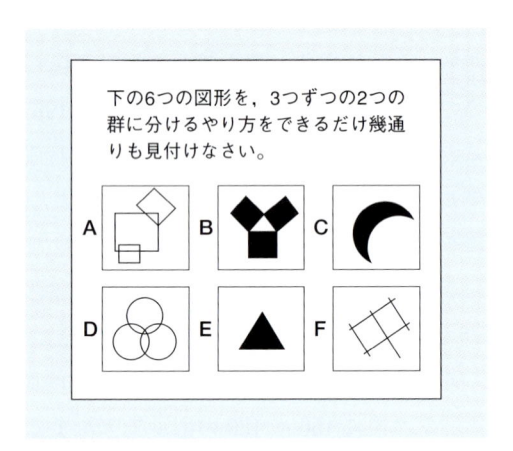

図5.2　図的クラスの発散的産出の問題の例(Guilford, 1967)
【答】BCEとADF（黒と白）。ABDとCEF（3要素とその他）。ABEとCDF（三角形を含むものと含まないもの）。ほかにもないか考えてみよう。

時間から推定するのである．しかし，処理速度を測る複数個の測度の間の相関は高くないことが多く，また，これらの測度と従来の知能検査との相関も，一部の複雑な課題での反応時間を除くと高くない．したがって，情報処理過程における安定した個人差を取り出すための方法が，確立したとはいえない．

3. 診断的検査

　ウェクスラー検査は，知能をある程度は分析的に測定して有用な情報をもたらすが，その検査の情報だけにもとづいて個人の認知機能を診断したり，教育や訓練面での指針を得ることはできない．そのことは他の検査にも当てはまるが，診断に役立つ検査バッテリーを開発する試みは続いている．日本でも使用されているカウフマン（Kaufman, A. S. & Kaufman, N.L.）の査定バッテリー（K-ABC；Kaufman assessment battery for children）は，その一例で，認知処理能力と習得した基礎学力を測定する．

5.2　創 造 性

5.2.1　創造性という概念

　心理学では 1920 年代頃から思考心理学の領域で，課題解決場面での**生産的思考**の研究がなされていた．それは創造的思考とかなり重なる部分をもつが，問題解決の過程で一般的に認められる段階を法則として記述することに力点が置かれ，個人特徴としての創造性には目が向けられなかった．

　創造性を論じるためにはその概念規定をする必要があるが，研究者により多様な定義がなされる．しかし，多くの考えに共通するのは，社会的（学問的，芸術的，技術的なものを含む）に価値のある新しいアイディアや洞察，発明，あるいは芸術的作品を産出する個人の能力を指すことである．新しいといっても，それは完全に新奇なものというよりは，すでに知られている考え，技術，パターンを，従来のやり方とは異なった独自の方法で，結びつけたり再構成する場合のほうが，ずっと多い．創造性は学問や発明の領域だけではなく，遊び方の発見や料理の盛りつけ方のような，日常生活状況の中でも発揮される．

　スターンバーグ（Sternberg, 1999）は，自分が置かれている社会的・文化的

状況の中で，自分なりの規準に応じて，「人生の成功を達成する能力」としての知能という考えを提起した。彼は，それを構成する成分として，**分析的能力**，**実際的能力**と並んで，**創造的能力**を挙げた。分析的能力は従来の知能検査が測定していたものに近く，実際的能力には日常場面での推理が関与していて，心理学で**知恵**（wisdom）として研究されてきたもの（バルテス（Baltes, P. B.）ほか）と関係するといってよい。それに対して創造的能力は，新奇な状況下での効果的な推理に関係したものである。それは，上記の心理学での創造性概念と共通するが，スターンバーグは，それを知能を構成する成分とした。彼がいう人生の成功は，社会的基準によって判断されるものではなく，自分の長所を活かし弱点を補い，そして自分が成功できる環境を選択するという主体的・能動的なものだといえる。そのような見解に立つなら，子どもだけでなくおとなに対しても，これまでよりも広い視点で評価することができる。

5.2.2 創造性検査

ギルフォードは，すでに 1950 年頃から，心理検査や教育場面での検査が，創造力を含んでいないことを問題にしていた。そして，発散的産出を問う検査を考案した（たとえば，図 5.2）。また，ありふれたもの（たとえば，新聞紙，空き缶，煉瓦）についてどれほど多様な用途を思いつけるか，あるいは，特異な状況（たとえば，地球から海がなくなる，夜がなくなる）でどのようなことが起こり得るかに関して，どれだけ多くの，またはユニークな答えを思いつけるかなども，発散的産出の個人差を調べるのに使うことができる。

ギルフォードは発散的産出の能力は，創造性の重要な構成成分だと考えた。そして，発散的産出を求める課題に対して，どれだけ多くの，そしてどれだけ独自性のある（すなわち，他の人が思いつかないユニークな）反応を出せるかを調べる検査法を開発した。もちろん，独自的なアイディアが，そのまま創造につながるとは限らない。そこで，産出されたアイディアを，その有用性によって採点することも考えられた。この種の検査は，反応を多様な視点から採点するところに特徴があった。

創造性検査と銘打ったこの種の検査は，アメリカを中心にして多数作成され

た。それはわが国でも翻案され，児童用の創造性検査も発売されている。しかし，そのような特定の検査成績が，個人の創造性を反映していて，新しい場面での創造力を予測できるという十分な証拠は乏しく，知能検査と比べて，その利用度はずっと低い。知能検査の項で述べたような，概念規定と測定の相互規定的展開が，創造性研究の領域では不十分である。この概念規定の問題は，創造性の日常的概念に関してもつきまとっている。

5.2.3 創造性の日常的概念

　創造性の日常的概念を問題にすることは可能である。しかし，とくに子どもの創造性を問題にするときには，知能の場合と比較して曖昧さがあることを認めざるを得ない。たとえば，幼児の遊びや発現の中には，おとなが思いつきにくいアイディアが含まれていることは事実で，それを創造性の現れととらえる幼児教育関係者は多い。しかしおとなの常識からかけ離れたアイディアを，創造性の主要な基準としてよいかどうかには疑問が残る。

　芸術の領域に入ると，創造性を評価する基準の問題性がいっそう明らかになる。たとえば，デューイ（Dewey, J.）の時代から現在の心理学者（たとえば，トーランス（Torrance, E. P.））に至るまで，アメリカの研究者が，日本の幼児・児童の絵をアメリカの子どものそれより創造的であると評価した例はいくつもある。しかし，その基準が本当に創造性と関係しているのかは明らかではない。彼らが，日本の子どもの絵が，なぐり描きではなくて時間をかけ画面全体を丁寧に描くという，技術・態度面に注目して評価している場合もある。ここに，「創造性を育てる教育」についての議論がすれ違う一つの大きな原因がある。創造性を育てることは，誰も異論を唱えないスローガンであるが，その方法を議論し始めると，すぐに創造性の意味の曖昧さが明白になる。

5.3 認知スタイル

　認知スタイル（cognitive style）は，認知様式または認知型とも呼ばれ，広義の情報の体制化と処理に際して個人が一貫して示す様式をさす。外的・内的環

境から得られる情報を個人がどのように体制化して処理するかが違うと，同じ刺激に対して個人によって違った反応をするはずである。認知スタイルは，刺激と反応とをつなぐ個人内の媒介過程を説明するために構成された仮説的な概念である。それは，知覚・記憶・思考といった知的過程の個人差だけではなくて，動機づけや態度などの人格過程の個人差も絡めて考えることによって，認知とパーソナリティとを個人の中で統合的にとらえようとする志向性をもつ。

かつてメシック（Messick, 1976）がまとめたものだけでも，19種類の認知スタイルが提起されている。そのうちで児童でも意味をもつ主要なものを表5.6に示し，中でも研究が集中した2つを取り上げて以下で説明する。

5.3.1 場依存性－場独立性
1．概念，測定法と規定要因

この研究を続けたウイットキンたち（たとえば，Witkin & Goodenough, 1981; Witkin et al., 1979）は，1950年代から知覚機能の個人的特徴を通してパーソナリティを把握しようとする研究を始めた。そして，広いパーソナリティ領域にわたって認められる心理的分化（psychological differentiation）の程度を反映した認知領域の特徴として，この認知スタイルを位置づけた。一方の極である場独立性とは，ある要素を埋め込むような全体的場を克服して，それを取り出せる分析的な能力である。棒－枠組み検査（RFT）などでの誤差の小ささと，埋没図形検査（EFT）での正答数または所要時間（の短さ）によって場独立性の程度が測られる（図5.3）。これらを使って調べると，児童期に入る前後の時期から，女児よりも男児のほうが場独立的だという傾向がある。

このスタイルの個人差を生む要因の候補として，生物学的要因とともに親の取扱いが研究された（Goodenough & Witkin, 1977）。さらに，人間を取り囲む生態学的環境が出す要求を重視する立場から，比較文化的研究がなされた。その理論（Berry, 1976；Witkin & Berry, 1975）によると，日本人を取り巻く社会的・生態学的環境からして，わが国の子どもは場依存的であると予測されたが，実際には場独立的であった。この問題は，次項で述べるような課題に対する態度や課題解決への動機づけの要因を入れて考える必要がある。

表5.6 主な認知スタイルのリスト

■ **場依存性-場独立性**（field-dependence vs. field-independence）
ウイットキンらによって1950年代から研究が開始され，これまで研究論文がもっとも多く発表された認知スタイルである。環境に対して全体的なアプローチをとるか分析的なアプローチをとるかの違いに関した次元である。

■ **概念化のスタイル**（styles of conceptualization）
ケイガンやシーゲルらによって研究されたもので，概念を形成する際にどのような刺激特性や刺激間の関係を利用するかについてのカテゴリー的な変数である。刺激間の内容的・機能的関係に注目して刺激を分類する〈関係的スタイル〉，刺激属性を記述し分析する〈分析的-記述的スタイル〉，そして各刺激が属するカテゴリーを推測する〈カテゴリー的-推測的スタイル〉である。

■ **認知複雑性-単純性**（cognitive complexity vs. cognitive simplicity）
ケリーによって最初扱われたこの概念は，主として社会的対象について多次元的に知覚し，各次元が細かい弁別力をもち，しかもそれらがバラバラではなくて統合された複雑性をもつかどうかに関するものである。わが国ではおとなの対人知覚の研究が多い。

■ **注意の走査**（scanning）
シュレジンジャーらによって研究されたこの概念は，注意をどの程度まで広範囲に深く展開させるかの個人差に関したものである。細心の注意を払いすぎることは，防衛機制と関係づけられている。

■ **認知的熟慮性-衝動性**（cognitive reflectivity vs. impulsivity）
ケイガンによって概念化されたこのスタイルは，どれが正答であるか紛らわしい課題事態で，十分な情報処理をせずに早く反応して多くの誤りを犯すか（衝動的），それとも念入りに処理してから反応するので誤りが少ないか（熟慮的）に関するものである。

■ **危険を冒す-慎重**（risk-taking vs. cautiousness）
スロヴィックらによって検討された概念で，イチかバチかやってみようとするか，それとも安全策をとるかの個人差を扱っている。難しい多肢選択形式のテスト問題に対して当てずっぽうで答えるか，自分の下した判断にどの程度自信をもつかなど，知的課題に対する反応・態度とも関係をもつ。

■ **固定した統制-柔軟な統制**（constricted vs. flexible control）
クレインらによって研究されたもので，余計な認知的干渉刺激にまどわされて影響されるか（固定的）どうかを問題にしている。この変数は次と同様に，Stroop color word testによって測定される。

■ **概念優位-知覚・運動優位**（conceptual vs. perceptual-motor dominance）
ブロヴァーマンによる概念で，新奇あるいは困難な課題において，概念作用と関係する行動と，知覚-運動機能と関係する行動のうち，どちらの成績が相対的に良いかを問題にする。

■ **感覚様式の好み**（sensory modality preferences）
ブルーナーらが区別した経験を理解する3つの様式（行為的・映像的・象徴的）のどれをとるかに関するスタイルである。個人は上記の順に発達的な移行を示し，また，だんだん3つの様式を統合できるようになる。しかし成人においても，どの様式をもっぱら用いるかについての個人差があり，学習や思考のスタイルと関係するといわれている。

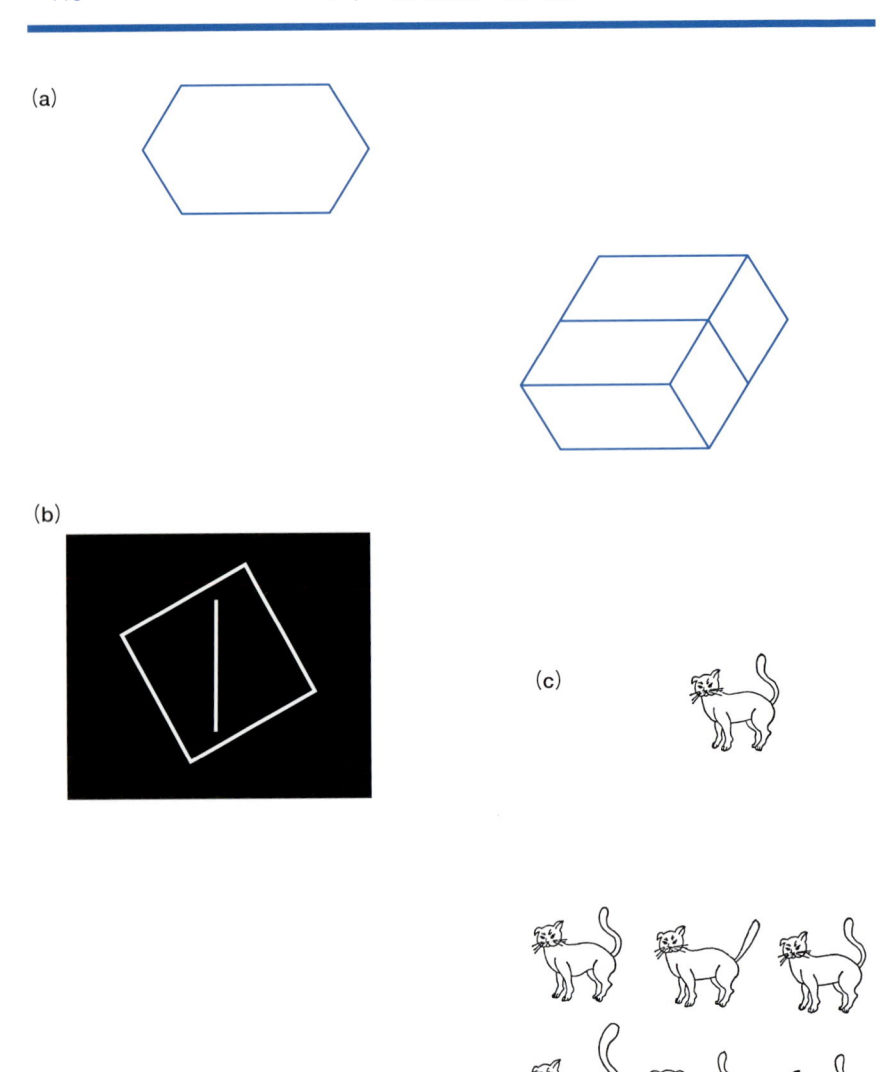

図5.3 認知スタイルの検査項目と刺激の例
 (a) 4〜7歳用のEFTの項目（Kojima），(b) 暗室式のRFTの刺激（棒を垂直に位置づけるとき，どれだけ枠に影響されるか？），(c) 児童用MFFの項目（Kagan）

2. 学習，対人関係との関係

　学習適性としての認知スタイル一般についていうと，特定の認知スタイルの持ち主が，ある学習プログラムを受けると成績が向上することがあるならば，その認知スタイルの検査は，適当な学習者を選抜する手段の一つとなり得る。その認知スタイルは，教育心理学でいう**適性－処遇交互作用**における適性変数として位置づけられる。つまり，どのようなタイプの情報処理をする学習者には，どのような教え方をすれば効果的かという問題である。しかし，場依存性－場独立性の次元に関して一般化できるような結果は見出されていない。また，この認知スタイルは，知的機能とともに対人的機能とも関係すると考えられてきたので，教師と生徒，治療者と来談者，チームメートというような組合せを考えるときに，互いに似ているほうがよいのかという「相性」の問題が浮かび上がってきた。

　確かに，教授者側の認知スタイルが教え方に影響するだけでなく，両者の認知スタイルの組合せが教師－生徒間の相互作用のあり方に影響する可能性はある。ただし，教育的に考えて両者のスタイルが合っていればよいというほど問題は単純ではない。対応した認知スタイル同士では，パッカーとベイン（Packer & Bain, 1978）が大学生の数学学習で見出したように，短期的な学習の効率にはプラスに働くこともある。しかし，違ったスタイルの持ち主との相互作用で経験する葛藤が，柔軟で創造的な思考を発展させるのに必要かもしれない（Wapner, 1976）。

5.3.2　認知的熟慮性－衝動性

1. 概念と測定法

　これは，どれが正答であるのかの不確定性（紛らわしさ）が高い課題状況下での個人の特徴的な反応様式を問題にしたものである。**認知的熟慮性**とは，そのような状況下で，被検査者が自分の仮の答えの妥当性を熟考する程度であり（Kagan & Kogan, 1970），熟知図形マッチング（MFF）検査が測定具を代表するようになっている。検査の手続きは，BOX 5.1 に示してある。

　衝動型の子どもは，認知的な分析の努力を十分にしないで，全体的印象にも

> **BOX 5.1　認知的熟慮性─衝動性を測る検査の手続き（ケイガン，J.）**
>
> 　児童用の場合，垂直に立てられたページのほぼ真ん中に，たとえば電話機のような見慣れた図形が印刷されていて，その紙と90度の角度をなして机上に開かれたページには，上記の標準図形と同一のもの1つを含む6つの比較図形が3つずつ2段に配置されている（図5.3）。
> 　被検査者の課題は，標準刺激と同じ図形を下の比較図形から選ぶことである。比較図形はお互いにきわめてよく似ているので，どれが正答か紛らわしい。被検査者が選んだ図形が正しくないときには，検査者はそれを告げて選び直すように言う（1項目について6回まで）。記録するのは，各項目についての第1反応時間と誤数である。そして，全項目を通しての平均反応時間と総誤数とを算出する。
> 　この検査は，一般的には速く反応すると間違う可能性が高く，慎重にゆっくり反応すると間違いにくくなる。すなわち，集団全体では，反応時間と誤数とが逆相関（マイナスの相関係数）する。集団におけるこの2変数の分布を，それぞれの中央値で二分割して組み合わせると，集団は4群に分けられる。そのうち，反応は速いが誤りの多い認知的衝動型とゆっくりと反応して誤りの少ない認知的熟慮型とが多くを占め，残りの2つの型（速くて正確；遅くて不正確）に属するものは少ない。

とづいてパッと反応する傾向があり，分析的にではなくて全体的に反応したほうが有利な課題でも誤りが多い傾向をもつ。しかし小学校の高学年に達した子どもでは，熟慮的な子どもに限らず，認知的に衝動的な子どもでも，ある程度は反応の柔軟性をもつ可能性も認められている（Barstis & Ford, 1977；宮川, 1980, 2000；山崎, 1976など）。これらの結果は，情報処理の仕方が衝動的なために誤りを多く犯す年長の子どもに対して，治療教育の可能性があることを示唆している。

2. 日本の子どもの特徴

　ケイガンの児童用検査を使った横断データ（1章参照）では，日本の子ども

で平均しておよそ8,9歳頃,そしてアメリカとイスラエルではおよそ10歳頃まで,子どもは年齢とともに熟慮的になっていった(図5.4)。それは,この種の課題で誤りを少なくするために,思いついた答えを吟味することの必要性が理解でき,その理解に従って行動をコントロールできるようになる過程の反映だと考えられる。そして,子どもの解決能力に比較して課題が相対的に易しくなってくると,誤りは増やさないで時間を短縮するという効率化に向かい始める。

図5.4に示されているように,3つの国とも反応時間は年齢とともに増し,ピークに達した後に減少し始める。しかし5,6歳では日本の子どものほうがゆっくりと反応し,そして2年ほど早くピークに達する。一方,誤数のほうはあるところまでは年齢とともに減少するが,その下限に達するのが日本の子どもが約2年早い。なお,この図には,労働者階層の中国系アメリカ人の小サンプルに検査したスミスとキャプラン(Smith & Caplan, 1988)の結果を描き加えてある。そこでも,9歳頃を境とした移行が認められる。

MFFで見出された日本の子どもの特徴は,もっと広い領域における差異の

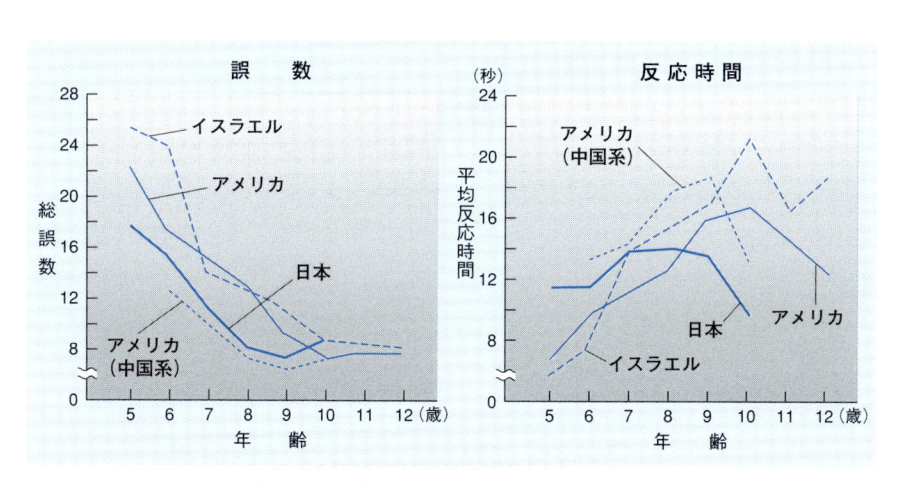

図5.4　4群の子どものMMF検査得点の比較(Salkind, Kojima, & Zelniker, 1978とSmith & Caplan, 1988を合成)

一部分であると考えられる。その領域とは，おとなの検査者によって課され評価される非言語性の課題であって，しかも持続的な努力を要求するものであろうと筆者は考えた（Salkind et al., 1978）。この検査で日本の子どもの成績がよいのは，課題に対する構えのためではないかと思われる。そして，このような特徴をもたらす重要な要因の一つは，問題解決と学習に対する構え・動機づけであり，その背景にわが国の文化が関与していると筆者は推測した（小嶋，1987；Kojima, 1988）。事実，臼井（1985）によると，日本の4年生の男女児童は，本人の認知スタイルにかかわらずに，衝動型モデルよりも熟慮型モデルのほうをよい（努力志向，頭のよさ，魅力の点で）ものとみなしており，教師も同様の評価をするであろうと児童が推定していた。臼井（2001）は，熟慮性やねばり強さをプラスに評価する日本文化が，目には見えない学校での**隠されたカリキュラム**（hidden curriculum）として作用するとしている。ただし，これらの推測は，主として1970〜80年代の日本の子どものデータにもとづいてなされたものである。現在の子どもについての組織的データが確保できれば，時代的な変化の有無を含めた論議ができる。

3. 自分の犯した誤りへの自発的注意

　子どもを指導する立場の者は，課題（教科学習，楽器演奏，各種の演技など）に取り組んでいる子どもが，自分で間違いに気づいてくれること，そしてできれば自発的に自分の反応を修正してくれたらと願うものである。少なくとも，自分が間違った反応をしたと分かったら，子どもがそれまでよりも時間をかけて注意深く反応するようになれば，成績が向上するであろうと指導者は期待する。この点に関しては，年齢差があるとともに，同じ年齢の子どもの間でも個人差があると考えられる。その個人差は，これまで述べてきた認知的熟慮性－衝動性の次元と関係するであろう。

　実際，そのことを示した研究が報告されている（Shafrir & Pascual-Leone, 1990）。彼らはイスラエルの9〜12歳の子どもに推測課題（コンピュータ画面に表示されるパターンが，規則性をもったものか，それを乱したものかの判断を求められる）を課し，成功した試行の次の試行での反応時間と比べて，失敗した試行の次の試行での反応時間がどれほどになるかという指標を個人ごとに

算出した。この指標は「失敗後の熟慮性」と名づけられた。すなわち，この指標の値が大きい者は，失敗の後で慎重に検討するようになる子どもである。その指標によって子どもを，失敗後に熟慮的になる者と衝動的になる者の2群に分割したところ，後者は前者と比べて，知能検査成績，注意能力，算数のテスト，そして教師による評価点が劣ることが分かった。とくに，通常は早く考えて反応するが，失敗をした後には十分に時間をかける子どもが，これらの検査でいちばんよい成績をとった。この子どもたちは，課題解決事態での自分の遂行過程をよくモニターしていて，失敗したことで混乱せずに事態に適合した切替えができる柔軟性を備えている。以上のように，ケイガンのテストとは違う手続きによって認知的熟慮性－衝動性の次元が確認され，それがいくつかの知的領域での成績と関連することが見出されたことに意味がある。

■ まとめ

1. 一般のおとなや子どもは，知能の日常概念をもっている。それは，心理学の概念よりも広い内容を含んでいる。
2. 進化論の影響下で，19世紀の終わり近くになって知能の概念規定と測定とが試みられたが，20世紀初めに実用的な知能検査を開発したのは，フランスの心理学者ビネーであり，その後の知能測定と知能研究とを方向づけた。
3. その後の展開には，知能を分析的に測定して個人の診断や処置につなげようとする試みや，従来の知能検査では測れない側面（創造性，情緒的知能，知恵など）の研究が含まれる。
4. 情報の体制化と処理の仕方の個人差に注目した認知スタイルは，個人の特徴に応じた処遇の仕方を工夫する際の一つの手がかりとなる可能性がある。
5. 認知スタイルに関して見出された日本の子どもの特徴には，文化の要因も関与している可能性がある。

[**参 考 図 書**]

チャップマン　P. D.　菅田洋一郎・玉村公二彦（監訳）　1995　知能検査の開発と選別システムの功罪：応用心理学と学校教育　晃洋書房

ゴールドシュタイン　K. M.・ブラックマン　S. S.　島津一夫・水口禮治（訳）　1982　認知スタイル　誠信書房

前川久夫（編）　1995　K・ABC アセスメントと指導：解釈の進め方と指導の実際　丸善メイツ

宮川充司　2000　日本の児童における熟慮性：衝動性認知様式に関する研究　中部日本教育文化会

臼井　博　2001　アメリカの学校文化　日本の学校文化：学びのコミュニティの創造　金子書房

山崎　晃　1994　衝動型-熟慮型認知スタイルの走査方略に関する研究　北大路書房

ウィットキン　H. A.　グッドイナフ　D. R.　島津一夫（監訳）　1985　認知スタイル：本質と起源　ブレーン出版

学習・学業達成と動機づけ

- 教え方・学び方と心理学はどう関係するのか？
- 子どもの学業達成に，家庭と社会的・文化的要因がどのように関係するのか？── アジア系の生徒・学生の成績のよさと結びつく条件
- 課題に対する構えと「やる気」とは？── 達成動機，持続性，日本の社会的・文化的背景の働き
- 学びを支える場の連携とは？

　小学生の生活時間中に占める割合からいっても，またそれがもつ心理的重要性からいっても，現在のわが国で，学校教育と結びついた学習と学業成績とが，子どもや家族にとって大きな位置を占めていることは確かである。

　教科ごとの教育方法の問題や，心理学の学習理論については，それらを専門に扱った本によって学んでもらうことにして，この章ではまず，児童の知識獲得の基本についての研究知見をまとめることから始める。児童期は知識を獲得するための記憶の方略（ストラテジー）の発達が著しい時期であることが，ここ30年ほどの研究によって分かってきたからである。

　次に6.2において，子どもの学業達成（アチーブメント）の背景要因としての家庭と社会的・文化的要因を取り上げる。子どもの学業成績には家庭の諸条件が働いていることが明らかになっている。また，小学生のアチーブメント・テスト成績の国際比較からは，1つの国の内部での研究からは明らかにならない重要な社会的・文化的要因の働きが浮かび上がってくる。

　6.3では，社会的・文化的要因が学業成績だけではなくて，もっと広い領域にわたる問題と結びつくことを述べる。それは課題に対する構えと達成動機の問題である。いわゆる「やる気」や粘り強さの問題も，それに関したものである。

　6.4では，学校を中心とした場の間の連携が，子どもの学業達成と結びついていることを述べる。学校と家庭の連携，地域のおとなの参加，そして親によるモニタリングなど，子どもの学習の進展と関係する条件を検討する。

6.1 教授−学習の過程の心理学の展開

6.1.1 教え方・学び方と心理学

心理学では学習を,「経験による,ある程度永続的な行動の変容」と定義して話を始めるのが普通である。そして,個人側と環境側とのどのような条件のもとで,どのような行動の変化が起こるかを調べることを通して,学習の法則を打ち立てようとしてきた。他方で,心理学で学習の研究が始まるずっと以前から,技能・知識・学習への構えなどを身につけるように教えることや,学びを通して個人がそれらを身につけるという現象に人々が関心をもち,教え方と学び方の理論が展開し,そのための方法が考案されていた。

産業化の進展とともに公教育が発展し,教授と学習の方法の組織化を社会が必要とした頃に,現代の心理学も誕生した。しかし,その心理学は,実際の場で進行する教授・学習の過程に直接に関係するものではなかった。学習実験の多くはネズミやハトを被験体に用いて行われ,学習の法則を体系づけた。また,人間を対象にした場合でも,たとえば記憶研究では,条件統制をするために無意味綴りや人工的な視覚刺激を材料に用いることが多かった。思考の研究は,もっと複雑な過程を扱ったが,それでも条件統制をするために,人工的な課題を用いることが多かった。これらの心理学研究が扱う問題は,生態学的にいって代表的で妥当な状況であるかを十分に考慮していなかったので,それと実際の学習場面で起こる問題との間のギャップは大きかった。教育心理学のテキストで述べられる学習の原理も,教育実践に対する関連性が十分ではなかった。

1950年代終わりから60年代にかけて,部分的にではあるが学習指導の領域に実質的な影響を与えるような心理学の理論と方法とが現れた。スキナー(Skinner, B. F.)の学習研究にもとづくプログラム学習(あるいは,プログラム化された教授),思考研究者としてのブルーナー(Bruner, J. S.)が提唱した発見学習,学校での知識体系の学習を重視してオーズベル(Ausubel, D. P.)が提唱した有意味受容学習と先行オーガナイザー(advance organizer)への注目などが,その例である。1960年代の後半からは,**教授心理学**(instructional psychology)という用語が使われるようになり,教室場面での学習を情報処理理

論にもとづいたモデルによって取り扱おうとするガニエ（Gagne, E. D., 1985）などの試みへとつながった。

6.1.2　記憶と知識獲得に関する研究の発展

　認知心理学の発展は，実際の生活場面の中で起こる認知過程を直接に研究の対象とする動きとして現れた。日常生活の状況の中で起こる認知の働きを研究対象とすることにより，認知心理学と教授心理学とが互いに接近した。その中で比較的容易に研究できるのが記憶の発達で，多くの研究がなされた。1970年代から80年代にかけて，子どもの記憶研究が進められた結果，記憶の発達が何によってもたらされるかが少しずつ解き明かされた。4章で述べたように，記憶の発達は，①記憶容量の増加，②記憶方略の変化，そして③知識（メタ認知的知識と領域特有の知識）の増加が関係しているとされている。

　ここでは領域特有の知識について述べる。特定の領域についての知識が十分あると，その領域に関する記憶は大幅に促進されることが知られている。熟達者は初心者と比べてその領域に関してずっと効率のよい記憶を示す。教科の領域でも趣味活動の領域でも，子どもが興味をもって打ち込んでいることがらに関しては，一般的能力としてはずっと有能なはずのおとなが及ばない記憶力を示す。また，一般的知能の水準がやや低い子どもでも，興味をもって活動を繰り返して熟達者の水準に達すると，普通以上の能力をもつ熟達者と見分けがつかないほどの課題処理能力を示すことも認められる。さらに，特定の領域で熟達した子どもが，それと関連の深い領域での課題解決でも有能性を発揮できる（学習の転移）ことも起こり得る。

　以上のような研究によって，「子どもAはなぜ領域Xよりも領域Yでうまく学習できるのか？」，「領域Zでは，なぜ子どもBよりも子どもCのほうがよく学習できるのか？」といった問いに答える道が開けてくる。この考えでは，学習者は，知識を受動的に受け容れる存在ではなく，能動的に知識を組み立てていくものだと見なす。そして，知識を意味あるものとしてまとめあげる枠組みを学習者がもっていることが，知識の獲得に重要な意味をもつとされる。それは，概念や技能に関する構造化された知識であるスキーマ（schema）に当た

るものである。そして，既存のスキーマを働かせて学習活動をする中で，スキーマと活動とが相互作用をし，それがまた新しいスキーマを生みだすと考えられている。

このように，限られた領域に関しては，心理学の研究は学校や他の場所での教授と学習の過程とのつながりを緊密にした。しかし，それはまだ子どもの学習活動の一部を扱っているに過ぎないし，研究の知見を実際の教育プログラムに適用するためには，まだギャップが大きい。子どもをもっと多面的な側面からとらえるとともに，子どもを取り巻く状況の理解が重要となる。今世紀に入って，現場にいちだんと密接した研究の推進が日本でも始まっている（日本教育心理学会，2003）。

6.1.3 学習者と教師がもつ原因帰属のスキーマ

この章のテーマの一つである動機づけには，認知の機構が関係しているという考え方があり，中でもワイナー（Weiner, B.）のそれは，日本でも外国でも多くの研究を生みだした。彼は，達成動機づけを介して最終的に学業達成に結びつく先行条件の一つとして，原因帰属のスキーマを取り上げた。それは，原因となる条件群のそれぞれが，どのように結びついて特定の結果を生起させるかについて，人がもっている比較的確固とした信念のことを指す。

表 6.1 に，彼が提起した学業達成に関する帰属要因の分類リストが掲げてある（Weiner, 1979）。現実の状況下で起こったことがら（たとえば，自分のテストの点が悪かった）に対して，子どもは自分のもっているスキーマによって何らかの原因帰属を行う。「テストでがんばったけれど，問題が難しすぎた」，「日頃からの勉強が足りなかった」，「身体の調子が悪くて実力が出せなかった」，「頭がよくないのだから仕方がない」などは，その例である。このような原因帰属の仕方の違いによって経験する感情や期待が異なり，それが次の学習行動への動機づけの違いを生むとされる。類似した過程は教授者の側にも起こると考えられ，図 6.1 は，それらの過程をまとめた速水（1990）のモデルである。

速水は次に，架空の2人の子どもに関して，成績（テストでとった点），能力（賢さの違い），努力（勉強時間）の3組の要因のうち，2つに関する情報を子

6.1 教授—学習の過程の心理学の展開

表6.1 学習達成に関する帰属要因の分類リスト(Weiner, 1979による)

	内的要因		外的要因	
	安　定	不安定	安　定	不安定
統制不可能	能力	気分	課題の困難度	運
統制可能	日常の努力	直前の努力	教師の偏見	他者からの通常でない援助

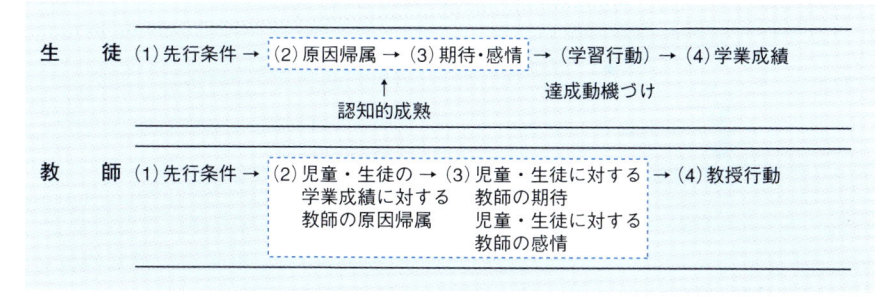

生　徒　(1)先行条件 → (2)原因帰属 → (3)期待・感情 → (学習行動) → (4)学業成績
　　　　　　　　　　　　　↑　　　　　　達成動機づけ
　　　　　　　　　　　認知的成熟

教　師　(1)先行条件 → (2)児童・生徒の　　(3)児童・生徒に対する → (4)教授行動
　　　　　　　　　　　　学業成績に対する　　教師の期待
　　　　　　　　　　　　教師の原因帰属　　　児童・生徒に対する
　　　　　　　　　　　　　　　　　　　　　　教師の感情

図6.1 生徒と教師の原因帰属が，それぞれの行動に与えるメカニズムの基本モデル
(速水, 1990)

どもに提示して，第3の要因について推測することを求めた。たとえば，能力と努力の情報から成績を推測させる課題の一部は，次のようなものである。

- はな子はさち子よりもかしこいといわれている。
- はな子は2じかん，さち子も2じかんべんきょうした。
- テストでは，どちらがよいてんすうをとると思いますか？
　　　こたえ：　はな子　　さち子　　どちらともいえない
- はる子とあき子は同じくらいかしこいといわれている。
- はる子は3じかん，あき子は1じかんべんきょうした。
- テストでは，どちらがよいてんすうをとると思いますか？
　　　こたえ：　はる子　　あき子　　どちらともいえない

　小学校3～6年生と大学生の反応を分析した結果，速水（1990）は，努力情報は3年生でも結果を予測する有効な手がかりとなるのに対して，能力情報は6年生にならないと有効な手ががりとならないこと，そして6年生のころから，おとなと同じようなスキーマを使った原因推測がなされるとした。それは知的能力に関する子どもの考えがおとなのそれに近いものになる時期でもある（5章参照）。子どもが行う原因帰属の問題は，6.3で再び取り上げる。

　速水はまた，学業不振児の原因を何に帰属させるかに関しての教師の特徴を調べるために，教師群を母親群や学生群と比較した。その結果，教師は一般に学業不振（架空の子ども1事例について，300字ほどの記述を読んで判定する）の原因を，子どもの能力の低さや性格上の欠陥のせいにしやすく，自分の教え方のまずさに帰属しにくいという特徴を見出した。そのうち小学校教師（男女，20歳代～50歳代）の結果を図6.2に示す。もちろん，教師の間にも個人差があって，教師の使うスキーマの違いは学業不振児に対する感情や行動の違いに結びつくことが図6.1から予想されるが，実際には必ずしも一義的な関係にはなかった。

　ところで，学業不振の原因はさまざまであるが，身体的条件（感覚・運動機能から，学習障害（learning disability）と結びつく神経学的条件，病気までを

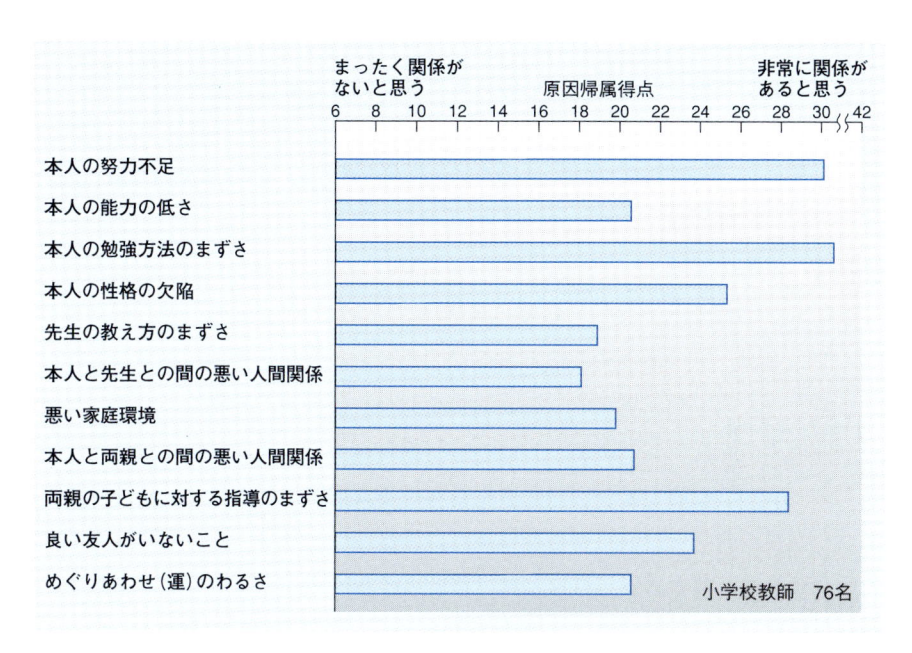

図6.2 学業不振についての教師の原因帰属(速水,1990から作図)
得点は6事例についてなされた7段階評定の合計である。

含む），知能水準（5章参照），パーソナリティ要因など，子ども側の条件が関与する場合が多いのは事実である。

　明確な感覚器官や運動機能の障害が認められず，また，全般的知的発達や学習を妨げる情緒面での問題もないのに，聞く・話す，読む・書く，計算するなどの基礎的な学習が困難な子どもについては，**学習障害**が疑われる場合がある。中でも，年齢水準に不相応な活動水準の異常（過度の落着きのなさや多動）と注意の障害（集中困難，気が散りやすい）が目立つ**注意欠陥・多動性障害**（Attention Deficit Hyperactivity Disorder；ADHD）や，協応運動のまずさ，認知の障害（左右の方向や場所・位置の間違い）などを伴う学習障害には，情報の入力・処理過程や反応の制御にかかわる神経学的原因を含む場合がある。そ

のようなケースについては，専門家によるチェックを受け，医療や治療教育の手だてを探ることが先決である．それと並行して，子どものパーソナリティ問題や，家庭と学校の環境の問題との絡みに目を向ける必要がある（10章参照）．

6.2 子どもの学業達成の背景要因としての家庭と文化の要因

6.2.1 家庭の要因

　子どもが学校で示す行動・状態・アチーブメント（学業達成）は，子どもの個人的諸要因，学校側の諸条件，さらに広く社会・文化の要因に加えて，家庭の諸要因との間に相互規定的な影響関係をもつ．学校側の立場からすると，子どもは種々の家庭環境の影響を背負って学校に来るが，それはいわば所与の要因であって，学校側としては何ともできない条件のようにも見える．子どもの生活や学習に関する習慣，学習や作業への動機づけや態度，対人行動，社会的態度や価値観，情緒的安定性などは，家庭でその土台が形成されると一般に信じられている．親と子どもとの間の情緒的関係や社会化の担い手としての親のあり方などが，とくに重要な要因であると考えられているので，学校での取扱い法は変えないままで，子どもが学校で示す問題の原因を家庭の要因に帰属させるのが，多くの教師に共通したやり方である．

　しかし，子どもに対して働いている家庭の実質的な環境はけっして固定した不変のものではない．とくに家族関係は，内部の力動的な人間関係の動きに伴い，そしてまた外部の諸条件の変化に家族が対処する過程で，変化する．たとえば，学校での経験を通して子どもが変化すれば，家庭内での親子関係やきょうだい関係にも変化が生じ，それが新しい家庭環境の一面として子どもに働き返す．学校教育の効果は，子どもを媒介として間接的に家庭環境に影響を与え得る．

6.2.2 知的発達と結びつく家庭環境

　子どもの認知発達やアチーブメントと関連する家庭環境をとらえる試みがいくつも発表された．幼児期から児童期にかけての諸研究（東・柏木・ヘス，

1981; Kashiwagi et al., 1984; Marjoribanks, 1979; Okagaki & Frensch, 1998; Walberg & Marjoribanks, 1973など）は，子どものアチーブメントと家庭環境の両方をある程度分析的に調べ，両変数間の関係を相関分析の手法を用いてとらえようとするものであった。その結果，子どもに対して望ましい働きかけをする家庭という意味での「全般的な環境のよさ」が一般的な発達のよさに結びついていた。

　幼児期の研究（東たち，1981）では，子どもの知的達成と相関をもつ母親の態度・行動も，文化により異なっていた。これは，子どもの取扱い方・子どもの特徴・子どもの知的達成の3つの要因群が，それぞれの文化の内部で独自の連関をもっていることを示している。そしてそれをもう一段階抽象化して，文化の規範・価値の相対性を考慮に入れると，〈よい環境－よい子ども－高い達成〉という機能的共通性が文化を通して認められることを示唆するもので，人間発達の機構と発達の評価に対する文化の影響がうかがえる。

6.2.3　社会的・文化的要因
1. アジア系の生徒・学生の学業達成の背景

　アジアのいくつかの国・地域での初等教育段階の高い学業成績に世界的な関心が集まった。国際教育到達度評価委員会の調査によると，1999年の中学2年生の数学の成績（http://timss.bc.edu/timss1999i/math_achievement_report.html）で，参加した国・地域38のうち，平均得点の上位5位までをシンガポール，韓国，台湾，香港，日本が占めた。またアメリカでは，初等教育から大学入学試験までの段階で，アジア系アメリカ人の教育達成水準の高さが注目された。これらが類似した機構によってもたらされたのかどうかは明確ではない。しかし，それらの現象の背後に社会的・文化的要因が働いていることは確かである。

　この社会的・文化的要因は，親の要因を通して子どもの学業成績につながると考えられる。実際，アメリカの4～5年生とその親を対象にした研究（Okagaki & Frensch, 1998）は，アジア系アメリカ人，ラテン系アメリカ人，およびヨーロッパ系アメリカ人の親の間に，いくつもの側面での違いを見出し

た。それは，子どもの教育に関する考えや信念の内容，子どもの成績に対する期待度，そして子どもの学校経験にプラスの効果をもつ家庭での働きかけに関するもので，それらの要因がまとまって影響力をもつと考えられる。

2. 小学生の学業成績と教育的・文化的条件

小学生の学業成績と，それに関係する諸条件についての組織的な国際比較研究の代表としては，アメリカのスティーヴンソンたちの研究が挙げられる（Stevenson et al., 1985；Stevenson et al., 1990；Stigler et al., 1982；Stigler et al., 1987；Stevenson & Stigler, 1992 など）。1980 年代の前半からデータ収集がなされた一連の研究には，仙台，台北，ミネアポリスの小学生から，念の入った方法で大きなサンプルを抽出して，1 年生と 5 年生の子どもの算数と読みのテスト，知能検査，教室での行動観察，親，子ども，教師・校長を対象とした調査を行った研究が含まれている。

算数についての結果を中心にまとめると，以下のようであった。まず，3 つの国・地域の学校で使用している教科書を注意深く分析して作成した算数のテスト成績を，学級を単位にして比較したところ，台湾と日本が優れ，アメリカの子どもの成績は低かった。アメリカの学校はもともと年間の登校日数が少ない上に，登校時間中に知的学習活動に費やす時間が少なかった。この差は 5 年生ではとくに目立ち，登校期間中の 1 週間あたりの知的学習活動に費やしている時間の平均値は，台湾で 40.4，日本で 32.6，アメリカで 19.6 時間だと推定された。さらに，アメリカの教師はどちらの学年でも算数よりも言語に関した授業に多くの時間を割り当てるため，結果としてアメリカの子どもが登校期間中の 1 週間に，算数を学習する時間はきわめて少なくなった（図 6.3）。アメリカの子どもの算数の成績が悪いいちばんの原因は，ここにあるとされた。これらの結果は，1990 年代後半のアメリカで，教育内容と到達目標に関する国家レベルでの基準設定に向けての動きをもたらした。

ところで，読みの成績が，学年で目標とされている水準に達しないものが日本に多いのも，それに割り当てられる絶対的時間数の不足による可能性がある。読みのテストのうち，日本の 5 年生の語彙検査の得点は台湾よりも低く，理解検査の得点は，台湾とアメリカよりも低かった（木村・スティーヴンソン，

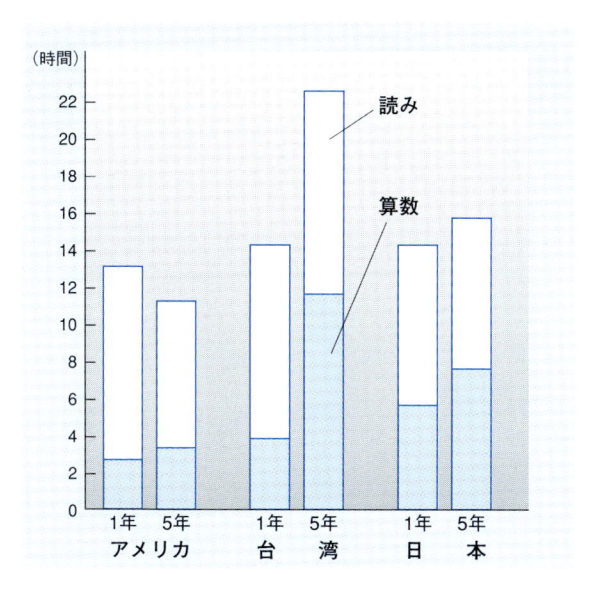

6.2 子どもの学業達成の背景要因としての家庭と文化の要因

図6.3 3つの国の学級において，2つの教科活動に使用される1週あたりの時間数の推定値 (Stevenson et al., 1990から作図)

1989)。その後の研究でも，学習時間数が成績に結びつくことを見出している。学習経験の質が重要なのはいうまでもない。しかし，学んだことが子どもの内部に定着して，実際場面で活用できる状態に保たれるためには，反復練習が必要なので，上記の研究時点よりも学校の授業時間数や家庭学習時間が減少している現在の日本で，今後の推移を注視する必要がある。

親の態度や考えにも，国・地域間の違いが認められた。その多くは，日本と台湾対アメリカという対比であった。アメリカの母親は，日本と台湾の母親と比較して，学業成績を子どもにとって重要なこととは認めず，子どもの教育に関与することが少なかった。またアメリカの母親は子どもに対して高い達成の目標を設定せず，学業面だけでなく全体的に子どもを甘く評価して満足していた。そして，子どもの学業成績につながる要因として，アメリカの母親が生得的能力をかなり重視するのに対して，日本と台湾の母親（とりわけ日本）は学

習努力を強調した（図6.4）。質問の仕方の微妙な影響や応答者の尺度の使い方を国々の間で完全に等しくはできないので，尺度値の比較可能性は完全ではない。しかし，努力と能力とに付与された重要性の評定値の間の差が，アメリカでいちばん小さく，日本でいちばん大きかったことが目立つ。小学生をもつ日本の母親が，学業成績の規定因として能力よりも努力を重視することは，後に

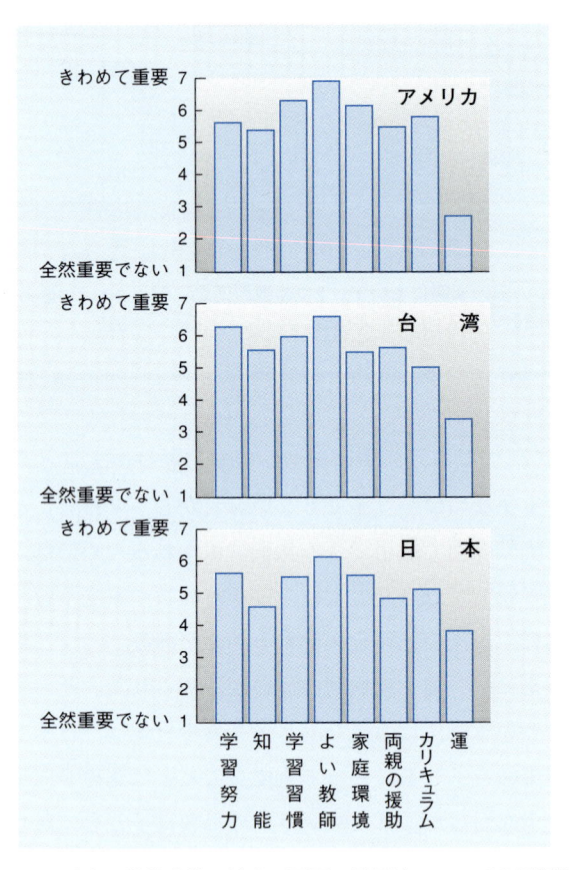

図6.4 子どもの学業成績に対する要因の重要性についての母親評定
(Stevenson et al., 1990)

述べる日本の文化の特徴とつながる。

　上記の結果の背景で働いている社会的条件の一つとして，社会階層の分化の程度が考えられる。いわゆる先進国の間では，アメリカは貧富の差が比較的大きい国なので，社会階層と子どもの知能および学業成績との関連が強く出る傾向がある。たとえば，父親の職業によって分類した社会階層別に子どもの算数の成績を比較すると，日本ではほとんど差がないのに対して，アメリカでは明確な差があり，カナダの階層差の程度はその中間にあった (Case et al., 1999)。日本における諸要因の作用の詳細を調べるとともに，上記の結果が今後も持続するのか，また日本で社会階層分化や学力の格差が変化するのかを注視する必要がある。

課題に対する構えと達成動機

6.3.1　子どもの行動の違いの原因

1. 子どもの内部条件による変動

　一人の子どもを見ると，興味をもって生き生きと活動するときも，やる気が感じられないときもある。また，根気よく課題に取り組むときも，すぐに興味を失って投げ出してしまうこともある。これらは，子どもの内部条件や外的条件の変化に応じて生じる変動である。このことは集団水準でも認められる。教師や指導者は，プログラムの内容によって，クラスが真剣に活動する場合も，興味を失ってだらだらと過ごす場合もあることに気づく。これらの変動には，子どもの内部条件が絡んでいる。子どもの内部条件の一つとして，身体的・精神的疲労による興味や精神的活動水準（喚起水準）の低下や，不安定な情緒状態（不安状態の高まり，悲しみの情動など）のような，内的状態を考える必要がある。このような問題によって子どもが課題に集中できないのだとしたら，子どもの活動を引き出すために効果的に働きかけるためには，おとなはまず，子どもの状態自体を変える働きかけから始める必要がある。

　別の重要な内部条件として，子どもの知識・経験の枠組みの問題がある。たとえば教授プログラムに対して，生徒が期待通りの反応を示さないのは，プロ

グラムと生徒が頭の中の貯蔵庫から呼び出した既有の知識・経験の枠組みとが，適合しないからかもしれない。提示されている情報と個人の内部にある既有の枠組みとの間に適度のずれがあるときに，個人の興味や好奇心（好奇動因）が喚起されるであろう。すなわち，すでによく知っている情報や，繰返し経験したことがらに対しては，人間は飽きを感じやすい。しかし逆に，頭の中の枠組みにまったく合わないことがらに対しては，それを積極的に処理しようとする関心が生じないか，あるいは事態への反応を迫られる場合には，恐怖や回避反応が起こりやすい。この最後の場合は，個人が対処できる範囲を超えた事態にさらされ，自分の既有の枠組みが解体される危険さえあるので，恐怖の情動や回避反応が起こるのだと考えられる。

上記の「適度のずれ」を事前に予測することは簡単ではない。子どもの頭の中の枠組みは外から見えない。しかし，クラスに働きかけるときでも，基本的には個々の子どもが頭の中から呼び出した枠組みと，教授者が提示している情報とが，どのように相互作用しているのかを探りながら働きかけをするところに，有効な教授・学習過程の進行の鍵がある。これは，知的な教科の学習だけでなく，子どもが経験するあらゆる領域での活動に当てはまる。

2. 個人差の問題

上記の子どもの内部条件には，個々の子どもによる違いがある。子どもの情緒状態は時と場合によって変わるが，状況を通して一貫性を保つ個人の特徴もあって，それは個人差の問題とされる。また，子どもの頭の中の既有の枠組みに関しても，ある程度の安定性をもつ個人差が存在すると考えられる。

「好奇心が強く，活動的な子ども」，「やる気のない子ども」，「落ち着かず，根気のない子ども」といったように，おとなは，すべてを子ども個人の特性に原因帰属させやすい。しかし，個人差を問題にするときには，たんに一般的な好奇心や動機づけの水準を比較するだけではなく，どのようなときにやる気・根気を示すかについての個人の特徴にも注目する必要がある。「この子は根気がない」，「何事にも興味が薄い」，あるいは「少しもやる気がない」と決めつける前に，その子どもが，どのようなときにやる気・根気を失い，どのようなときにはそれを示すのかを，親や指導者はよく観察する必要がある。

「どのようなときに」とは，たんに「面倒な宿題をしているとき」，あるいは「好きな遊びをしているとき」といった外的に観察できる状況だけを指してはいない。「自分で考えて一生懸命努力したのに，それが認められなかったとき」，あるいは，「家の役に立っているのだと自覚できたとき」といったような，子どもの内的な心の動きや心理状態にも観察の目を届かせる必要がある。上記の最後の2例は，子どもがもつ自己の働きの大切さを示している。

3. 自己の関与

子どものやる気・根気の根底には，それぞれの子どもがもっている「自分」というものが働いている。それはパーソナリティを統合するもので，自己像や自我の機能が関係する（8章参照）。子どもの取扱い方（たとえば，褒美の約束）によって，一時的にやる気を起こさせることはできるだろう。また，子ども同士を競争させると，しばらくは頑張らせられるかもしれない。しかしそのような取扱い（**外発的動機づけ**）の効果は，たいてい一時的なものである。

子どものやる気・根気の発動や，その喪失の仕組みを理解しようとするのなら，われわれは子どもが自己をどのようにとらえているのか，主体としての自我がどのように機能しているかに注目する必要がある。自分で目標を立て，そのときそのときの自分の現状を確認しながら目標達成に向けて努力するのは，**要求水準**の問題である。また，「自分で決心したことをやり遂げようとする自分」という自己像を支えにして辛くてもがまんする，時間展望を広げてすぐにはうまく行かなくても投げ出さずに仕事に取り組む過程にも，自己がかかわる。

上記の要求水準の問題は，事態に対する子どもの原因帰属（なぜ，そのような事態になったのかという原因の解釈）の仕方と密接に結びついている。小学生を対象とした樋口たち（1986）の研究によると，原因帰属の仕方が無力感型と自己防衛型の子どもは，ともに成功感が低かった。また，無力感型は願望目標の設定の仕方に，そして自己防衛型は現実目標の設定の仕方に問題があった（**表 6.2**）。目標設定の仕方は，課題に対する態度や課題解決行動に結びつくものであるから，それがもつ持続的な効果は大きいと考えられる。

表 6.2　学業達成場面での原因帰属型による，目標設定行動の違いの平均値
（樋口・鎌原・大塚，1986 から抜粋）

類　　型	実際の成績	成功感の強さ(1〜5)	現実目標と実際の成績とのずれ（絶対値）	願望目標と実際の成績との差
効 力 感	40.6	3.63	7.5	18.2
無 力 感	36.4	2.68	6.2	34.4
自 己 防 衛	40.3	2.63	17.7	27.9
全 体 平 均	40.4	3.26	6.8	18.6

注）原論文に報告されている8つの類型のうち，特徴的な3つと，それを含めた全体を示す。現実目標とは「いくつやれそうか」という予想値を，願望目標とは「いくつやりたいと思うか」という願望目標値を指す。

6.3.2　達成動機と持続性

1.　達 成 動 機

　一般にいう「やる気」にほぼ対応する心理学用語は，**達成動機**である。それは何らかの意味で優れた基準の成就または熟達度の達成を目指す動機を指し，ある程度の安定性をもった個人の特徴だと考えられている。達成動機が高い子どもは，それが低い子どもと比べて，次のような特徴をもつとされている。まず，その子どもは現実的な目標（要求水準）を設定しやすい。そして易しい問題や難しすぎる問題よりは中程度に難しい問題を好み，適度にチャレンジ精神を満足させる傾向がある。また，その子どもたちは，運やツキで結果が決まるような課題よりも，自分の技能や実力によって決まる課題のほうを好む。うまくいってもいかなくても，それは自分の責任だと考えやすい（内的要因に原因帰属する）。ここにも，上記の「自分」がかかわっている。達成動機の高い子どもの多くは，新しい課題に対して「なんとかやれるだろう」という楽観的な態度で取り組む。実績にもとづいた自信，あるいは**自己効力感**が高い。さらに，達成動機が高い子どもは，自分の成績がどうであったかに関心をもち，そのフィードバックを求める。そこには，必要に応じて自分のやり方を変えていこ

うとする柔軟な構えと，その底にある自己効力感が認められる。

2. 持続性

　一般にいう「根気のある子ども」とは，ものごとに飽きないで，辛抱強く課題に取り組む子どもを指し，その底に，気力の働きを認めている。「粘り強い子ども」も，ほぼ同じ意味に使われている。これらは，持続性と忍耐性の個人差の問題である。持続性とは，すぐには達成できない課題でも，簡単に飽きたり諦めたりしないで，一貫してそれに取り組み続ける性質をいう。そして，困難で辛い仕事や条件下でも，それに耐えられる人は，忍耐性・がまん強さがあるという。この持続性と忍耐性が根気よさの構成成分であるが，根気よさは，どちらかといえば持続性に重点を置いた概念だといえる。

　持続性の個人差は乳児のときから認められ，それは気質の違いととらえられている。そして，子どもの特徴の違いが周囲の者による取扱いの違いを生み，後者がまた前者に影響するというような，循環的作用が存在する可能性がある。このことは，ある特徴をもつ子ども，たとえば，極端に持続性のない子どもや人並み外れて持続的な子どもの場合に，とくに明確になり立つ。個々の子どもの気質的特徴と環境条件とがうまく適合するかどうか（適合性のよさ，goodness of fit）が，子どもの発達過程に影響する可能性もある。それを主張したチェスとトーマス（Chess & Thomas, 1984）は，個人の能力・動機づけ・行動スタイルと，環境からの要求・期待との適合がよくないと，本人と環境側の両方で機能上の不適応が起こり，発達によくない影響をもたらすと述べた。人間の気質的な行動特徴もけっして固定したものではなく，環境との相互作用によって変化し得る。また，個人は環境に影響されるだけではなくて，環境との相互作用を通して自分の発達のコースに何らかの影響を与える存在だといえる。

6.3.3　日本の文化的背景

1. 学習者の持続性

　持続性は，他の文化でも学習者や働き手にとって重要な特性だとされている。しかし，とりわけわが国では，正しく設定された目標に向かって粘り強く努力することが，子ども時代から期待され尊重されるのである。事実，それは学習

指導要領や学校のモットーの中で，つねにうたわれてきた教育目標の一つであった。粘り強く努力して何かをなし遂げようとする日本の子どもは，周囲のおとなや仲間から認められ自尊心を高める可能性がある。持続性の高い子どもは，わが国ではプラスの評価を受けるだけではなく，柏木たちの研究（Kashiwagi et al., 1984）からもうかがえるように，その子どもたちの実際の成績も高くなる可能性がある。その研究によると，日本においては，4歳の時点で調べておいた持続性の個人差が，6歳の時点での知能指数や小学校高学年段階での国語・算数の成績とプラスの相関を示した。つまり，幼児期に持続性の高い子どもは，後の知能と学業成績が高い傾向があるという連関が見出されたのである。それに対して，アメリカの子どもでは，そのような連関はなかった（図 6.5）。

この結果がどれほど一般性をもっているかは今後の研究に待たなければならない。また，上記のような結果がどのような機構によってもたらされたのかはまだよく分かっていない。しかし，柏木たちの結果は，「ある文化で賞揚される特徴をもっている子どもは，高い達成を示す傾向がある」ということを示唆したものとして興味深い。わが国では，結果だけではなく，課題を遂行する過程も評価の対象に含める傾向が強いものと思われる（小嶋, 1987）。いい加減なやり方でよい結果が出たのでは高く評価はしない。一見無造作なやり方の中に，細心の注意と鍛え抜かれた技を見たとき，われわれは熟達者に脱帽するのである。自分が産出したものの質に強い関心を抱き，目標に向けての自分の行為を高めていくことは，持続性と結びつく。

2. 達成への動機づけの背景

優れた基準の成就または熟達度を遂げるのが個人であることは間違いないが，多くの場合それを達成しようという動機は，誰かに認めてもらいたい，あるいは，褒められたい・喜んでもらいたいという承認欲求と結びついている。この点に関して日本の特徴があるとすれば，それは集団の一員として期待される役割を遂行して，集団の成員から認められることを強調する点であろう。われわれには，自分にコストはかかるが直接に受ける個人的利益がほとんどないような課題に，真面目に取り組むところがいまだにある。自分がそうすることを集

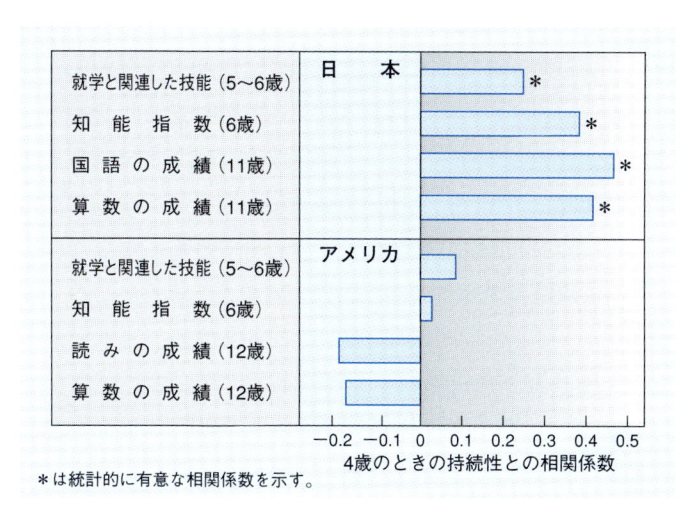

図6.5　4歳のときの子どもの持続性と，後の知能・学業成績との関係
(Kashiwagi et al., 1984から作図)

団が強く期待していることが分かっていて，その期待に応えられる自分であるところに，自尊心の源泉を見出す。「会社人間」の父親が仕事に打ち込むのと同様に，親の期待を強く感じている子どもは成績のために懸命に努力する。それが，日本の子どもの学業達成や，国の経済活動に寄与したのかもしれない。

本人が周囲の期待に応えられている間は平穏である。しかし，努力を重ねても期待に応えられないようになったときに，問題が一挙に表面化する。期待をかける周囲と本人との間に摩擦が生じ，それを通して本人は周囲の期待だけに動かされてきた自分に気づく。そして，そのような形で自分を縛ってきた周囲の者に怨みを抱くことすら出てくる。さらに，束縛から逃れたり，それを打ち壊そうとする者も現れる。周囲の者には，本人がやる気を失って無責任になったと見える。その葛藤は，「自分」に気づいた本人と周囲の者との関係が，新たに組み立て直されるまで続くのが普通である。この問題が顕現するのは，ふつう思春期以降，ときには成人期のことであるが，特別の中学校（進学校）へ

の進学をめざす小学校高学年で現れる場合もある。

ところで，上記のような個人の達成とかかわる対人関係の規範も，時代によって変化する可能性がある。箕浦（1990）は，1920年と1970年の日本とカナダの小学校4年生の特定の国語の教科書の内容分析をした。その中で，主人公が自分のため，または人類・神のために何かをやっている「個人志向」の場合と，主人公の関心・活動が，集団，地域社会，国家や社会一般に向けられている「集団志向」とに分けた。そして，同輩志向を個人志向に含め，集団が主人公になっている場合はすべて集団志向に含めてまとめたところ，個人志向が優位のカナダでは，2つの時代の間に変化はなかったが，日本では，以前の集団志向優位から，それと個人志向とが伯仲する程度にまで変化した（図6.6）。サンプル数が小さく，また50年を隔てた2つの時点だけを調べたものだという限界はあるが，興味ある研究結果である。

また，塘・真島・野本（1998）は，日本とイギリスの国語の教科書の内容を比較分析した。日本とイギリスの目立った違いの一つは，主人公を阻害したり主人公と対立する外的影響（災害や戦争などを含む）を，主人公が受け容れる記述が日本で多かったことである（約64％対35％）。それは，不都合な状況を変えるように能動的に行動する（**1次的コントロール**）よりも，自分の受け

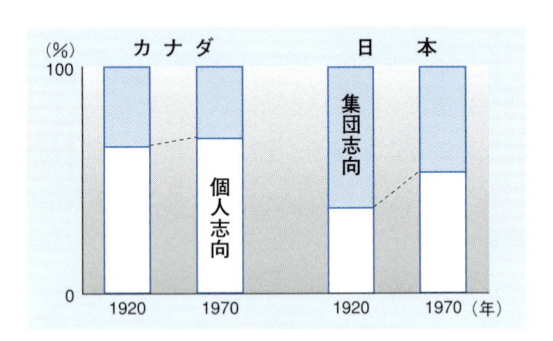

図6.6　小学校4年生の国語の教科書に現れた主人公の個人志向と集団志向：日本とカナダの時代別比較（箕浦，1990から作図）

表 6.3　4つの国・地域の小学校低学年の国語教科書の内容分析：マイナスの対人的刺激に対する主人公の反応の描き方
(Tomo, Kimura, & Chao, 2002 から)

国・地域	全体の場面数	主人公の反応（％）	
		受容的	拒否的
日　　本	86	66.3	33.7
台　　湾	25	48.0	52.0
イギリス	51	35.3	64.7
ド イ ツ	212	36.8	63.2

止め方・考え方を状況に合うように変えることによって問題を解決しようとする（2次的コントロール）日本社会の特徴の反映だと塘たちは解釈した。表 6.3 は，日本，台湾，イギリス，ドイツの1～3年生の教科書の内容分析の一部である（Tomo et al., 2002）。マイナスの対人的刺激に対して，主人公がそれを拒否するのではなく受容する傾向が日本で目立った。これも，相手のマイナスの行為をプラスに受け止めることによって問題の解決を図ろうとする2次的コントロールの表れだとされている。

6.4　学校を中心とした連携と学業成績

6.4.1　家庭と学校の連携と，子どもの学業成績

　子どもは同時に2つ以上の場と関係をもちながら発達していくものである。ここでは，家庭と学校の2つを取り上げて考える。ブロンフェンブレンナー（Bronfenbrenner, 1979）は，発達しつつある個人を直接に含む2つの場面間には，①個人による複数場面への参加，②それぞれの場面に参加している別々の人が第三者の介在によって関係づけられる間接的結合，③場面間のコミュニケーション，そして，④場面間知識の4つの相互連関があるとした。

　家庭と学校という2つの場面間に結びつきがあることが，子どもの発達と関

係していることは，いくつかの研究からうかがえる。ヘイズとグレイザー (Hayes & Grether, 1969) やハインズ (Heynes, 1978) がアメリカの小中学生のアチーブメント・テストの伸びを調べた研究によると，授業期間中には学校の影響が強いために家庭の影響力は相対的に弱いように見えるが，実際には子どもの学業成績に対する家庭の影響は，授業期間中・夏休み中を通して常に働き続けた。夏休み中に学業成績が低下するのは，恵まれない教育的・文化的環境下にいる子どもでとくに目立つというアメリカの研究結果は，その後も出ている（たとえば，Alexander & Entwistle, 1996）。また，主として都市部の恵まれない環境の子どもを対象とした諸研究 (Rodick & Henggeler, 1980; Smith, 1968; Tizard et al., 1982) は，学校と家庭との協力体制を形成することによって子どもの学業成績や動機づけを向上させ得ることを示した。

6.4.2 地域のおとなの学校への参加

わが国でも特設された授業時間に，登録された地域のおとなが，ボランティアとして生徒の指導に参加しているのは，現在では珍しくない。それは 1980 年以前には先進的な企てであった（愛知県東浦町立緒川小学校，1983）。また，オーストラリアのヴィクトリア州のように，学問・芸術・体育・技術・ゲームなどを含む広い領域で特別に才能をもつ子どもを個別指導するボランティア活動を，教育行政側が組織化した 'Mentor Program' が実施された (Education Department of Victoria, 1985)。さらに，アメリカのニューヨーク州のある地域社会をベースとして，青年とおとなとの結びつきを形成しようとするプログラム (Linking Up Program) の試みもあった (Hamilton, 1988)。これらの実践は，比較的恵まれた環境下にある子どもたちを対象にしたものであったが，それがうまくいった場合には，たんに青少年の学習と発達だけでなく，教師にもボランティアにもプラスの影響があると期待できる。これらは近年に日本で導入された総合学習の一つの形態としても参考になる。相互に隔離され，孤立化の傾向を増しつつある家庭，学校，そして地域社会が，どのようにして有効な連携を組み立てられるかは，最近ではますます重要な課題となっている。

6.4.3 親によるモニタリングの影響

　親が子どもの学習や生活実態についてどれほどよく知っていて，必要によって指導したり環境条件を整えたりするかが，子どもの成績と関連することを示した研究がいくつかある。これは子どもに対しての親のモニタリングの問題として取り上げられてきた。小学生をもつ母親が仕事に就いていることが当たり前になったアメリカの研究は，中流家庭で，両親が共働きをしている場合とそうでない場合とを比較すると，前者の子どもの学業成績がやや劣る場合があることを見出した。その原因の一つは，両親が働いている場合に子どもを効果的に指導できないからではないかと推測されている。すなわち，共働きの家庭では，子どもが学校でしている活動と成績への関心，宿題をしたかのチェック，社会的行動の発達を育てる友人関係の奨励，そして家庭での行動の生活習慣の監督などの点で不行き届きになりやすい可能性がある。

　実際，共働き家庭と母親が働いていない9〜12歳児を対象としたクラウターたち（Crouter et al., 1990）の研究では，両親が子どもの毎日の活動を正確に知っている（よくモニタリングしている）家庭の子どもよりも，それをよく知らない家庭の子どものほうが，成績が低いことを見出した（図6.7）。そして，

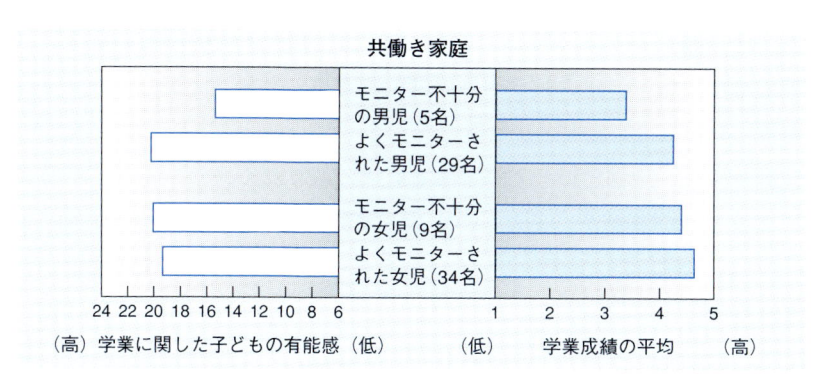

図6.7　親による子どものモニタリングと，子どもの学業成績・有能感
（Crouter et al., 1990から作図）

親のモニタリングが少ない共働き家庭の男児は，他の群の子どもよりも，自分の行為をマイナスに評価していた。ただし，この研究のサンプル数が小さいために，結果が信頼できるものかは今後の研究の蓄積を待つ必要がある。

わが国で，この種の比較をするときには，子どもが学習塾（何を目的としたどのようなタイプの塾）や稽古事等に通っているか，学童保育のような組織がどれほど整備されているか，子どもに関する社会的支援体制（7章参照）が整っているかなどの要因も，考慮に入れる必要がある。また，学業成績だけでなく，仲間関係を含めた子どもの生活全体への影響に目を向ける必要がある。モニタリングが過度になされて子どもの生活全体を監視し統制することは問題である。しかし逆に，子どもの生活や心の動きに対して放任・無関心な親がもつ問題性は，児童期だけではなく中学・高校生の段階でも見過ごせない。

■ まとめ

1. 子どもの学習過程と結びつく教え方を扱う教授心理学の領域では，思考，知識獲得，そして学習者と教師がもつ達成に関わる原因帰属のスキーマなど，実践に結びつく研究が進められている。
2. 子どもの学業達成（アチーブメント）には，子どもと学校側の条件だけでなく，家庭の要因や親によるモニタリングが重要な役割を果たしている。
3. 家庭と学校のありようも，社会的・文化的要因の影響を強く受けている。家庭や学校は，特定の社会がもつ文化的背景のもとで，子どもの価値観・動機づけ・自己意識などに影響を与える。
4. 家庭や学校，地域といった子どもを直接に取り巻く複数の場が，どのように連携しているかが，子どもの生活と学習に影響する。その場の間の関係（ブロンフェンブレンナーがいうメゾシステム）も，文化による規定を受ける。

[**参 考 図 書**]

東　洋（著）　柏木惠子（編）　1989　教育の心理学：学習・発達・動機の視点　有斐閣

市川伸一　2002　学力低下論争　筑摩書房

北尾倫彦　1991　学習指導の心理学：教え方の理論と技術　有斐閣

北尾倫彦（編）　1994　自己教育の心理学　有斐閣

Lewis, C. C. 1995 *Educating hearts and minds: Reflections on Japanese preschool and elementary education.* Cambridge: Cambridge University Press.

日本教育心理学会（編）2003　教育心理学ハンドブック　有斐閣

野嶋栄一郎（編）2002　教育実践を記述する：教えること・学ぶことの技法　金子書房

大村彰道（編）1996　教育心理学Ⅰ：発達と学習指導の心理学　東京大学出版会

滝沢武久・東　洋（編）1991　応用心理学講座9　教授・学習の行動科学　福村出版

臼井　博　2001　アメリカの学校文化　日本の学校文化：学びのコミュニティの創造　金子書房

社会性の発達

- 社会性とは何か？ ── 社会性と社会性の発達，社会的コンピテンスの発達
- 社会性の諸側面の発達について ── 向社会的行動，道徳性，養護性，攻撃性
- 社会的相互作用は子どもの発達にどのような影響を与えるか？ ── 社会的相互作用と発達の理論，遊びや共同活動，ソーシャル・サポート

　本章では，子どもの社会性の発達というテーマを扱う。まず，社会性とは何かについて述べ，次いで人間関係を結ぶ上で重要な社会的コンピテンスや社会的スキルについて説明する。その中心テーマは，人間関係の中で相手の感情や意図をどのように理解するか，その能力はどのように発達するか，社会的スキルと社会的適応との関係はどうか，といった問題に関するものである。

　次に，社会性の発達の重要な側面について，児童期のデータを中心に説明する。まず，向社会的行動について，その概念を説明し，共感性が向社会的行動にどのような影響をもたらすか，どのような親子関係が向社会的行動を育むか，人間関係のあり方が向社会的行動のモデリングにどのような影響を与えるかについて考える。道徳性について，それは慣習とどのように異なるか，道徳判断はどのように発達するか，道徳性は文化の影響を受けるかどうかについて検討する。また養護性について，その概念について説明し，養護性はどのように発達するかを考える。そして攻撃性について，フラストレーションとの関係，攻撃行動のモデリング，自己制御と攻撃行動との関連について考察する。

　最後に，他者との相互作用が，子どもの発達にどのような影響を及ぼすかについて考察する。その中で，子どもの遊びが，子どもの社会性のどのような側面にどのような影響を与えるかについて取り上げる。また，周りの人々からのソーシャル・サポートが子どもの発達にどのようにかかわるか，とくに児童のストレスに対してどのような効果をもたらすかについて検討する。

7.1 社会性と社会的コンピテンス

7.1.1 社会性と社会性の発達

社会性とは，人格の社会的な側面で，社会的適応行動の基礎にある個人の特徴を指す。たとえば，仲間との集団活動にどのような参加の仕方をするか，年下の者の立場が分って思いやることができるか，善悪の判断が的確にできるかなどは，社会的適応行動の重要な側面であり，個人の社会性の反映だと見なすのである（小嶋，1991）。社会性には，社会的認知，社会的動機づけ，行動様式，価値観，社会的態度，社会的スキルなどが関与しているといえる。このような自分が所属している社会の行動様式や価値観等を身につけていく過程を社会化（socialization）または社会性の発達（social development）と呼ぶ。

一般に不適応な社会的行動は，反社会的行動と非社会的行動に分類される。反社会的行動というのは非行や暴力のように社会の規範やルールを破ったり，多くの人々に害をもたらす行動を指している。それに対して非社会的行動というのは，友だちがいない，ひきこもるなどのように人々との交流を断つ，避けるというような行動である。不適応な社会的行動とは反対に，たとえば困っている人を助けるというような，人々の役に立つ行動は向社会的行動と呼ばれている。

7.1.2 社会的コンピテンスの発達

1. 社会的コンピテンスと社会的スキル

社会的コンピテンス（social competence）というのは，人が他の人々との間でよい相互作用をする能力を指し，相手の意図や感情を理解する認知能力をとくに重視している（小嶋，1991）。状況との関連の中で，相手の行動の文脈や相手自身の特徴から，相手の意図や感情を読みとる能力は，よい人間関係を結び維持するためにきわめて大切なものである。したがって，社会性の発達を人間関係への適応という意味でとらえた場合，社会的コンピテンスはその中核的な位置を占める。またここで，相手とよい相互交渉をもつための社会的スキル（social skill）は社会的コンピテンスの中の重要な側面としてとらえられるが，研究者によって概念が一致していないのが現状である。

対人行動の生起する過程をイメージするために，相川・津村（1996）は社会的スキルの生起過程モデルを提出している．それによると，対人行動は，①相手の対人反応の解読からはじまって，②対人目標の決定，③感情の統制，④対人反応の決定，⑤対人反応の実行に至り，ふたたび①の出発点に戻るというようなループを描く．彼らはこの全過程を社会的スキルと呼んでいるが，一般的には社会的スキルといえば，④対人反応の決定と⑤対人反応の実行，を指すことが多い．

2. 相手の感情や意図の理解

相手の感情や意図をどれほど正確に理解できるかは，相手との相互作用（相互交渉）をうまく発展させていく上で必須の要件である．2, 3歳頃から子どもは愛着対象（養育者）との間に，パートナーシップの関係を発展させることが多い（ボウルビィ，1976）．それには，それまでの社会的相互作用の歴史とともに，認知発達によって，相手がなぜそうするのか，あるいは何をしようとしているのかといった，行動の動機や目標の洞察が可能になることも関係している（小嶋，1991）．

また，2歳ぐらいまでに子どもは人の内的状態に対してある程度は適切に振る舞えるようになるし，内的状態を語れるようにもなる（久保，1992）．他の人の表情（顔の表情，声の調子）の認知も早くから可能であり，その認知の正確さを増していく．さらに，4歳児はすでに，人はどのような状況下でどのような感情をもち，どのような表情をするものであるかを，かなり正確に理解している．そこには早いうちから文化による情緒表出の社会化の作用が認められるのであり，比較文化的研究の対象となっている（小嶋，1991）．そして，幼児期の終わり頃までに，人の内的世界について基本的には対象化して理解できるようになり（久保，1992），心の理論（theory of mind）（4章参照）として研究されている（子安，1999）．後述するように，他者の視点をとることのできる視点取得（perspective taking）は，やさしさや思いやりの媒介変数となるが，児童期によく発達する．

子どもの情報処理のパターンには個人差があり，子どもが社会的状況に直面するとき，それが子どもの社会的行動に影響する．さらに，子どもの社会的行

3. 社会的スキルと適応

菊池 (1988) は，社会的スキルは対人関係を円滑に運ぶための技能で，相手から肯定的な反応を得ることができ，否定的な反応は避けることができるような技能だと定義している。そして，彼はそのような社会的スキルを測定するための尺度を作成している。

仲間関係に適応していくためには，積極的に「仲間に入れて」と言えるような自己主張 (self assertion) 機能が必要であるし，自己の欲求や行動を抑える自己抑制 (self control) 機能も必要である。この自己主張や自己抑制のバランスをとりながら適応していくのが自己調整 (self regulation) 機能であるが，これは社会的スキルの根底にある重要な機能である。

幼稚園などで，うまく仲間に入れてもらえる子どもとそうでない子どもを観察すると，その行動特徴に違いが見られる。うまく仲間に入れてもらえる子どもは，仲間の子どもたちのすることや状況をよく見ていて，ゆっくりと集団の中に入っていく。そして，仲間と意見が違うときもみんなが納得するような案を出すことができる。それに対して，仲間にうまく入れてもらえない子どもは，人のやりとりを中断したり，自分に注意をひこうとすることが多く，人の意見に反対することが多い (藤﨑，1992)。そして，このような子どもの特徴は，後の仲間集団での地位に影響し，人気を得られるか得られないかはこのような社会的スキルの有無にかかっているとされる (Putallaz, 1983)。

社会的スキルの乏しい子どもには，引っ込み思案，対人不安，孤独感，攻撃性などの問題行動を示す子どもが多い。そのような子どもも，社会的スキルのトレーニングを受けることによって，適応上の問題を軽減することができる。相手の対人反応の解読が適切でない子どもには，解読のゆがみについて説明して，自らのゆがみに気づかせ，適切な解読の仕方を具体的に教える，対人反応が不適切な子どもには，適切な反応の仕方を教え練習させるのである (相川・津村，1996)。その社会的スキル・トレーニングの代表的なものを表7.1 に示す。この中で，最近は主張性スキル (assertion skill) が注目されている。

表 7.1 トレーニングのための代表的な社会的スキル（佐藤，1996）

■**主張性スキル**（バッド，1985；ベッカーたち，1990；ミチェルソンたち，1987）
- 相手にして欲しいことをリクエストする
- 自分の感情や意見を率直に表現する
- 不合理な要求を断る
- 他人の意見に賛否をはっきり示す
- アイコンタクト，声の大きさ，話の反応潜時と持続時間，笑み，表情を適切に表わす。

■**社会的問題解決スキル**（ポープたち，1992；ネズたち，1993）
- 問題に気づく
- 沈思黙考する
- 目標を決める
- 可能な解決策をできるだけ多く案出する
- それぞれの解決策から生じる結果について考える
- 最もよい解決策を選ぶ
- この解決策を実施するための計画を立てる

■**友情形成スキル**（バッド，1985；ポープたち，1992；マトソンとオレンディック，1993）
- 相手の話を聞く（相手の話を遮らない，相手の話を理解していること，相手の話に関心を持っていることを表現する）
- 質問する
- 相手を賞賛，承認する
- 遊びや活動に誘う
- 仲間のグループにスムーズに加わる
- 協調的なグループ活動に参加する
- 援助（手助け）を申し出る
- 順番を守る
- 分け与えをする
- 遊びや活動を発展させるコメントや提案をする
- 仲間をリードする

7.2 社会性発達の諸側面

本節では，社会性の発達の中で，重要なテーマであり比較的よく研究されている向社会的行動，道徳性，養護性，攻撃性に焦点を当てて説明する。

7.2.1 向社会的行動の発達

1. 向社会的行動の概念

向社会的行動（prosocial behavior）というのは他者の利益や他の人の助けになるような行動である。その場合，ある程度のコスト（犠牲）を伴っており，相手からの外的な報酬を目的とせず，自発性にもとづいているという3つの条件をある程度満たす行動だとされている（菊池，1984）。具体的な行動として，広義には分与，寄付，協同，同情，共感，援助，親切，寛容などが含まれている（高木，1982）。これと類似の概念として，援助行動（helping behavior）や愛他行動（altruistic behavior）と呼ばれるものがある。愛他行動は援助行動の一部であり，援助行動は向社会的行動の一部である。愛他行動においては動機が重視され，愛他心に根差した援助行動が愛他行動と呼ばれ，援助行動の中には愛他行動と呼べないものも含まれている（中村，1987）。その例として，たとえば，人から非難されないために老人を介護をするというような場合が考えられる。

どのように向社会的行動が生じるかを考える場合，その促進動機と抑制動機との相互作用に注目する必要がある。促進動機には愛他心，社会的承認，道徳観，共感，良心，親密さ等の動機が，それに対して抑制動機には利己心，配慮，他者意識，余裕のなさ，自信のなさ等の動機が発見されている（森下・信濃，1995）。このような中で，従来から共感性に関する因子について，多くの研究がなされてきた。

2. 共感性と向社会的行動

共感性（empathy）というのは，状況や他者の気持ちを理解した上で，他者と同じような情動的反応を経験することだと考えられている。従来の研究では，前者は共感性の認知面，後者は感情面（情動面）に当たるものである（Davis,

1983；Radke-Yarrow et al., 1983；澤田，1992）。菊池（1984）は，向社会的行動が生じるプロセスの中で，状況の認知（気づき）からはじまって意志決定に至る過程を媒介する要因として，向社会的判断と共感性，役割取得能力を挙げている。そして，共感性については，相手の情動の状態を弁別してそれに命名する能力，相手の考えや役割を予想するより高度な認知能力（役割取得能力），相手と同じ情動を共有する能力の3つを区別している。

共感性の認知面にポイントを置いた研究では，他者や自己の情動の認知の正確さに重点を置いている（Feshbach & Roe, 1968）。それに対して，情動面にポイントを置いた研究では，血圧や心拍数の変化などの生理的プロセスに注目したり（Krebs, 1975），あるいはかわいそうな動物のビデオ場面を見るときの顔の表情の分析を行ったりしている（首藤，1985）。

幼児・児童に関しては，共感性を認知の側面から測定しても情動の側面から測定しても，これまで向社会的行動との間に一貫性のある明確な結果が得られていない（Eisenberg-Berg & Mussen, 1978；桜井，1986）。そこには共感性の測定の問題も関連している。幼児を対象にさまざまな場面での観察や，教師の評定などのいろいろな角度から，向社会的行動，視点取得，共感性について測定し分析した研究では，共感性と向社会的行動との関連は，測度の種類によって異なっており一貫性がなかった（Iannotti, 1985）。

森下（1990）によれば，「悲しい物語や映画を見ていると，つい泣いてしまうことがある」などのような，共感性の情動的側面（感受性）は，実際の援助行動や援助行動のモデリングに対して効果をもたなかった。つまり，「感受性」の高い幼児の中には，他者に対する援助が必要だという状況に気づいていない幼児が多くいたのである。また，4年生を対象とした研究の結果，女子について，情動得点が高くて認知得点の低い者は，VTRに示されたいじめられている主人公に対する否定的態度を示す者が多かった（森下・仲野，1996）。この2つの研究結果から，認知的側面が低く情動的側面の強い子どもは，このような状況から引き起こされる自己の情動に焦点化してしまい，相手の立場や状況を理解することが弱いという可能性がある。

さらに，このような共感性の効果には，原因帰属（attribution）（6章参照）

における統制可能性が影響すると渡辺・衛藤（1990）はいう。つまり，統制不可能な条件（身寄りのない貧しいおばあさん）では共感性の効果（共感性が高い者ほど援助が多い）があるが，統制可能な条件（お金を無駄遣いをするおばあさん）では共感性の効果がない。共感性の高い人は，事態が統制不可能であったと予測した場合は同情の感情を，統制可能であったと予測した場合には怒りの感情を強く抱くことになる。逆に，共感性の低い人は，統制可能性の次元まで推測せず，他者が苦しいという最初の認知にもとづいて向社会的行動を行う。したがって，共感性の高い者ほど，統制不可能条件における援助量と，統制可能条件における援助量との差が大きいと，彼女たちは考察している。

3. 親の態度と向社会的行動

従来の研究によれば，やさしくて愛情深い親の子どもほど向社会的行動が多い（Londerville & Main, 1981）。佐藤哲夫（1982）が保育園児と小学校3，6年生を対象として愛他性の程度を研究したところ，親の説明的しつけや**誘導的しつけ**（inductive discipline）は，子どもの愛他性に対して促進効果があった。さらに，3年生では親の態度を寛容的・許容的であると認知しているほど愛他性が豊かであった。つまり，親の愛情ややさしい態度・行動が，子どもの愛他性や向社会的行動の形成にプラスの影響を与えるということを示唆している。

それに対して，母親の愛情と幼児の思いやり行動との間には関連がなかったという研究結果（Hoffman, 1963；川島，1979）や，児童の家庭の社会階層や児童の性別によって両者の関連は異なっていたという研究結果（Hoffman & Saltzstein, 1967）も見られる。このように，研究結果には多くの要因が関与しているが，親の愛情や愛他的な態度の中で，どのような親子の相互作用が行われているかを明らかにする必要があると考えられる。

4. 人間関係と向社会的行動のモデリング

向社会的行動を促進する要因の一つとしてモデリング（modeling）が挙げられる。モデリングは共感を喚起し，具体的な向社会的行動へと子どもを方向づける機能をもつと考えられる。従来の多くの研究において，親の愛情ややさしい態度・行動が，子どもの向社会的行動の発達にプラスの影響を与えると示唆されているが，そこには，親の愛他的な養育行動自体が子どもにとってのモデ

ル行動になっている可能性がある。

　モデルと子ども（観察者）との関係が，向社会的行動のモデリングに対してどのような影響を与えるか。多くの研究は，子どもに対して受容的・養護的な親和モデルのほうが，非親和モデルよりも向社会的行動のモデリング効果が大きいということを示している（Yarrow & Scott, 1972；後浜，1981）。

　幼稚園児と担任教師に関するモデリング研究において，教師を受容的だと認知している女児には，教師の愛他行動についてのモデリングが多く生じ，教師を拒否的だと認知している男児には，教師の攻撃行動についてのモデリングが多く生じた（森下，1985）。このように，モデルと子どもとの関係は，モデル行動の種類によって異なったモデリング効果を生むということになる。したがって，親子関係においても，その関係がよい場合は愛他行動のモデリングが，悪い場合は攻撃行動のモデリングが，日常生活の中で多く生じているという可能性がある。そこには親子関係の特徴が育む共感性や攻撃性が媒介していると考えられる。

7.2.2　道　徳　性

　今日，学校や社会において児童・生徒の問題行動が増加しているという中で，改めて道徳性について考えることが要請される。道徳性は，社会の規範や慣習を尊重する意識から，また公正さや思いやり，対人関係への配慮を重視する観点から研究されている。そして最終的には，道徳性は自己の生き方と密接に関係している。

　道徳性は，道徳判断，心情，行為の3つの側面に分けて考えられている。つまり道徳性は，何が正しくて何が不正であるかの判断ができ，そうしないではいられないという心情があって，実際に行為するという一連の流れである。道徳性の発達に関する研究の多くは，道徳的判断の発達的変化を記述する研究である。現実の道徳的行為に関しては，状況に関する多くの変数の影響を受け複雑なので，研究は少ないが，重要な研究テーマである。

1. 慣習と道徳

　道徳性と慣習は区別される。チュリエル（Turiel, E.）は，慣習は社会集団や

文化の影響を受けるのに対して，道徳性は普遍的絶対的であるという（二宮，1992）。また，慣習は社会集団の合意により変更できるのに対して，道徳性はそれができないとされる。慣習は，社会のメンバー間の相互作用を調整するもので，行儀が悪いとかマナーに反した行為が非難される。それに対して道徳性は，殺人や盗みのように，それを犯すことが他者の人権や福祉に害を与える行為である。

現実には道徳性と慣習の機能や作用は互いに重複し交錯し合っている。しかし，慣習に違反し非難されるとき，それは道徳性とは異なるものとして自覚される。道徳性と慣習の違いをはっきりと認識した上で，徳目主義ではなく，何が善であり，何が悪であるかを自ら判断し選択することによって，初めて道徳性が育っていくと，二宮（1992）は指摘している。なお，道徳性も歴史・社会・文化的な影響を受けざるを得ない。山岸（2003）は，同じ小学校における22年後のデータの比較から，みんなで決めた規則は「多数決で変えられる」と考える者は減少し，「先生がいいと言えば変えていい」とする者や「変えられない」とする者が増加していることを確認している。

これまでの研究では，わが国の小学校低学年の児童は慣習と道徳を区別していないが，高学年になるまでには明確に区別するようになっている。中学生からとくに問題になる校則は，慣習に関連しており，それが社会的相互作用を調整する上でどのような意味をもっているのかについて，生徒や教師自身にも理解できないものが多いところに問題がある（小嶋，1991）。

2. 道徳的判断の発達

ピアジェは，以下のような対になった例話を聞かせて，どちらの行為者のほうが悪いかを，子どもに判断させている（BOX7.1）。そして，AよりもBの子どものほうが悪いとする発達的移行がいつ起こるかに注目して分析している。

ピアジェ（Piaget, 1957）の道徳的判断説は，行為の善悪を「行為の結果にもとづいて判断する（客観的責任判断）」から「行為の意図・動機にもとづいて判断する（主観的責任判断）」への移行，一般に「他律」から「自律」への発達と言われている。二宮（1980）は，この発達段階をさらに，①行為者の意図を考慮しない段階，②意図よりも結果を重視する段階，③結果よりも意図を重視する

7.2 社会性発達の諸側面

> **BOX 7.1　子どもの道徳的判断を調べる典型的例話**(ピアジェ, 1957)
>
> 　Aという子どもが自分の部屋にいた。Aは,「ご飯ですよ」と呼ばれて食堂に入っていった。ところが, ドアの後ろに椅子があって, その椅子の上には15個の茶わんを載せたお盆が置いてあった。そんなことをちっとも知らなかったAがドアを開けたところ, ドアがお盆にぶつかって, お茶わんが落ちて, 15個みんな割れてしまった。
>
> 　Bという子どもがいた。お母さんが留守のときに, Bは戸棚の中の入れ物からクッキーを取ろうとした。Bは椅子の上に乗って手を伸ばした。しかしクッキーの入れ物はとても高いところに置いてあったので, 手が届かなかった。さらに取ろうとしているうちに, 手が茶わんに当たってしまい, お茶わんが1つ落ちて割れてしまった。
>
> 【質問】AとBは同じくらい悪いでしょうか？　2人のどちらが悪いでしょうか, そしてそれはどうしてですか？

段階, ④意図だけを考慮する段階に細分化している。

　ピアジェの道徳判断全般について, 表7.2のように簡潔にまとめている(二宮, 1985)。結果より動機重視への発達の方向性は, 西洋でもわが国でも, 結果よりも動機に重点を置いて判断を下す法律の体系をもっていることと, 無関係ではないであろう。自分の行為に対する責任感は, 行為者に責任があるのだとする社会化の影響のもとで, 子どもが責任感をもつように導かれるところから生じるのだと考えられる(小嶋, 1991)。

　このピアジェの理論を発展させたのがコールバーグ(Kohlberg, 1985；1987)である。彼は次のような例話(道徳的ジレンマ)を提示し, 主人公の行為の是非とその理由を問うている。「重い病気で死にかけている妻を助けるために, 夫(ハインツ)は高額の特効薬を買うために金策に走り回るが, どうしても全額が集まらず薬屋にいろいろ頼んでもだめで, 万策尽きて, とうとう強欲な

表 7.2 ピアジェの道徳的判断の研究の概要(二宮, 1985)

領　　域	拘束（他律）の道徳性	協同（自律）の道徳性
規則	規則は神聖なもので，変えることはできない	合法的な手続きで，同意によって規則は変えられる
責任性	行為の善悪を，行為の結果にもとづいて判断する〔客観的責任判断〕	行為の善悪を，行為の意図・動機にもとづいて判断する〔主観的責任判断〕
懲罰の観念	懲罰は必要で，厳格なほどよい〔贖罪的懲罰〕	贖罪を必要とは認めず，相互性による〔賠償的懲罰〕
集団的責任	犯人を告げないなど，権威にたいし忠実でないと集団に罪がおよぶ〔集団的責任〕	集団全体を罰すべきではなく，各人をその行為に応じて罰する〔個人的責任〕
内在的正義	悪い行為は自然によって罰せられる〔内在的正義〕	自然主義的な因果関係による〔自然主義的正義〕
応報的正義	応報的観点から判断する〔応報的正義〕	分配（平等主義）的観点から判断する〔分配的正義〕
平等と権威	権威による命令を正しいとし，権威への服従を選ぶ	平等主義的正義を主張し，平等への願望を選ぶ
児童間の正義	規則による権威に訴える	同じ程度で懲罰をしかえすことは正当で，協同あるいは平等に訴える

薬屋からその薬を盗んだ」という道徳的葛藤場面について，「ハインツはそうすべきだったか，そうすべきでなかったか，その理由は何か」と問う。このような道徳的葛藤場面での反応に，個人の道徳的判断が反映されると彼は考えたのである。その回答を分析してコールバーグは表 7.3 のような発達段階説を提唱した。彼は公正さの概念を問題にしており，彼の発達段階説は，慣習以前の水準，慣習的水準，慣習以降の水準へと発達するという 3 水準 6 段階説である。

3. 道徳性と文化

現在までのところ，多くの文化での道徳的判断の発達に順序性があることが示されている（小嶋，1991）。ただし，日本や台湾でのデータの中には，段階

表7.3 コールバーグの道徳判断の3水準・6段階 (小嶋，1991)	
段階	解説と，例話で「薬を盗んだのは正しい／間違っている」とする理由
《水準1　前慣習の水準》	
I	**服従と罰への志向**：罰せられることは悪く，罰せられないことは正しいとする。「盗みは罰せられることだから，盗んだことは悪い」
II	**手段的欲求充足論**：何かを手に入れる目的や，互恵性（相手に何かしてお返しを受ける）のために，規則や法に従う。 「彼が法律に従っても，得るものは何もないし，また，薬屋に何かの恩恵を受けたこともないから，盗んでもよい」
《水準2　慣習の水準》	
III	**「よい子」の道徳**：他者（家族や親友）を喜ばすようなことはよいことであり，行為の底にある意図に目を向け始める。 「盗みは薬屋はもちろんのこと，家族や友人を喜ばすものではない。しかし，いのちを助けるために盗んだのだから，正しいと思う」
IV	**「法と秩序」志向**：正しいか間違っているかは，家族や友人によってではなく，社会によって決められる。法は社会的秩序を維持するために定められたものであるから，特別の場合を除いて従わなければならない。 「法を破った点では，彼は悪い。しかし，妻が死ぬかもしれないという特別の状況にあったのだから，完全に悪いとは言い切れない」
《水準3　脱慣習の水準》	
V	**「社会契約」志向**：法は擁護されるべきであるが，合意によって変更可能である。法の定めがあっても，それより重要なもの（人間の生命や自由の権利など）が優先される。 「生命を救うために，彼が薬を盗んだのは正しい行為である」
VI	**普遍的な倫理の原理**：生命の崇高さと個人の尊重にもとづいた，自分自身の原理を発展させている。大部分の法律はこの原理と一致しているが，そうでない場合には，原理に従うべきである。 「生命の崇高という普遍的な倫理の原理は，どのような法律よりも重要であるから，彼が薬を盗んだのは正しい」

注）表では，「盗んだのは正しい」，あるいは「間違っている」とする一方の場合の理由づけの例を示している。しかし，逆の判断に伴う理由づけも，それぞれの水準について同様に成り立ち得る。理解しやすくするために用語を変えたところがある。

間の移行がアメリカのそれとは違うことを示したものがある（永野，1985）。山岸（1985）のデータは，日本の子どもはアメリカの子どもより早期からコールバーグの段階Ⅲの判断を示すが，長い年月そこに留まることを示唆している。これは，日本の子どもの多くが，自分の行為が他者にどう思われるか，どう言われるかを気にすることによっている。また，互恵性の重視や，慣習的ルールの強調といったわが国の文化の条件が絡んでいる可能性もある（東，1994）。そのほか，伝統的価値を保持している非西洋諸国では，段階ⅤやⅥだけでなく，Ⅳに達するおとなもまれな文化のあることがすでに報告されている。

　第2次世界大戦におけるナチス・ヒトラーのユダヤ人虐殺を思うとき，それに加担した人と，それに抵抗した人の道徳性はどのようなものであったのだろうか。私たちはそのような状況に立たされたとき，どのように振る舞うだろうか。コールバーグの発達の最終段階「普遍的な倫理の原理」は，少なくとも筆者に明確な示唆を与えてくれる。

　アイゼンバーグ（Eisenberg, 1982）によると，コールバーグの研究は，罰，規則，権威などに関する道徳的ジレンマについての道徳判断がテーマであるとして，新たに向社会的行動の発達段階の研究の必要性を強調した。また，ギリガン（Gilligan, 1982）は，「コールバーグの理論は男性中心の公正さについての道徳性で，女性は人間関係，気配り，共感などを主要原理とする『配慮と責任の道徳性』であり，男性の『公正の道徳性』とは異なる」とした。ギリガンの指摘は人間関係を大切にする日本人の道徳観によくマッチしていると考えられる。道徳性は，ある程度は文化的相対性のある概念であるから，道徳的判断の基準の獲得も，一つの普遍的尺度に照らした記述だけでは，必ずしも発達のコース全体を十分に記述できるとはいえない。

7.2.3　養 護 性

1.　養護性の概念

　養護性（nurturance）というのは，「相手の健全な発達を促進するための共感性と技能」のことを指す（フォーゲル・メルソン，1989）。赤ん坊の世話をすること，ペットと楽しげに遊び世話をすること，しおれかけた草花に「かわいそ

うにねえ」と言いながら水をやること，あるいは疲れている親を慰めようとすること，これらはすべて，養護性の現れと見なせ，やさしさや思いやりとも関係して，人間の社会性の重要な側面だといえる（小嶋，1991）。

　養護性にもとづいた行動は向社会的行動の一側面だとも言えるが，相手の発達の促進を強調するところに，養護性という概念の特徴がある。向社会的行動の研究の多くには，子どもはもともと自己中心的で他者に共感できない状態から，他者の視点の理解や共感によって愛他的行動が可能な状態へと，発達的変化をするのだという発想が，暗黙裡にあったのではないかと考えられる。また，児童期に入るずっと以前から，その発達を考える点でも，養護性は共感性と区別されると指摘されている（小嶋，1991）。

2. 養護性の発達

　この養護性は，子どもが親とのパートナーシップの段階に入るとした時期と重なって，子どもの中に現れてくる。子どもがごっこ遊びの中で人形やぬいぐるみの世話をしたり，弟・妹たちの面倒を見たりするときに，「世話している対象の中に自分の姿を認めるとともに，世話してくれるモデルの姿を自分の中に認める」という，主体と対象の立場の共存が起こっているのではないかと推測される（小嶋，1991）。

　子どもにとっての親は，「世話してくれるモデル」に当たる。親にやさしくしてもらった経験を頭の中に表象として蓄えておいて，それを呼び出しながら，子どもは人にやさしくするのではないかというのが，一つの理論である。両親が受容的な場合に子どもの養護性が高いという事実（森下，2002）は，親が養護性のモデルになっている可能性を示唆する。

　このような養護性は，普通は年下の者や弱い者に向けられる。しかし，同年齢の仲間や年上の人が，一時的にでも力を失っていると気づけば，幼児でも，それらの対象にも養護的行動を向ける。そして小学校の半ば頃からは，お年寄りや疲れている親を気遣う子どもが増えてくるが，これも力を失っている相手に共感でき，何が相手の慰めになるかを理解して出てきた行動といえる。何を対象としてどのような養護的行動を示すかは，年齢によって変わる。わが国では，幼児期の終わりから児童期の後半にかけて，年下の子どもに向けられた養

護行動は減少し，生きものに対するそれは増加し，そしておとなに向けられたそれは変わらないという傾向が見出されている（小嶋, 1991）。

　乳児のいる保育園の女子が，それのいない幼稚園の女子よりも養護性が高いという結果が得られた（森下, 2003）が，これには保育園児のより年長の子どもやより年少の子どもとの交流経験の豊かさが影響している可能性がある。養護性の育成にとってこのような交流体験が重要だという視点から，中学校・高等学校の中には，保健所の健診時等において，赤ちゃんとの交流体験を取り入れているところがあり，その成果が報告されている（清水凡生, 1999）。

7.2.4 攻撃性
1. 児童の攻撃性の特徴

　攻撃行動（aggressive behavior）というのは，一般的に，肉体的，言語的な威嚇や暴力によって他人の身体や心を傷つける行為だと考えられている。それには，傷つけようという意図を伴った行動と限定したほうがいいという考え方もある（Parke & Slaby, 1983）。攻撃行動を媒介するものとして**攻撃性**（aggression）が想定されており，それは腹立たしい，いらいらするというような攻撃行動を生じさせる心の活性状態（態度）と考えられる。これは社会性のネガティブな側面だといえる。

　日頃の小・中・高校生の攻撃性の強さを比較した結果（森下, 1998），男子では攻撃性得点が学年とともに上昇していた。女子では小学生から中学生にかけて攻撃性得点が上昇しているが，高校生は中学生と同じ水準であった。このように，小学生の攻撃性は比較的低く性差がない，つまり女子も男子と同じような攻撃性の高さを示していた。

　最近，児童の「キレる」ということが教育的，社会的問題になっている。これは本来，積み重なった**フラストレーション**（frustration）の重みに耐えられなくなってダムの堰(せき)が決壊するように，攻撃性が一気に流れ出してしまう状態だといえる。最近ではちょっとしたことでキレる子どもが目立っている。

2. フラストレーションと攻撃行動

　従来，フラストレーションが攻撃行動を生じさせ，また攻撃行動の背景には

必ずフラストレーションがあると考えられてきた（欲求不満－攻撃仮説；Dollard et al., 1939）。確かにフラストレーションが高まれば攻撃行動は強くなることが多い。

　フラストレーションがどのような条件のもとで攻撃行動を誘発し促進するかについて，中村（1976）は次のように指摘している。

① 環境要因による妨害と他者からの攻撃
　他者からの攻撃は攻撃行動を誘発しやすいが，人以外の環境要因によって欲求が阻止されたときは，攻撃行動が表出されるとは限らない。

② フラストレーションの原因の合理性
　フラストレーションの原因が自分に納得のいくものかどうかが重要であり，不合理に思えるときは攻撃反応も多くなる。

③ 攻撃行動への手がかりの有無
　フラストレーションは一般的な情動を高め，環境内に攻撃行動を引き出す手がかりが存在すると，具体的な攻撃行動が生じる。

④ 攻撃反応がもたらす結果についての見通し
　攻撃反応を表出することが自分にマイナスの結果をもたらす危険が大きいときは，当面の対象への攻撃行動は抑制される。

⑤ カタルシス
　攻撃反応を表出すれば，心理的緊張が静められるという説であるが，この点ははっきりしない。

　フラストレーションは攻撃行動を引き起こす重要な要因ではあるが，そのすべてを説明する要因とはなり得ない（Bandura, 1973；森下, 1996）。今日では，フラストレーションが必ずしも攻撃行動を導かず，また攻撃行動の根底に必ずフラストレーションがあるとはいえないということが明らかとなっている。バンデューラの社会的学習（モデリング）理論によれば，フラストレーションの有無にかかわらず，また強化がなくてもただモデルの攻撃行動を観察するだけで攻撃行動が生じるという。

3. 攻撃行動とモデリング

　攻撃行動は，社会的文化的背景のもとで，現実の人間関係の中で形成される。

古くから，母親の罰が厳しいほど子どもの攻撃性は強いという結果が示されている（Sears et al., 1957）。また親の統制的な態度は，一般に子どもの反抗的，攻撃的反応を引き出す（末田たち，1985）。しかし，従来の研究では罰の厳しさや力中心の養育ストラテジー（高圧的統制的態度）と攻撃性との関連には性差や階層差が見られ，結果は必ずしも一義的ではない（Hoffman & Saltstein, 1967）。

攻撃性や攻撃行動の表出には社会や文化の影響が大きい。その社会や文化が，攻撃性や攻撃行動はできるだけ抑制すべきだと考えるか，進んで表出すべきものと考えるか，さらに，攻撃行動が欲求実現の手段として，社会や文化から認められているかどうかが影響する。

フラストレーションは攻撃行動へのレディネス（活性状態）を作るが，先に述べたように，攻撃行動が起こるためには攻撃的手がかりが必要であると言われている（Berkowitz, 1974）。モデリングにおいて，攻撃的モデルの観察は，攻撃の手がかりをを与えるとともに，攻撃行動を遂行した結果や効果に対する情報を与える。それにもとづいて制止や脱制止が起こり，モデリング効果が生じるということになる（Bandura, 1973；Berkowitz, 1974）。

攻撃行動の多くは，親や仲間のような身近な人のモデル行動の観察によって獲得されると考えられている。バンデューラ（1979）は，一連の研究の中で，モデルの行動に対して代理強化を与えなくても，モデル行動を観察するだけでモデリングが生じるということを示した。また，実際の人間の行動だけでなく，映画，漫画，アニメにおける攻撃行動が，すべて攻撃行動のモデルとなり得るということを明らかにした。また，モデリングは，一般に一緒にモデリング行動を示す仲間がいる場合によく生じるが，攻撃行動の場合にそれが著しいことが示されている（Tulane, 1977）。

非行少年を被験者とした研究によれば，「攻撃映画（攻撃をしかける少年の映像）」を見た子どもは，前もって攻撃性が誘発されたかどうかにかかわらず，どちらも強い攻撃行動を示した（Hartmann, 1969）。しかし「苦痛映画（攻撃を受けている少年の映像）」を見た子どもは，前もって攻撃性が誘発されない場合はそれほど多くの攻撃行動を示さなかったのに対して，攻撃性が誘発された

場合は強い攻撃行動を示したのである．一般に，攻撃性が誘発された場合や強いフラストレーションがある場合，被害者の表情すら攻撃行動の引き金になり得るということは注意を要する点である．

モデリングによって攻撃行動の仕方や技能は学習されるが，実際にそれを表出するかどうかにはいくつかの要因が関連する．この点で，社会的学習理論はモデリングの効果とともに自己強化をも重視している．人は自分で行動基準を設定して自己の行動を評価し，それにもとづいて自己の攻撃的行動を調節している (Bandura, 1973b)．言い替えれば，攻撃的行動が自己の評価や誇りを高めるのであれば攻撃的に振る舞うが，自己評価を低下させたり自己への罰を予期する場合は攻撃行動を差し控える．つまり，攻撃行動の遂行は，そのときの場面状況，行動の結果がもたらす将来の予測によって決定される．その将来の予測には，過去の状況や経験と現在の状況についての認知が総合的に作用すると考えられる．

小学生の男子について，母親が統制的な場合，子どもの「攻撃性」の程度が高く，さらに母親の「攻撃性」の程度が高ければ高いほど，子どもの「攻撃性」の程度も高かった（森下，1983）．また，中学生の男子に関しても，父親あるいは母親が拒否的な場合，父親あるいは母親の「攻撃性」の程度が高ければ高いほど，子どもの「攻撃性」の程度も高かった（森下，1982）．このことから，攻撃行動を含む種々のモデル行動が示されるような日常生活においては，親が統制的であるとか拒否的であるというような非親和的な親子関係の中で，とくに男子において攻撃行動などの反社会的行動のモデリングが生じやすいのではないかと予想される（森下，1996）．

4. 攻撃性と自己制御

社会に適応していくためには自分の感情や行動を制御する必要がある．この自己制御機能は自己を抑制する側面（自己抑制）と自己を主張したり表現したりする側面（自己主張）からなる．これらの両機能がバランスよく発達することが大切だと考えられている（柏木，1988）．

幼児を対象とした研究において，攻撃行動の抑制には自己抑制機能が大切な働きをしていた．さらに自己主張についてみると，自己主張と自己抑制が共に

高い子どもたちの攻撃性は低いのに対して，自己主張が高く自己抑制が低い子どもたちの攻撃性はきわめて高かったのである（森下，2000）。

　先述した子どもたちが「キレる」原因について，欲求不満耐性の脆弱性が指摘され，自己抑制機能の育成が叫ばれている。攻撃性の面からも，また国際化社会を生きるという面からも，自己抑制とともに自己主張の能力を育成することが重要だと考えられる。さらに，子どもたちが過度のストレスやフラストレーションにさらされないように周りのおとなたちが配慮し，サポートしていく必要があるだろう。

7.3　社会的相互作用と発達

7.3.1　社会的相互作用と発達の理論

　人間の発達と社会的相互作用との間には，密接な関係がある。発達にともなって相互作用のパターンが異なり，また逆に，他者との相互作用の内容によって，子どもの発達が促進されたり妨害されたりする可能性がある。このような，子どもの社会的相互作用が，発達にどのようにつながるかについて，小嶋（1991）は以下のようにまとめている。

　社会的相互作用に関する研究を進めていくためには，他者との相互作用の経験がどのようにして個体の発達に結びつくのかについての理論構成と実証データの確保とが，強く期待されている。その点，有能な他者と子どもとの相互作用と子どもの課題解決能力の発達を扱うヴィゴツキーの理論が再評価されたり，観察学習における個体の内部過程に関する多面的な枠組みが提出されたりしたことは意味がある。以上の2つは，主として子どもと他者との間の能力や地位の差が大きく，非対称的関係における相互作用と発達との関係を扱う理論である。それに対して，社会的相互作用が認知発達に及ぼす影響を研究しようとする立場では，対称的関係を重視する。そこでは，社会的葛藤と個人の頭の中での認知的葛藤の処理過程が問題にされるのである。

　ところで上記の諸理論は，社会的相互作用をもつ一方の者（子ども）の発達を扱うものであるが，さらに相互作用をもつ双方の発達を扱えるように工夫す

る必要がある。教える－教えられるという関係の中で，両方が何かを得ることも多いのである。なお，対人関係の非対称性・対称性は，固定的にとらえられない面を含んでいる。たとえば，親，教師，あるいは有能な仲間にしても，相手に何かを教えるときには，いわば相手の水準近くに下りてきて働きかけを行ったり，あるいは役割の交替を含むやりとりをすることが多いからである。そうしないと，相手に効果的に教えることが困難なことを，教え手は知っているのであろう。また，子ども同士の教え合いでも，ある領域のエキスパートであっても，別の領域のことになると初学者であるようなことがよく起こる。

7.3.2 遊びや共同活動と社会性の発達

　遊びや他者との共同活動を通して，子どもたちの社会性はどのように育っていくのだろうか。最近の児童の生活は，テレビを見たりテレビゲームをしたりする時間が多くなって，他者との能動的な相互作用が少なくなってきている（9章参照）。しかし，年齢の近い子ども同士や，年齢の異なる子どもとの遊びや自発的な共同活動は，依然として子どもの生活と発達の中で大切な役割を果たしている。そのことは，今日の殺人などのきわめて重大な青少年犯罪の背景を考えるとき，つくづく感じることである。以下，遊びや共同活動の楽しさやその社会性への影響について小嶋（1991）の要点を引用する。

1．遊び・共同活動の楽しさ

　人間が遊びや親しい人との共同活動を楽しむとき，そこには活動自体がもたらす楽しみと，遊びの場が醸し出す開放的で高揚した雰囲気の下での人との交わりの楽しみとが，不可分に混じり合っていることが多い。ゲーム，スポーツや祭りのようなイベントはそのよい例である。自発性が強調される「遊び」の多くは，それに伴う人との交わりが絶たれるとその楽しみが大きく低下するものである。個室でファミコン・ゲームに熱中している子どもやカードを収集している子どもでも，たいてい学校でゲームや収集物について仲間と話し合っている。また，パソコン少年も，インターネットを使ってのコミュニケーションに参加したり，パソコン・ショップの店員と話したり，あるいは同好雑誌に投稿したりする。そこには，間接的ではあっても自発的な人との交わりが関与し

ている。

　このように子どもの遊びの楽しみの中に，強制されたものではない自発的な人との交わりが，本質的に関与しているといってよいだろう。気晴らしをするにしても創造の世界に没入するにしても，それは地位・役割・責任などによる拘束からある程度自由となった人との交わりに支えられて展開するものである。遊ばない・遊べない子どもの問題には，場所・時間・相手の欠如や遊びの技能の不足だけではなく，自由な雰囲気での仲間との交わりが得にくいことも関係している。

2. 子どもが遊びから得るもの

　子どもが遊びから何を得るかについて，小嶋（1991）は，社会性に関連した側面として，次のような4点を挙げている。それらは相互に密接な関連をもちながら発達していくと考えられる。

① 人との交わりへのプラスの構えの形成

　きょうだい関係や仲間との関係は，子どもにとってヨコまたはナナメの関係で，おとな－子ども間のタテの関係とは異なった経験を子どもに与える。中でも，自分と能力・地位・興味が似ている同年齢の相手と，遊びや共同活動の場で交わる楽しさを経験することは，人との交わりに対するプラスの構えの形成につながる可能性がある。このようなプラスの構えは，おとなになってからも大事なものである。

② 人との交わりの技能の獲得

　ヨコの関係では，時にはモノの取り合いや喧嘩など手加減のない真剣勝負が起こる。そのようなぶつかり合いを通して，子どもはいろいろな相手とのつき合い方を身につけ社会生活のルールを学ぶ。また子どもは，仲間同士で情報を交換したり教え合ったりもする技能を獲得していく。

③ 他者理解と自己理解

　他者との相互作用がうまく続くためには，相手を理解することが欠かせない。自分の働きかけに対して相手がどう反応するかの予想ができないと，効果的な働きかけとはならない。また逆に，相手の働きかけの意図がうまく読めないと，こちらから返した反応も空振りに終わったり，相手を怒らせたり失望させたり

する。遊びや共同活動を通して相手への理解が進むと，このような問題も減り，円滑な相互作用が進むようになる。

さらに注目すべきことに，他者理解と歩調を合わせて子どもの自己理解も進む。相手が自分にどのように働きかけてくるのか，自分の働きかけはどのような効果を生むのかというような情報は，たんに他者との比較によるものではなく，相互作用の中で実効をもつ「自分」についての生きた感覚のもととなる。

④ 共感性と他者の視点の理解

遊びや共同活動の中で，相手との助け合いも起こる。それは共感性と他者の視点の理解につながり得る経験である。つまり，相手が今どのような気持ちでいるのか，何を望んでいるのかを察することができ，相手の気持ちに対応した喜び，怒りや悲しみの気持ちが起こり，そして相手の役に立つ適切な行動を出せること，これらは思いやりの中心をなす特徴である。

日頃の交わりを通して親しくなった仲間が，慰めてくれたり話を聞いてくれることが，子どもの情緒的な支えとして大きな意味をもっていることは，小学生レベルでも見出されている。それは，支えられる者にも支える者にも，意味深い経験となる。

さらに遊びは，社会性の側面以外に認知発達の側面にも影響する。幼児期において，遊びの中で子どもはすでにもっている行動パターンを外界に適用すること（同化）を楽しむ。そしてそのことだけに終わらないで，新奇で複雑な遊びや行動に挑戦し，スリルと緊張感を楽しみながら，何度も失敗しながら新しい知識や行動を獲得していく（中野，1990）。このようなプロセスは児童期においても本質的には変わらない。

しかし，どういう遊びがどういう面で役立つかというような短絡的なとらえ方は危険であり，遊びをたんに認知発達のための手段だと考えてはいけないと清水美智子（1983）は指摘する。認知・情動・社会性などを含んだより広い発達にとって，遊びがより豊かなものとなっていくことを考える必要がある。

7.3.3 ソーシャル・サポート

1. ソーシャル・サポートの内容と測定法

ソーシャル・サポート (social support) というのは，周りの人からの支援や援助のことであり，他者からの愛情，承認，補助等を含み，一般に情緒的サポート，情報的サポート，道具的サポート，評価的サポートなどの内容からなると考えられている（久田，1987；嶋，1991）。

ソーシャル・サポートの測定法に関しては，次のような2つの流れがある。一つは知覚的アプローチで，想定される場面において他者から援助や支援が得られるかどうかについての期待や予想に関するもので，「サポート期待」とか「知覚されたサポート」と呼ばれている。他の一つは，これまでどのような支援や援助を受けてきたかに関するもので「実行サポート」と呼ばれている（久田，1987；岡安たち，1993）。

ソーシャル・サポートがどのような因子から成立しているかについて，知覚されたサポートに関しては，小学生，中学生を対象とした多くの研究で一因子構造が見られている（森・堀野，1992；久田たち，1989；岡安たち，1993；嶋田，1993）。現実にどのようなサポートを得ているかという視点から，平田（1996）が小学4，5，6年生を対象に調査を行った結果，信頼性の高い因子としては「評価的・情緒的サポート」だけが得られた。したがって，小学生にとって中核的なサポートは，自分をよく理解し，価値を認め，励ましてくれる心の支え（情緒的支援）であると考えられる。

われわれの心の中で機能しているソーシャル・サポートは，たんなる予想や想像上の産物でもなく，またこれまでどの程度の支援や援助を受けてきたかという過去の事実でもない。それは，現在支えられ，支えているという実感であり，近い将来にわたって継続しているという認識を伴ったものだと考える。したがって，現在受けていると認知している援助や支援を測定したほうがいいのではないかと筆者は考えている（森下，1999）。

周りの人からのサポートが，年齢が進むにつれてどのように変化するのだろうか。情緒的サポートに重点を置いて，「よく話を聞いてくれる」「いつでも信じていてくれる」などのような10項目を用いて，父親，母親，担任の先生，同性の友人からのサポートについて，小中高校生を対象に測定した（森下，1999）。小学生（図7.1）について，友だち，先生，父親，母親からのサポート

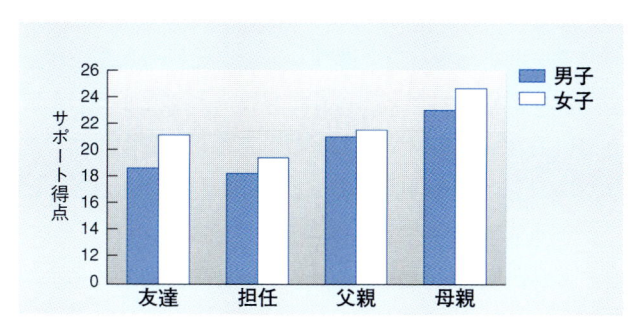

図7.1 小学生のサポート得点(森下, 1999)

を比較すると，母親からのサポートが一番高く，次いで父親が高く，友だちと担任からのサポートは低かった。また，友だちと母親からのサポートは女子のほうが高いという特徴があった。小学生について，中学生の結果と比較すると，担任や両親からのサポートは小学生のほうが中学生よりも高いが，友だちからのサポートには差がなかった。中学生の男子では友だちからのサポートが，母親や父親からのサポートよりも低いのが注目される。今日の中学生について友人関係の希薄さの一端が，ここに現れているようだ。

2. ソーシャル・サポートの効果

ソーシャル・サポートが子どものどのような側面に対して，どのような影響を与えるのだろうか。小嶋たち（1996；1997a, b），宮川たち（1996）は小学生のソーシャル・サポートの機能と構造について縦断的な研究を行った。その結果，父親・母親・学級担任・友人たちによるサポートが高いことが自尊感情の高さ，孤立感のなさ，級友関係の安定さ，学校モラールの高さと関連していた。また，4，5年生を対象とした縦断研究において，サポートと1年後の子どもの特徴との間にも，サポートしてくれる人によってその影響は多少異なるが，同じような結果が得られている（小嶋たち，1998）。このように，周りの人からのサポートの豊かさが，子どもの自尊感情，向社会性，人間関係にプラスの

影響を与えると推測できる。

塙（1999）の小学校2年生対象の研究では，誰にでも情動表出をする子は父母から情緒的サポートが得られると認知しているのに対して，誰にも情動表出しない子は父母から情緒的サポートが得られないと認知していた。したがって，情動表出の乏しい子どもほど周りの人から回避される傾向が高いと考えられるが，そのような子どもこそ情緒的サポートを必要としていることに留意したい。

困難に遭ったときにどのようなサポートを求めるかについて，5，6年生対象の結果では，算数の問題から生じる不安には教師の道具的サポートを，友だちのからかいや嘲笑から生じる不安には教師の情緒的サポートを求めていた（渡部・佐久間, 1998）。このように，当面している課題によって求めるサポートの内容が異なることがわかる。

またソーシャル・サポートは絶望感の緩和にどのような効果をもたらすのだろうか。森・堀野（1997）の小学校4年生から6年生を対象とした研究において，自己充足的達成動機の高い児童は，父親，母親，友だち，先生からのサポートを絶望感減少のために有効に活用できることを示した。しかし，競争的達成動機は絶望感緩和の媒介機能をもたなかった。このように，ソーシャル・サポートはたんに受動的な影響をもたらすのではなく，それを主体的に利用する子どもの側の要因が関与している。なお，ここで自己充足的達成動機というのは，自己の評価を高めるために目標に向かって努力する動機を指し，競争的達成動機というのは，他者に負けたくないために努力する動機を指している。

3. ストレスとソーシャル・サポート

ソーシャル・サポートがストレス反応に対してどのような効果をもつのだろうか。小学生について，情緒的サポートは，学校ストレスからくる男女の登校拒否感情に対して，緩和効果をもっていた（森下, 1999）。また，いじめから生じるストレス反応に関しても，サポートは女子の攻撃性に対して緩和効果をもっていた。さらに，登校拒否感情に関しては，男子ではいじめストレスが低い場合に，女子ではいじめストレスが高い場合に，サポートによる緩和効果が見られたのである（図7.2）。中学生については，サポートの効果は大きく，サポートの高い者は攻撃性が低いのに対して，とくにストレスが高くサポートの

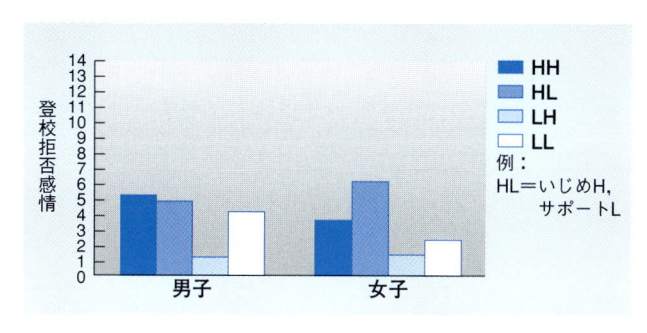

図7.2　小学生の登校拒否感情におよぼすいじめとサポートの効果(森下，1999)

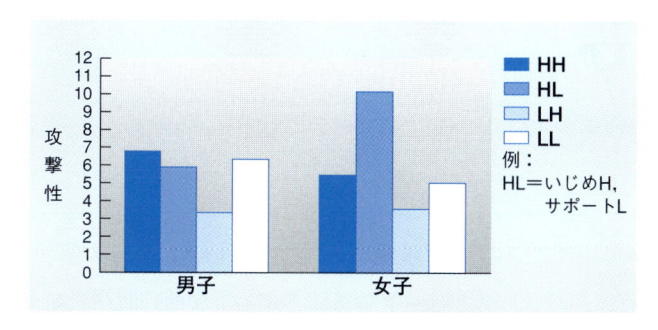

図7.3　中学生の攻撃性におよぼすいじめとサポートの効果(森下，1999)

少ない女子は著しく攻撃性が高いということが明らかとなった（図7.3）。同じような結果は抑鬱性や登校拒否感情についても見られた。

　このようにサポートがストレス反応を緩和するのに対して，サポートが少ない場合はストレス反応がストレスの量に比例して増幅されると考えられる。詳細に見ていくと，女子へのサポートは，一般にストレスが高くても低くても，ストレス反応に対して緩和効果をもつのに対して，男子ではストレスが低い場合にのみ緩和効果をもつようである。したがって，とくに男子の場合はストレスが高くない早期からのサポートが重要だと考えられる。

誰からのサポートがどのようなストレス緩和効果をもたらすのだろうか。小学校5, 6年生を対象とした外山・桜井（1998）の結果では，友人からのサポートと先生からのサポートが攻撃行動を緩和するが，父親，母親からのサポートは関連がなかった。ここでは親からのサポートよりも，友人や先生からのサポート効果が注目される。

　担任教師からのサポートの効果は，森下（1999）の研究でも見られた。小学生では父母，友だち，担任教師のサポートの中で，担任からのサポート得点だけが，ストレス反応得点と有意なマイナスの相関が見られた。つまり教師のサポートだけが子どもの抑鬱性や攻撃性，登校拒否感情の緩和に効果をもたらすと考えられる。登校拒否感情についての教師のサポート効果は宝田・松本（1996）でも認められている。また，教師のサポートの効果は中学生や高校生にも認められた。教師のサポート得点そのものは父親や母親に比較すると低いにもかかわらず，教師からのサポートがストレス緩和効果をもっている点は注目すべきことである。

■ まとめ

1. 社会性の発達にとってまず重要なテーマは，いかに良き人間関係を結ぶかに関する社会的コンピテンスや社会的スキルの発達の問題である。
2. その中でも，向社会的行動，道徳性，養護性の発達は重要である。
3. 社会性のもう一つの側面である攻撃性について，フラストレーションとの関連やモデリング，自己制御の問題について考えた。
4. 他者との相互作用が子どもの発達にとって重要であるが，とくに仲間との遊び経験が，児童の社会的側面の発達に重要な影響を与える。
5. 父親・母親・友人だけでなく，教師からのソーシャル・サポートが，児童の抑鬱性や攻撃性，登校拒否感情などのストレス反応を緩和する。

[参 考 図 書]

相川　充・津村俊充（編）　1996　社会的スキルと対人関係：自己表現を援助する　誠信書房

東　洋・繁多　進・田島信元（編）　1992　発達心理学ハンドブック　福村出版

バンデューラ　A. 原野広太郎（監訳）　1979　社会的学習理論：人間理解と教育の基礎　金子書房

Damon, W. & Eisenberg, N.（Eds.）1998 *Handbook of child psychology: Vol.3. Social, emotional, and personality development.* 5th ed. John Wiley & Sons.

アイゼンバーグ　N.・マッセン　P. 菊池章夫・二宮克美（訳）　1991　思いやり行動の発達心理　金子書房

柏木惠子　1988　幼児期における「自己」の発達：行動の自己制御機能を中心に　東京大学出版会

菊池章夫　1988　思いやりを科学する：向社会的行動の心理とスキル　川島書店

小嶋秀夫（編）　1989　乳幼児の社会的世界　有斐閣

小嶋秀夫　1991　児童心理学への招待：学童期の発達と生活　サイエンス社

永野重史（編）　1985　道徳性の発達と教育：コールバーグ理論の展開　新曜社

中村陽吉　1980　対人関係の心理：攻撃か援助か　大日本図書

ピアジェ　J.　大伴　茂（訳）1977　児童道徳判断の発達　同文書院

祐宗省三　1983　モデリング　福村出版

パーソナリティと自己の発達

- パーソナリティをどう理解するか？
- 男らしさ・女らしさとは何か？ ── その文化的背景
- 子どもがとらえる「自分」とは？ ──「自己」がもつ働き
- 理想的な子ども像をどう設定するか？ ── その社会的背景
- 個性をどう考えるか？ ── 自分らしさ

　少なくともおとなに関して「人さまざま」であることへの気づきは，残存している記録でも古代社会に溯れる（有名なのは，古代ギリシャのテオフラストス『人さまざま』）。しかし，実際にはそれよりずっと早い時代から，人間には行動の仕方，状況への反応様式，判断と思考の様式，対人関係のもち方など，多様な側面での個人差があることに人類は気づいていたに違いない。特定の状況に置かれた相手がどのように行動するかを予測する知識があるのとないのとでは，対人的・社会的状況への対処に大きな差が生じる。その意味で，他の人から区別できる個々人の行動パターンの一貫した特徴に関心をもち，その知識をまとめておく活動は，相当に古くから行われたと推測できる。他者への関心は，当然のことながら自分についての関心とかかわりあっているので，他者理解の努力と自己理解の試みとは，並行的に発展したのであろう。

　他の人から区別できる個人の行動の一貫した特徴のことを，心理学ではパーソナリティ（personality）と呼んでいる。日本語としては「人格」が当てられるが，日常語としての人格ということばがもつ評価的ニュアンス（たとえば，「人格者」というような表現）を避けるために，パーソナリティということが多い。心理学用語としてのパーソナリティは，直接的には評価の意味を含まず，日常語の「性格」に近い。

　本章では，児童のパーソナリティ発達を理解するのに重要と思われるテーマをいくつか取り上げる。まずパーソナリティの理解法と情緒の問題について概説した後に，性役割や自己像が発達とどう関係するか，文化はどのような影響を与えるか，そして個性の問題をどう考えるのかを扱う。

8.1 パーソナリティの理解と情緒の問題

8.1.1 パーソナリティの理解

　児童期に入った子どもは，それぞれがもって生まれた生物学的条件と，それまでに出会った心理的環境との間で繰り広げられた相互作用の結果として，一人ひとり区別できる特徴をすでに示している。さらに，そのような自分の姿を見つめて，自分を知り自分を方向づける機能も備えている。

　自分の内面生活と自己理解は，子ども自身にとって重要な意味をもつ。また，個々の子どもの特徴を理解することは，子どもと接するおとなにとっても重要な課題である。おとなが子どものパーソナリティを理解することは，いくつかの方法から得られる情報を統合することによって可能となる。

1. 子どもの行動観察

　親や教師などの役割を担う人が，自分の接している子どもについてとらえた特徴は，第三者による観察結果とも，また，仲間同士でとらえている子どもの特徴（仲間による評定法，または，文章で表した特徴に該当する子どもの名前を挙げさせる「人当て検査」(guess who test)などによる）とも，いくらか違った結果となる。教師のとらえ方には，教師としての役割遂行にとってプラスであるかマイナスであるかという視点が入りやすい。また親は，自分の子どもを多くの他の子どもと比較してとらえるための明確な枠組みをもっていないので，その判断の基準は親によって異なりがちである。それでも，具体的な状況の中で示される子どもの姿を長期にわたり見ているという強みを親や教師の観察はもつ。

2. 子どものパーソナリティ検査

　投影（または投映）検査として知られているロールシャッハ・テストやTAT（絵画統覚検査）は，多義的な刺激図版に対して被検査者が示した反応の特徴から，その人の内面を探ろうとする手法である。この他にも児童にも使える投影検査はあるが，それを実施して結果を解釈するためには，訓練と経験の蓄積が必要である。小学校後半からは，質問紙法によるパーソナリティ検査が施行可能となる。たとえば，本人がとらえたパーソナリティの特徴を多面的に調べる検査を代表する矢田部ギルフォード(YG)性格検査では，小学校高学年で，

それ以後の段階で認められるものと本質的に同じ性格特性が測定できるとされている。また同じ頃から，子どもの心理的適応，生活習慣，学習適応性などを調べる質問紙が適用可能で，わが国でも各種のものが発表されている。

3. 面接法

上記の2つの情報に加えて，子どもの内的世界を引き出す面接をすれば，子どものパーソナリティを統合的に理解する道が開ける。学校状況で考えると，これは全員に適用するというよりも，特定のケースについてスクールカウンセラーなどが行うことが多い。しかし，そのように意図的な面接でなくても，日常の接触の中で，おとなが子どもの内面を理解する機会はある。どのような状況のもとで子どもがどのような言動を示したのか，おとなと子どもの間にどのような対話がなされたのか，おとなは子どもの言動をどのように解釈して反応したのかを記録しておくと，貴重な資料となる。

4. 情報の統合

子どものパーソナリティを統合的に把握するには，入手した多様な情報を相互に関係づけて理解するための枠組みが必要である。それには心理学の理論と方法の訓練が前提となる。しかし，親，教師・指導者たちは，意識していないにしても，自前のパーソナリティ理論ともいうべきもの（暗黙の理論，あるいは素朴理論と呼ばれる）をもっており，過去から現在に至る情報を自分でまとめるときに，それが呼び出されて働き始める。まとめられた情報は，子どもと直接に相互作用をもっているおとなが，相手をどう理解しているかを明らかにすることであるので，大きな意味をもつ。

8.1.2　情緒的問題

児童は幼児や青年よりも，相対的にいって情緒的に安定しているとされてきた。しかし，情緒的問題に悩む児童はまれではなく，それが身体症状（頭痛，腹痛，嘔吐，食欲不振など）を伴うこともある。後者の場合には症状が心因性のものかどうかの区別がまず重要なので，小児心身症を扱う小児科の専門医の診断を仰ぐべきである。その他の情緒的問題も，程度が重くなると心理臨床家や児童精神医学の専門家の援助を必要とする場合がある。

子どもの情緒的問題の多くは，基本的安定感の欠如と結びついているが，それをもたらした条件としては，子どもの気質や身体的条件，成育歴，過去から現在までの家族関係，家族を取り巻く諸条件など，多数のものが考えられる。また，学校や仲間関係の条件が絡んでいることもある。基本的安定感の形成に失敗した原因を個々のケースについて確定することは実際には困難であるが，子どもが経験してきた対人関係に目を向けると，問題の理解が進むことが多い。

児童が示す情緒的問題は，①高い不安・恐怖や過度の緊張といった神経質傾向の現れであったり，②自尊心への脅威・劣等感・自信欠如の現れのように，自己概念と対人関係にかかわるものが多くの割合を占める。その他に，③落着きのなさ，集中困難，多動傾向というような身体的条件が絡み，学習障害と結びつく可能性のある症状（10章参照）や，④情動制御と対人関係の発達の未熟性を伴うものなどが含まれる。情動制御は，自分の情動反応（喜び，驚き，恐怖，怒り，悲しみ，嫌悪など）をモニターして，それを自分の目標達成のために変容する過程である。たとえば，必要な場合には喜びや嫌悪の表出を抑制したり，欲求不満（frustration）事態に陥ったときに事態の解釈を変えることによって怒らないようにするような試みである。対人的コミュニケーションの技能は，自分の感情を相手に伝えたり，相手の意図や感情を理解するのに重要な役割を果たすので，情動制御の発達につながる。

上記の問題の多くは社会的適応の問題を引き起こし，また学校での学習の機会を狭めたり学習意欲の減退や不登校をもひき起こし得る（10章参照）。しかし，表面に現れた問題を解消しようとして性急に指導することは，問題の解決を遅らせることも少なくないので，子どもと直接に接触するカウンセリングの専門家を媒介にして，家庭と学校が協力態勢を整えることが必要である。そのためには，教師も親も，子どもの心理的問題に関する理解を深める必要がある。

8.2 性役割の獲得

8.2.1 性役割の諸側面

子どもを取り巻く周囲の人々は，常に意識はしていないにしても，子どもの

8.2 性役割の獲得

男らしさ・女らしさを問題にしている。それは背後にある文化の影響を強く受けたものである。各社会には，性別に応じた社会的役割の分化が制度化されていて，性別役割がかなりの程度まで規定されていることが多い。ただし，この社会制度も歴史的に変化する。文化人類学者は世界の多くの文化を通して，男女の分業がなされていることを報告してきた。それと関連して，児童期の社会化について男女のどちらに強い圧力をかけるかは，領域によって違うことを見出した（表8.1）。

生物学的な男女の違いと並んで，それぞれの文化には，性別に応じた行動・思考・態度などについての一般的な期待が存在する。男性と女性とがそれぞれどのような特徴をもつのかについての社会通念と，男女にどのような役割を割り当てるかという処遇・役割期待とは，相互に影響し合いながら社会のシステムとして働いている。上記の社会的通念の内容は時代によって変化する。最近のわが国では，明るい，誠実な，心の広い，思いやりのある，やさしいなどの特徴は，男女にかかわらず期待される特徴（人間性または両性性（androgyny））に含められ，男性性（masculinity）または女性性（femininity）を表す特徴の範囲が狭くなってきたと思われる。

このような社会的・文化的条件の中に生まれてきた子どもは，柏木（1973）

表8.1　児童期における性別によるしつけの差異：110の文化の集計
（Barry et al., 1957 にもとづく）

しつけの領域	評定した文化の数	しつけの性差の方向が見出された割合		
		女子に強い圧力	男子に強い圧力	性差なし
養護（対年少者等）	33	82％	0％	18％
従順	69	35	3	62
責任（生産・家事等）	84	61	11	28
自己信頼	31	3	87	10
達成	82	0	85	15

注）数値は，民族誌データにもとづく2名の評定による。情報の不足や評定者間の不一致により，表中の文化の数が減った。

によると，性役割に関する3つの側面での獲得をしていく。①**性役割行動**は，文化によって規定された性役割を，実際にどれほど身につけて，それに応じた行動を示すかをいい，男児の場合，どの程度文化が規定した男らしい行動を示し，逆に女らしい行動を示さないかによって調べられる。②**性役割観**は，社会の性役割をどのように認識し意識しているかを指す。男女それぞれが，男性役割と女性役割をどのようなものととらえているかの内容が問題にされる。③**性役割同一性**は，男性が自分をどれほど男らしいと見なしているか，そして女性が自分をどれほど女らしいと見なしているかという自己認知の程度を指す。

子どもは，社会化の影響を受けて，幼児期のうちに自分の性別を知り，社会に存在している性役割の概念を獲得し，自分の性別に応じた行動をとることを周囲の人々が期待していることを知り，そして自分の性別に応じた性役割行動を選択するように導かれる。この過程を通して，子どもは幼児期のうちに，文化が規定した性別に適合した行動様式，興味，ものの考え方や態度などを身につけてきた。それを基礎として，児童期には性役割の獲得が一段と進展する。

それには，社会が男女の違いに応じた取扱いを明確にするのが，児童期に入る頃であること（2章参照）も関係している。それは子どもに対するおとなの態度・行動に反映されるだけでなく，子ども同士での相互作用の過程にも反映される。また，児童期に進む認知発達が，社会の中での性役割の作用の理解を深めることも関係している。

8.2.2 性役割と子どもの発達

子どもが社会のもつ性役割観を身につけ，性役割行動をとるように導かれることは，子どもの発達に多面的な影響を与える。とくに，男女の性役割を対照的なものとして明確に区別する社会では，その影響が強いと考えられるので，その例を挙げる。

1. 興味の形成と技能・能力の発達

性役割観の強調は，子どもの自己概念に影響し，性別に適合した興味と活動をもたらしやすく，性別に適合しない領域・内容に興味をもち活動することを制限しやすい（機会と経験の違い）。活動の制限は，その領域での技能・能力

8.2 性役割の獲得

の発達にマイナスに働く。これまで，場依存性－場独立性（5 章参照）や空間把握能力の性差が報告されており，それには男女の生物学的違いが関係しているのかもしれない。しかし，社会的・文化的な性役割の規定が，男女の経験の違いをもたらした可能性もある。性役割に反映される社会的期待によって興味の対象や活動の範囲と機会が影響を受け，それが教科の成績にまでつながることは，小学校段階ではそれほど目立たない。中学校の後半になり，抽象化した数学について行きにくい女子生徒が見られるが，それに性役割観が関係している可能性がある。しかし，社会的・文化的条件は時代により変わり得るもので，数学の成績の男女差がだんだんと縮小したり消える国があっても不思議ではない。

　学校での学習態度の性差にも性役割が関係するかもしれない。現在の学校教育システムを受容して真面目に学習しようとする構えは，平均すると男子よりも女子に多く見られる特徴であり，その基礎となる構えは小学校段階で形成されている可能性がある。大学生の段階で，アメリカでもわが国でも，達成動機（6 章参照）と親和動機の葛藤場面への反応の性差が見出された。学業でも社会的活動でリーダーシップをとる状況でも，それを達成すると仲間（同性・異性）との親和的関係にひびが入る怖れがあるときに，女性は後者を優先して達成を諦める傾向が報告されてきた。しかし，社会の性役割観が変われば，これも変わると予想される。このように，性役割観が発達初期から個人の能力の発揮に影響し得る側面は少なくなく，文化と社会システムのあり方が問われる。

　男児にも女児にも，文化が規定する性役割とは異なった活動に興味をもったり優れた能力をもつケースがある。場合によると，それは他の子どもとは違った独自の感性や発想を生む基礎となるかもしれない。伝統的性役割への同調を強く要求する文化の下では，そのような子どもの独自性の発揮が妨げられる。

2. 対人関係

　一般的に言って，対人関係に関する関心が女児に高いとすれば，それは相手の示す対人関係的手がかりを敏感に識別する能力につながるかもしれない。複雑な対人状況の中で活動するためには，女性だけではなく男性にも，相手に対する敏感性（sensitivity）が要求される。それが形成される過程に性役割の問題

が関係する可能性がある。社会的相互作用をもつ2人は，相手の反応を予期して自分の行動をくり出すし，相手の行動を自分の枠組みに合わせて解釈する。このことから，次のことが予想できる。①文化による規定に一致した性役割行動をとる子どもは，同性の仲間関係においても，また思春期以降の異性関係においても，適応がよいであろう。相手が一般的に期待する行動特徴を示すと，対人関係もスムーズに形成されるからである。また，②一般と共通した性役割観をもつ子どものほうが，そうでない場合よりも，平均的にいって相手の行動を正確に理解し予想しやすいと考えられるので，相互作用が円滑に進行しやすい。

社会的相互作用において，もし一方の期待する性役割観に合致しない性役割行動を相手が示すと，相互に行動や期待の調整が起こる。たとえば女児の期待に合わせて男児が男性役割をとることもあるし，女児のほうが「○○君にこれを期待するのは無理だ」と知って，期待を変えて対応することもある。しかし，そのような相互調整の範囲を超えた不一致が持続すると，関係の維持が困難になる。このような対人関係の失敗の経験が，何らかの意味で本人の性役割同一性に影響することは十分に考えられる。

以上のことから，文化が規定する性別に適合した特徴を示さない子どもは，児童期以降の対人関係で困難に遭いやすい傾向がある。しかしそれも，文化的規範への同調をどれほど強く求める社会であるかによることを忘れてはならない。性役割の背景については，次の項で扱う。

8.2.3 社会的・歴史的背景

上記の説明は，文化が規定した男性役割・女性役割や男らしさ・女らしさを既定のものとして扱い，その内容には立ち入らなかった。しかし，子どもの性役割の獲得や，それが子どもに及ぼす影響を考察するには，性役割に関する文化的規定を，社会的・歴史的条件と関連づけて理解する必要がある。

最近までの西洋の性役割観の直接の基礎となったのは，西欧各地で工業化が展開した19世紀以来，欧米で支配的だったヴィクトリア朝期の価値世界だった。それは男性中心の社会で，男性は多くが家庭外で働いて社会を動かした。

それに対応して女性が家政を担当するという役割分担が，中流以上の階層で明確になった。そして，公の世界にかかわる男性が力と理性を代表するのに対して，女性は私的世界にもっぱらかかわり情緒性と対人関係を代表するようになった。すなわち，男らしさ・女らしさが改めて規定され，その影響はまだ残っている。

帝国主義化していた西洋列国の後を追って，工業化と国家主義の道を急いだ明治期のわが国ではあったが，欧米の先進国で19世紀半ばごろに確立していた母親像が，都市中間層を中心にしてようやくわが国で実質的な意味をもち始めたのは，大正期に入る頃であった（小嶋，2001）。第2次世界大戦後の男女同権・男女共学・イエ制度の撤廃から，近年の男女共同参画社会の実現に向けた法制面・行政面での努力まで，日本で社会的変化が認められるが，伝統的な性役割観が根本的に改変するまでには至っていない。それは，性役割観を再生産する機構が働いてきたためと考えられる。

日本に限らないが，心理学もその仕組みに関与していた（柏木・高橋，1995）。それは，意図的なものでないだけに自覚しにくいものである。たとえば，コールバーグの道徳的判断の発達段階は，正義（justice）を強調したものであるが，北アメリカの男性社会がもつ価値基準が暗黙裡の前提になっている。それを批判したギリガン（Gilligan, 1982）が，他者との関係性を重視するケア（care）の視点を提起（7章参照）して，心理学の認識に影響を与えた。

わが国でも，伝統的性役割観と社会の現実との間のギャップが目立つようになってきた。高等教育進学率の男女差がなくなり，実際の待遇の性別格差（とくにフルタイムの被雇用者の所得格差）は大きくても女性の職業進出が続いている。このような状況の変化は，家庭や学校での男女の扱いや子どもの自己意識にも影響を与えるであろう。以前は，女子青少年が女性役割よりも男性役割を高く評価していたが，それも変化する。また，世界の多くの国々での男女共同参画の状況や性差別の問題がわが国に伝えられる。逆に，日本の状況が国際機関で論議される。このような事態が，新たな女性像・男性像の組立てにつながるのか，それとも表面の変化にもかかわらず，底流にある性別役割観が作用し続けるのかを注視する必要がある。

8.3 自己像と適応

8.3.1 自分の2つの側面

　日常に経験している「自分」というものの働きがあることは，おとなも子どもも気づいている。競技でゴールを目指して走っている自分，今度の日曜日をどのように過ごそうかと計画している自分，あるいは，迫っている試験のために不安が高まった自分——これらは，行動・思考・感情・意志を担う主体としての自分についての感覚である。

　他方，「運動は苦手な自分」，「Aさんよりも漢字をたくさん知っている自分」，「クラスの中でわりあい人気のある自分」などのように，自分の姿を対象化してとらえる側面がある。それによって自分の行動が導かれたり，精神生活が影響を受けるので，対象化した自分の姿が果たす役割は大きい。たとえば，運動は苦手だと思っている子どもは，運動能力が試される状況を避けることによって，ますますそれが不得意になるであろう。「学級委員に選ばれる」と思っていた子どもが期待とは違った投票結果を知ってショックを受けることもある。

　上記の2つの側面での自分は，概念として区別されていて，さまざまな名前で呼ばれている。すなわち前者は**自我**（ego），I，**実存としての自己**（exsitential self；Lewis, 1989）などと呼ばれた。それに対して後者は，**自己，Me，カテゴリカルな自己**（Lewis）と呼ばれてきた。この2つの側面は別々に機能するものではない。西洋文化で問題とされる**自我同一性**（ego identity；Erikson）は，時間を超え状況を超えて一貫性を示し，他者から区別される存在としての自分に焦点を当てた概念で，自我だけでなく自己の側面をも含んだ概念だといえる。個人個人が他者から区別された同一性をもち，独立性を保った個人同士が社会的関係を結んでいくという考えが，その基礎にある。そのような文化の中で，子どもは幼い段階から，何事につけても自分で選択することを求められ，また，自分の要求を意識するように導かれる。

　それに対して日本の社会は，一貫性を保ち変わらない自分という感覚よりも，親に対する自分，教師に対する自分，友人に対する自分というように，自分がつながりをもつ相手との関係において明確化される自己を問題にする。日本人

8.3 自己像と適応

においても，主体としての自分，対象化された自分という 2 つの側面から見られることは明らかであるが，その内容は西洋におけるそれとはやや違っている。とくに相手との関係において規定される自己（北山，1995；北山・唐澤，1995など）は，多面的な内容をもったものとなる。状況に応じて自己の側面が引き出されるのを，全体として制御する過程が上位で働いていると推測される。

1. 自己像・自己概念の形成

対象化してとらえて感じた自分の姿を自己像（self image）と呼び，それを概念水準でとらえたものを自己概念（self concept）と呼ぶが，この区別は明確なものではない。自己像は，自己を全体的なイメージの水準でとらえたものである。それに対して自己概念は，自分の特徴をある程度は分析的にとらえて，その内容を言語化してまとめられるものである。自己概念は多様な水準の内容からなる。「ぼくは男の子だ」，「家ではお姉さんです」，「クラス委員を務めている」というような地位・役割に関するカテゴリーによる把握はその一つである。また，自分の個人的な特徴（外見，能力，行動特徴など）による自己の把握もよくなされる。さらに，「親に可愛いがられていない私」や，「友人に信頼されている自分」といったように，対人関係の中での自分を規定する場合もある。

児童期は，このような自己概念が明確化し客観化する時期である。児童期の認知発達は，自己に関係する情報処理を進展させる。表 8.2 に示したように，他者の視点から自分を位置づけられるようになるのは，小学校に入ってからのことが多い。また，自分と仲間との社会的比較は，簡単な状況でなら幼児期の終わりでも可能であるが，複雑な状況での比較は，児童期半ばになって進行する（図 8.1）。また，児童期に社会的世界が拡大して，多くの仲間と接することも，客観的自己概念の形成につながる。自己概念は個人が経験を通して組み立てるものであるが，それに強力な手がかりを提供するのが，本人が相互作用をもつ重要な他者（significant others）である。幼い子どもにとって重要な意味をもつ存在の中心をなすのは，多くは親である。児童期になっても親は依然として重要な意味をもつ（松田・鈴木，1988）が，教師や仲間も徐々に重要性を高める。

子どもにとっての親は，個人差はあっても基本的に受容的である場合が多い。

表 8.2 社会的な視点の取り方の発達についてのモデル：自分の視点と他者のそれとをどのように関係づけるか（Selman, 1976 にもとづく）

	発達水準	説明	およその年齢範囲
0	自己中心的視点 （視点は未分化）	自分の視点と他者の視点との区別がない。	3〜7歳頃
1	主観の視点 （視点の分化）	同じ状況下で、自分と他者とが違う見方や感情をもつことが分かる。それぞれの人間の内的生活の独自性に関心が向く。	4〜9歳頃
2	自己内省的視点 （相互交換）	他者の視点から自分の内的活動を見ることができる。他者が私を主体と見ていることが分かる。考え・気持ちの水準での相手とのやりとりに気づく。	6〜12歳頃
3	第三者の視点 （相互的視点）	第三者の視点を取れる。自分も他者も、相手の視点に立てる存在だということが分かる。社会的相互作用の外に視点を移して、各成員の視点を相互に協応させられることを理解する。	9〜15歳頃
4	社会の視点	社会の視点、法律や道徳のように共有された視点をお互いにもっていることに気づく。人々の視点の間の関係を、ネットワークを形成するものとしてとらえる。	12歳頃 〜青年期

注）理解しやすくするために、一部のことばを変えたり補ったりしている。

子どもがもつ特徴に対して評価は加えるとしても、「わが子」として受容する場合が多い。それに対して、仲間が示す評価的反応は、対象となった子どもがもつ特徴、能力・技能、あるいは対人行動を反映しやすい。子どもに対しておとながもつ権威が絶対的ではなくなり、仲間への同調性が目立ち始めるのは、ふつう児童期半ばごろからである。そのような時期に、仲間からの現実的な評価を受けることによって、子どもの自己客観視が進む。

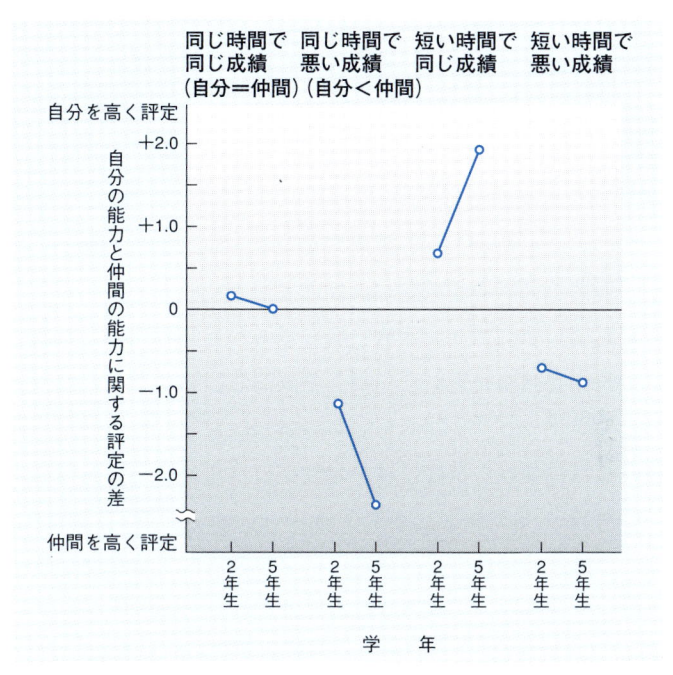

図8.1 社会的比較の仕方の学年差(Aboud, 1985から作図)
子どもは，個別にEFT課題（5.3.1参照）を与えられ，自分と3名の仲間の成績のフィードバックを受けた後に，自分と仲間の課題を解く能力を9段階で評定した。

2. 自己受容と自尊心

　仲間を基準として自己を現実的にとらえることは，自分の能力・技能，行動特徴，好みや態度，あるいは対人関係の特徴を含んだ自己についての多面的特徴に目を向け，評価を加えることにつながる。その評価には，プラスの側面とマイナスの側面とが含まれるのがふつうである。そのような諸特徴の持ち主としての自分全体を受け容れられるかどうかが，自己受容 (acceptance of self) の問題である。自己受容を単純にとらえると，「自己のあり方に満足している程度」と定義できる。しかしそれでは，自己を現実的・客観的にとらえているか

を問わないので，たんなる幻想的な自己満足に過ぎないかもしれない。そこで，「ある程度は自己を現実的にとらえた上で，プラス・マイナス両面を含んだ自分という存在を肯定して受け容れること，しかも自分を高めていこうとする意欲があることが，真の意味での自己受容だ」という考えを提起できる。それは「自分らしさ」の確認だともいえ，後に論じる個性の問題につながる。

　児童期は，そのような意味での自己受容への可能性が開ける時期であると同時に，自己への評価が脅かされる時期でもある。仲間との比較や仲間の評価による影響が，他者を見下す優越感や自分を萎縮させる劣等感をもたらす可能性があるからである。そのような状態に陥らずに，上記の意味での自己受容を遂げることは生涯の課題だともいえるが，児童期の経験は，そこにおいて重要な位置を占める。

　以上のような自己受容の基礎には，自分という存在についての全体的な評価とそれに伴う感情，すなわち，**自尊心**（self-esteem）が働いている。自尊心は，自分が重要だと考える側面での有能性と，それを支持する身近なおとなや仲間の評価を基盤に形成される。**表 8.3** は，児童が知覚した有能性を測る尺度の例である。そして**図 8.2** は，日本の子どもを対象とした尺度の年齢比較である。図から読み取れるように，仲間関係の領域を除いて，小学校後半から尺度値が低下する傾向が認められる。ところで，日本の中学生や高校生の自己否定的傾向が目立つことは，以前から指摘されてきた。2000 年代に入ってからの調査（日本青少年研究所）でも，アメリカ・中国と比較して，日本の高校生が否定的な自己像をもち，未来展望が明るくないことを見出している（**表 8.4**）。河地（2003）も，アメリカ，スウェーデン，中国と比較して，日本の 14 〜 15 歳の男女の自己評価が低いことを見出した。これは，質問に答える構え（謙遜や自己卑下的な反応スタイル）だけによるものではない本質的な問題で，しかも近年になって急に現れたことではない。前の**図 8.2** は，小学校後半頃からの自己評価に何が起こっているのかを詳しく調べる必要性を示唆している。

　ところで，青年や成人を対象とした研究は，**自己受容**と**他者受容**とが正の相関を示した。その相関は，「自分に楽観的であれる人は，他者にも楽観的であれる」ことによってかなりの部分は説明できるであろう。しかし，「短所を抱

8.3 自己像と適応

表 8.3 子どもが認知した自分の有能性を測る尺度と項目の例
（桜井，1983（日本語版）から）

尺度名		項目例
認知的有能性	イ	授業中，問題に答えることは，こんなんです
	ロ	問題は，ほとんどとけます
身体的有能性	イ	すべてのうんどうが，とてもよくできます
	ロ	うんどうが，よくできるなんて思えません
社会的有能性	イ	たくさんの友達がいます
	ロ	友達は，あまりいません
一般的自己価値	イ	今の生き方でよいと思います
	ロ	もっとちがった生き方ができたらなあ，と思います

注）各尺度は7項目からなる。各項目について，まずイ・ロの対になった文から，自分に当てはまるほうを選び，次に選んだ文が自分に「だいたい当てはまる」か，「よく当てはまる」かを選ばせる。結果として，各項目の反応は4段階の有能性の程度に分けられる。対象は小学校3～中学校3年。

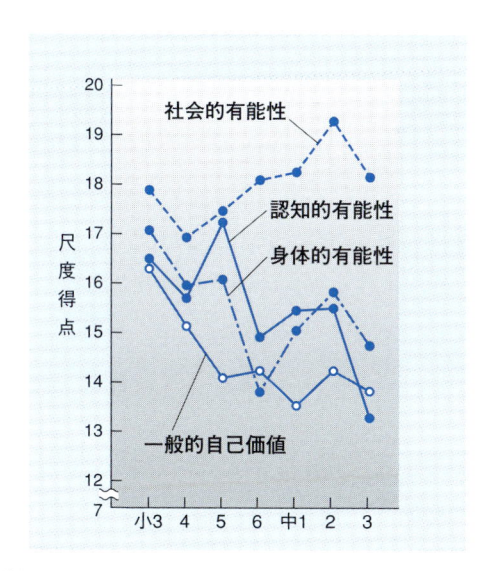

図8.2 日本の子どもの認知された有能性（コンピテンス）の学年差（桜井，1983による）
各尺度得点がとり得る範囲は7～28点である。

表 8.4 高校生の自己像：日米中比較
（日本青少年研究所，2002* から）

質問項目	日本	米国	中国
●私は他の人々に劣らず価値のある人間である	37.6	89.3	96.4
●私には人並みの能力がある	58.0	91.4	93.9
●全体としてみれば，私は自分に満足している	38.7	84.9	65.2
●自分に起こったことはすべて自分の責任である	67.3	82.9	90.6
○自分はダメな人間だと思うことがある	73.0	48.3	36.9
●計画を立てるときは，それをやり遂げる自信がある	38.0	86.3	73.5
○自分にはあまり誇りと思えることはない	52.7	23.8	22.9

注）「よく当てはまる」から「全然当てはまらない」までの4段階の選択肢のうち，「よく当てはまる」と「まあ当てはまる」のどちらかを選んだ者が全体に占める割合（％）を示す。●は肯定的項目，○は否定的項目を示す。調査は，2001年10月から2002年2月の間に，3カ国の高校1～3年生を対象に行われた。

*http://www1.odn.ne.jp/youth-study/reserch/index.html →高校生の未来意識に関する調査→単純集計結果）

えながら生きている自分の姿を基本的に肯定できる人は，他者の短所にも寛容となる」ことも，相関に寄与していると考えられる。そのことが児童期にも当てはまるであろうことは，上記の考察からもいえる。自分の弱みを自覚し，そのことについての悩み・悲しみを経験することは，苦しんでいる他者に共感できる基盤となろう。そのような裏付けのある他者受容は，相手を力づけ成長への契機となり得るので，養護性（7章参照）にもつながる。

8.4 理想的子ども像と子どもの自我理想

8.4.1 理想的子ども像

「賢い子どもに育ってほしい」，「強くたくましい子どもになってほしい」，「思いやりがあり，人の痛みが分かるやさしい子どもになってほしい」——子育てをしている親や，子どもの教育に携わっている教師・指導者は，個々の子

どもの特徴をとらえるとともに，その子どもについての子育てと教育の目標となる理想的子ども像を想い描く。その子ども像は，おとなによる働きかけを導く。逆に，子どもと接する経験を通して，おとなの抱く理想像が変わることもある。おとなが抱く理想的子ども像は，当然のことながら子どもが抱く目標に影響を与える。それは，子どもがおとなとの相互作用を通して獲得するものである。また，仲間間での相互評価を通して，おとなの価値が間接的に子どもに影響する経路も考えられる。実際，とくに児童期の前半では，教師や親が高く評価する特徴をもった子どもが，仲間の間で高い地位を占める傾向が目立つ（10章参照）。このような他者との相互作用を通して，個々の子どもは自分の目標を設定する。それは精神分析のフロイトがかつて**自我理想**（ego ideal）と呼んだものに当たる。

　おとなが抱く理想的子ども像は，おとなが取り組む対象の特質やおとなが保持している価値観によって違う。しかし，それはけっして千差万別ではない。子育てと教育の目標として設定される理想的子ども像は，個々のおとなが独自に「発明」するというよりも，社会に存在する理想像の類型をもとにして，おとなが自分の経験をも踏まえて構成したものである。したがって，大部分のおとながもっている理想的子ども像は，その原型を文化の中に見出すことができる。ある時代の社会には，その構成員の多くが共有する理想的子ども像が存在する。

8.4.2　公に賞揚される目標と現実に機能している目標

　理想的子ども像を「期待される子ども像」と言い換えると，期待する主体の存在が浮かび上がる。将来の社会の形成者である子どもを導く目標をどこに置くかは，国家やその下部集団の将来にとってきわめて重要な意味をもつから，常に論議の対象となる。教育関係者に限らず，国家機関，政治家，思想家，そして各種の社会団体が，それについての発言を繰り返すのも不思議ではない。

　社会の内部での意見には多様性があるが，各時代の社会で主流となり，公に賞揚された「よい子」の中身をとらえることができる。それはパブリックに主張・発表されたものであるから分かりやすい。しかし，いわゆるタテマエとホ

ンネと呼ばれる二重の行動基準が作用することが多いわが国では，公に賞揚される目標だけでなく，現実に機能している基準との相互関連に目を向ける必要がある。第2次世界大戦中に，「……下は小学生から上は大学生に至るまで皇国民たる性格を練成することが，わが国の教育の究竟目標でなければならぬのである」と主張していた心理学者が，終戦後に民主革命の必要性を主張した（波多野・山下，1987）のは，公に賞揚される目標に合わせたタテマエの切替えである。一方，「成績はどうでもよい。思いやりのある子どもに育ってほしい」という主張が，子どもに対するその人の働きかけを実際に導いている基準そのものであるのか，それともタテマエとしての意見にとどまるのかの区別が必要となる。

8.4.3 近世から現在までの日本の「よい子」像

　近世以来の子育て論・教育論から，われわれはどのような子どもあるいは人間が望ましいものと評価され，その形成が目指されたかをうかがうことができる。その論議の歩みをたどると，表面的な変化の底に，2つの連続するものがあることに気づく（小嶋，1989；小嶋，2001）。

1. 与えられた課題の忠実な遂行

　近世の日本では，武士・農民・町人層の内部で細分化された身分，さらに性別・出生順位などによって規定された自己の分際を受け入れ，それに応じた課題を忠実に遂行できる人間になることが一つの重要な目標であった。そして，そのような人間であることは，当人の自尊心の最大の源泉となった。江戸時代の経済の発展が社会組織，政治の仕組み，そして民衆の生活面での変化をもたらし始めたのは，18世紀に入る頃からだとされている。集団間の競争が激化するに伴い，行政組織だけではなく産業組織においても，組織の各水準に有能な人間を配置する必要が出てきた（大石たち，1986）。このような社会的状況下で，道徳的正しさとともに，個人の成功または家族の繁栄への動機づけがいっそう強調されたことは，次のような石門心学者の教訓歌にも反映されている。

8.4 理想的子ども像と子どもの自我理想

　遅く寝て　早く起きるの　起きぐせを　しつけならえよ　一代のとく
　我ひとり　つとめ働け　傍輩の　あちらこちらと　ゆずりあわずに
　しんぼうと　かんにんするが　奉公を　よくも仕遂ぐる　伝授なりけり
　　　　　　　　　　　　　　　　　　（脇坂義堂『撫育草』，1803 年から）

　明治に入ってからも，自分の役割を知り与えられた課題を忠実に遂行するように努力するという態度の強調は，国家政策とも矛盾しなかった。ただしそれに加えて，教育・学習・勤労へと国民を動機づけるために，家の水準や個人水準での競争の原理が強化された。よく学びよく働くことが成功への鍵だと説かれた。さらに，多くの国民は，そのような努力が自分の成功につながるだけではなく，日本が列国に伍していくためには，是非とも必要なのだと信じるように導かれた。そのような状況下で，困難に耐え将来の成功を目指して努力する子どもが「よい子」とされたのは当然であろう。二宮金次郎はそのステレオタイプの一つだった。しかし，階層性をはらむ社会構造や，打ち続く戦争の負担もあって，成功に向けた個人水準での競争が国民の大多数を巻き込むことは，20 世紀後半まで起こらなかった。

　戦後の経済成長が始まって数年たった 1960 年代に入ってから，わが国での受験競争が激化した。せめて人並みの，そしてできれば他人よりも成功する子どもに育てたいと願う親たちと，それに影響された教師たちが教育を競争事態ととらえるようになったのも不思議ではない。それは国や企業にとっても都合のよいことであった。このような状況下で，おとなが課す困難で面倒な課題に進んで取り組むような構えをもつ子ども，持続的な努力の傾注のできる子どもが「よい子」とされるのは当然である。正しい目標を達成するために不屈の努力をする態度が賞揚されたことは，当時の学習指導要領からも学校のモットーからもうかがえる。

　そのような意味での「よい子」は，実際的にも学校で有利だったと思われる。1970 年代になされた比較研究でも，アメリカと違って日本では，4 歳のときに持続性が高く衝動的でないことが，独創的であるよりも小学校でのよい成績と結びつきやすいことが見出されていた (Kashiwagi et al., 1984；6 章参照)。そ

して，日本の子どもの課題に対する構えが，そのような価値観が導く方向へと変化し，それに伴う成績の向上がもたらされた可能性もある（小嶋，1987；Kojima, 1988）。そしてその構えと能力は，学校だけではなく，産業においても活用され，わが国が達成した急速な生産性の向上と，2度にわたる石油ショックへの巧みな対処を導いたのであろう。与えられた課題に進んで取り組み，それを忠実に遂行するような構えをもっている子どもが「よい子」とされる点では，わが国の子ども像は歴史的な連続性を保っていたといえよう。脱工業化の流れと，1990年頃からの経済停滞の中にあっても，それは完全に過去のものになったとはいえない。

　ただし，誰のために持続的な努力をするかは時代とともに変化したし，また個人差もある。儒教による親への孝行の奨励，子どもの成功を通しての代理的自己実現を遂げようとした明治以来の母親に励まされた子どもの努力，親よりも国家と天皇のための滅私奉公の強調，会社人間などに見られる集団との同一視，小市民的な「わが家中心主義」，さらには国際的な視点に立って位置づけた自己の実現に至るまで，個人の努力が結びつけられた対象はさまざまであった。したがって，「よい子」の内容もそれと関連して変化した。

2. 調和的対人関係の維持

　自分が属する集団の内部の人々との間で調和的な対人関係をもつことが，子育ての目標としてわが国では強調されてきた。儒教の影響もあって，日本人の調和的対人関係の具体的なあり方は，本人と相手との関係（たとえば，父子，夫婦，兄弟，長幼など）により変わる相対的なものであった。現在でも各水準の集団で，対人関係のよさが人物を評価する中心次元であることは変わっていない。もちろん，個人と家族を取り巻く社会的ネットワークの中身は時代とともに変わってきた。最近になっていちばん目立つのは，ネットワークの中で親戚が占める位置の低下かもしれない。その上，地域社会がその機能を失ってきたので，子どもの社会ネットワークの中身が痩せてきた。

　調和的対人関係の重視する社会に住んでいることは，日本の児童の道徳的判断の特徴とつながっている可能性がある。すなわち，自分の行為に対して周囲の人がどう反応するかを考慮して，行為の善し悪しを判断する傾向が，わが国

の子どもに目立つという報告がある（7章参照）。またそれは，対人関係の中で子どもが経験する情動の特徴とも関連するであろう。

8.5 子どもの個性の問題

　個性は，学校，家庭，社会のいろいろの場で問題にされる概念であるが，心理学では深く論じることはなく，もっぱら個人差を問題にしてきた。したがって，個性に関して心理学が発言できる基盤は弱く，以下の記述は，実証的データよりも理論的考察にもとづいたものとなる。

8.5.1　社会の価値と個性

　現在のわが国では，「個性豊かな子ども」というのは明らかにプラスの評価を含んだ表現であるし，「ユニークな人」もふつうの状況ではプラスの評価を受ける。それに対して「個性の強い人」は，利己的か自己主張が強くて，集団の調和という視点からマイナスの意味がこめられていることが多い。これは，わが国では個性の発揮にプラスの価値を認める前提として，その持ち主が自分の属する集団の価値との連帯性・調和性を保っている必要があることの反映である。

　わが国でスローガンとしての「個性の尊重・発揮」が目立つようになったのは，日本社会を取り巻く外的状況の変化を社会が察知したからであろう。メンバーの斉一性が高い集団は，外的な状況との間で適合関係を保っている限りは効率が高いが，状況が変わると意外な脆さを露呈することがある。ある程度の多様性のあるメンバーから構成された集団のほうが，状況の変化に柔軟に対応できると社会が認めるようになると，個性の発揮が期待されるようになる。そして，集団全体にとって役立つような特徴をもったユニークなメンバーが，プラスの評価を受けるようになる。

　しかし，スローガンが先行して，個性を表面的な望ましい特徴に限定して考えるのでは，集団のメンバーによって尊重されるような目立った特徴をもたない子どもについては，「何の取り柄もない」として本人や親の悩みとなること

も起こり得る。それでは集団の一員としての利用価値が強調され，代理不可能な個人としてのあり方が無視されることになる。そこから，「自分らしさとしての個性」という視点が浮かび上がる。

8.5.2　自分らしさとしての個性

　個性は個人差とは違うのだとよくいわれる。特定の測定可能な人間の特徴に散らばりがあれば，それは個人差の問題である。したがって，特定の子どもが，何かの物差しの上で特別に高いまたは低い位置を占めるだけでは，個性だとは見なされない。まず，共通の次元を用いてとらえられる範囲でいうと，子どもがもつ個々の特徴自体ではなく，諸特徴の組合せの独自のパターンが，個性として認められる基礎となる。つまり，何か突出した特徴をもたないと，個性的とはいえないと考える必要はない。特別に優れた能力や特技をもっていたり，仲間から認められるような魅力があるかという点から個性の豊かさを判断しようとする傾向があるが，突出した特徴も，他の側面での特徴との組合せによって，それがもつ意味が変わる。

　それは，個性は一部の子どもだけに認められるもので，大部分の子どもには無縁のものだとはしない考え方である。親，教師，あるいは仲間が，「いかにもあの子らしい」と感じる全体的特徴が個性の中核をなす。それは社会的相互作用を通して本人にフィードバックされて，当の子ども自身が「自分らしさ」と感じるに至り，「これが変われば自分ではなくなる」と感じることすらある。それは，特定の素質的要因を負い，これまでの成育環境の中で子ども自身が生きてきた所産である。そこには，人生のある時期に特定の経験をもったという歴史的な一回性をもつ出来事との出会い（ある本で感銘を受けた，ある先生に出会った，学校でよい友達を得たなど）の結果も含まれている。

　このような視点に立てば，客観的基準に照らして単独に評価すると欠点とされる特徴も，子ども全体の姿の「趣き」あるいは「味わい」を増すものとして意味づけられる道が開ける。この立場は，周囲の者が，一人ひとりの子どもという存在を本質的に受容・尊重し，肯定するという姿勢を前提とする。それは，本人が周囲の者と暖かい関係を保ちながら，「自分らしさ」を確認する重要な

力となる。そうなると，客観的に査定すれば目立った特徴をもたない子どもでも，個性を確認し発揮する道が開ける。つまり，自分らしくあることに意味を認めることのできる子どもは，自己を受容し信頼して，のびのびと行動して経験を積み，それを通して変化・成長していくと考えられるのである。

　子どもを本質的に受容することは，周囲の者が子どもとぶつかることを避けることではない。「相手がぶつかることを避けているのは，自分のことを真剣に考えていないからだ」と子どもが受け止めると，子どもは相手を試そうとして，わざと無理な主張をするかもしれない。それが抵抗もなく通ると，子どもは自分の「仮説」が検証されたと考えて，ますます虚しい気持ちになるだろう。対人的葛藤を相互に調整することを通して，「親はこう考えているのか」とか，「子どもにはこんな面があったのか」といった相手への理解が深まる。それとともに，自分の特徴や，相手とは違う自分の独自性の確認もできるのである。そのような過程をくぐり抜けて，おとなと子ども，あるいは仲間同士の間で，自他の個性の確認と尊重が可能となる。

　一方，何でもよいから子どものよい点を見つけて励ましてやって，自信をもたせれば十分ではないかという主張もなされる。「どの子どもにも必ずよい点が一つはあるものだ」と信じておとなが子どもに接すること，また子どもが，「自分にもきっと優れた点があるはずで，それを見つけ出して磨こう」と決心すること — これは，指導者として成功したおとな，あるいは子ども時代からの努力の結果として何かをなし遂げた人から，よく聞くことである。これには確かに真理の一半が含まれていて，その信念が人間の生き方に大きな働きをすることがある。

　しかし，おとなが子どもの特定の特徴を取り上げてプラスの評価を与えて励ましても，小学校以降の子どもの自己像や自己の受容の程度はそう簡単には変わらないことがある。おとなが子どもの特徴に注目して励ますからには，子どものパーソナリティ全体を考慮して働きかけるとともに，子どもを他者による承認に過敏にさせないような働きかけである必要がある。承認への欲求が過度の子どもは，自分らしさの確認も困難になるだろう。

　このように考えると，子どもの個性の問題の基礎に，どのように生きようと

する自分をよしとするかという，生き方の価値がかかわっていることが分かる。他の人のそれと同じであっても違っていても，自分らしい生きかたをしているかが問題なのである。最初に述べた個々の特徴の組合せの独自のパターンも，それを本人が自分らしいものとして受け容れることなしには個性とはいえないのだととらえ直せる。子どもの特徴の大部分は他の子どもたちと共通の次元で記述できる。ただし，どの次元を重視するかには，個人によって違いがあってよい。

　さらに，特定の子どもにだけ当てはまる次元やカテゴリーが存在する可能性はあるが，共通特性の確認を中心課題とする心理学の方法では，それはとらえられない。子どもの個性の問題には，子ども自身の条件，家庭と学校の条件・社会の条件から，わが国の文化の問題に至るまでの多くの要因が，複雑に絡み合っているが，現在の心理学的方法は，個性を把握するための基礎資料を提供できるだけである。

8.5.3　物語りとしての自己

　現在の自己は，それに至る形成の歴史をもっている。その歴史を振り返って自分がたどってきた軌跡をまとめてとらえ，その意味づけをする営みを，自己物語り（self-narrative）としてとらえる視点が，心理学を含んだ人文・社会科学の領域で，1990年代から目立つようになってきた。その研究のほぼすべてが，青年期以降を対象者にしている。しかし，児童も自己を物語る主体としての機能を備え始めていることは十分に考えられる。個性をとらえる視点を，現時点での他者との比較を中心としたものから，自分に固有の歴史的歩みと，それにもとづく個別的な未来展望とに移すことによって，自分らしい生き方の確認へとつながる可能性が開けるのではないか。高学年児童を対象としたケース研究の蓄積が待たれる。

■ まとめ

1. パーソナリティを理解することは，専門家だけの仕事ではなく，一般のおとなや子どもにとっても日常生活にかかわる課題である。そのためには，

いくつかの種類の情報をまとめて把握するための枠組みを，各自が形成する必要がある。
2. 児童期にも，情緒と絡む問題が起こるので，おとなは心理的問題の理解を深める必要がある。
3. 性役割は，本人の社会的適応と能力の発揮にかかわる重要なテーマである。それには，社会的・歴史的背景がある。性役割観の維持・再生産に，心理学が加担した可能性がある。
4. 「自分」の2つの側面，すなわち主体としての自分と客体としての自分とは相互に関連して働き，自己理解や自己受容は，人間の精神生活に重要な役割を果たしている。
5. 日本の青年が自己否定的であることは繰返し報告されているが，小学校高学年頃からの自己評価の仕組みを詳しく調べる必要がある。
6. 理想的な子ども像は，歴史的・文化的視点から理解する必要がある。
7. 個性は，個人差の問題に帰着させることができない。自分らしさには，自分の歩みを含めた自己受容が本質的に関わっている。

[参考図書]
東　洋・柏木惠子・高橋惠子（編・監訳）1993　生涯発達の心理学（第2巻）　気質・自己・パーソナリティ　新曜社
バンデューラ　A.（編）本明　寛ほか（訳）1997　激動社会の中の自己効力　金子書房
榎本博明　1999　〈私〉の心理学的探求：物語としての自己の視点から　有斐閣
遠藤辰雄・井上祥治・蘭　千壽（編）1992　セルフ・エスティームの心理学：自己価値の探求　ナカニシヤ出版
梶田叡一（編）2002　自己意識研究の現在　ナカニシヤ出版
柏木惠子（編）1992　新・児童心理学講座（第10巻）　パーソナリティの発達　金子書房
人間主義心理学会（編）1999　人間の本質と自己実現　川島書店
テオフラストス　森　進一（訳）1982　人さまざま　岩波書店（岩波文庫）

家庭生活と家族関係

- 日本の家族生活はどのように変わってきたのか？　その現状は？
  ── 家庭の中での子どもの役割
- 家族関係をどう理解するか？── 親子関係，夫婦関係，きょうだい関係
- 子どもの発達と結びつく親の機能とは？

　本章では，子どもの生活の基盤としての家庭での生活を家族関係を中心に考察する。最初に，現在のわが国の家族生活を歴史の流れの中に位置づけてみる。わが国で直系の小家族を生活の基本単位とする社会になったのは，およそ4世紀余り前，すなわち近世に入る頃のことといわれている。そして18世紀に入ると，今日の家族生活の心情や，親子関係についての心性（メンタリティ）につながるものが明確に現れている。明治から現在までの社会的変化に注目するとともに，それ以前に形成された日本の文化的基盤を無視できない。

　現在の生活時間調査にも現れているように，今の子どもは，家庭の中でこれといった役割がなく，短時間の勉強や読書をするほかは，遊びや気晴らしの消費生活を送っているだけである。それが子どもの発達にとってどのような影響をもち得るのかを検討する必要がある。

　9.2 では，家族関係をどのように理解するかを扱う。家族関係をとらえる視点のあらましについて説明した後で，家族関係の主要な側面が何であるかを，親子関係，夫婦関係，そしてきょうだい関係に分けて説明する。その過程で，上記の3つの関係の間に相互規定的関係があることが分かってくる。

　9.3 では，子どもの発達に結びつく親の機能に問題を絞る。親は子どもの発達に関してどのような役割を果たしているのかを，情緒的・実際的に支援する役割，目標に方向づけ励ます役割，教え社会化する役割，という対人関係の側面と，子どもが育つ場を組み立てる側面とに分けて説明する。とくに，家庭と学校との連携が欠けがちである現在，家庭と学校の両方から，社会的ネットワークを形成する努力が重要となる。

9.1 家族生活の変化と現状

9.1.1 現在の家族生活の源流

　わが国の農村部で小農経営が確立して，直系の小家族が中心を占めるようになったのは，17世紀前後のことといわれている。人口のおよそ8割を占めていたとされた農民層で直系家族からなるイエが構成されて以来，小家族を生活の基本単位とする社会が，わが国では4世紀ほど，階級・地域を通じて続いてきたことになる。そして社会が安定し経済が発展した17世紀半ばから18世紀初めにかけて，今日の家族生活や親子の心情（センチメント）のもととなるものが民衆の中に広がったと考えられる。それはまた，後に日本の近代化をもたらす基盤が形成された時期でもあった（大石たち，1986）。

　この頃に，日本の親子関係観や家族の心性（メンタリティ）に質的な転換が起こった可能性がある（本田，1988；片岡，1988）。全国各地に形成された城下町に武士と町人が住むようになったことは，生活の都市化を生み，それは家族生活にも大きな影響を与えたものと考えられる。次に示す教訓歌は，町人の子ども向けのものであるが，家族内で過ごす子どもや，数え年の10歳頃から商家の丁稚奉公に出た子どもたちに，親との関係，きょうだい関係，同輩との関係などについての心構えを説いたものである（小嶋，1989）。

　　御師匠や　父母にいわれず　こそこそと　かくす事なら　かたくいたすな
　　兄弟は　唯むつまじく　したしめよ　これが父母への　すぐに孝行
　　喧嘩すな　角力(すもう)もとるな　よその子を　せぶらかす［いじめる］なよ
　　　　仕かえしもすな
　　傍輩は　仲むつまじく　我よりも　下なるものを　あわれみてやれ
　　　　　　　　　　　　　　　　　　　（脇坂義堂『撫育草(そだてぐさ)』，1803年から）

9.1.2 家族の変貌

　その後，明治維新後の国家主義や産業社会化，そして第2次世界大戦後の社会的・法的変化を経て今日に至るまで，家族は揺れを含みながらも，一定の変

化の路線をたどってきた。それは，一つには家族社会学でいう**家族の機能の縮小**である。家族は以前にもっていた機能をだんだんと果たさなくなり，外部機関による家族機能の肩代わりが進んだ。学校による教育，行政機関による社会福祉システム，家事労働の外注化などはその例である。1910～20年代にわが国で成熟段階に達した産業革命と資本主義経済システムは，核家族化・少子化を促したが，その傾向は近年になっていちだんと目立つようになった。

　家庭生活の電化・省力化や，テレビに始まるマスメディアの普及，インターネットや携帯電話のような遠隔コミュニケーション・システムの普及は，家族生活にも大きな影響をもたらした。また，女性の高等教育進学率の向上と職業進出，働く母親の増加と父親の育児参加などの傾向は，性役割分担（8章参照）の変化とつながっている。さらに，子どものいない家族や単親家族を初めとした多様な家族の出現によって，家族システムも家族成員のライフコースも多様性をもち，長寿化社会の中で家族のあり方も新たな変化の過程をたどり始めた。このような状況の中で現在の子どもは家族生活を送っているが，児童期の子どもにとって，家族は依然として生活の基盤であり，また，学校生活に対するホーム・ベースである。家庭環境や家族関係は，現在の子どもの生活と将来にわたる発達に対して大きな意味をもち続けている。

　家庭で子どもは時間的にどのような生活を送っているのであろうか。図9.1は，1987年の秋の平日の1日に，都市・農村・山村・漁村に住む138名の小学校4年生の生活時間を，個別面接により調べた藤本（1989）の研究結果にもとづいたものである。4つの地域の男女児をほぼ同数ずつ集めた調査対象が，日本の子どもの縮図になっているわけではない。しかし地域別の違いと性差とは大きくなかったので，全体をまとめた結果が示してある。それは，朝起きてから（平均して7時前）夜に寝るまで（9時半前であった）の時間から，学校の始業から終業までの時間を除いた間を，子どもがどのように過ごしているかを示したものである。それによると，合計で3時間足らずの遊び時間の内で，外遊びは学校でするものも含めて20分程度で，テレビ視聴や他の内遊びが多くの時間を占めていたことが分かる。家庭での学習時間は1時間足らずあり，塾・けいこごとを加えるとかなりの時間を占めていた。そして，マンガ・雑誌

外遊び（学校）	外遊び（地域）	内遊び	テレビ視聴	マンガ・雑誌	読書	家庭学習	塾・おけいこごと	スポーツ教室	仕事
11	11	33	101	16	10	54	29	19	9

（単位：分）

注）起床時刻 6:52，就寝時刻 21:23。

図9.1　4年生の平日の平均的な生活時間（1987年秋）（藤本，1989から作図）

を除いた読書と家での仕事には，わずかの時間しか割かれていない。子どもがその時間，誰と接していたのかは直接には分からないが，周囲に誰かがいたにしても，浅い水準での社会的相互作用しかもたないテレビ視聴やテレビゲームが中心になっていたことは確かである。同じ方法を用いた時代的変化を示す資料は見当たらないが，家庭での学習時間の平均が減少して，普通の日にはほとんど家庭学習をしない子どもの比率が増加している可能性がある。

9.1.3　家庭の中での子どもの役割

　医学と社会の仕組みの進歩は，確かに子どもにプラスとなるものをもたらした。子どもの死亡率は大幅に下がり，保護されず苛酷な扱いを受ける子どもや厳しい労働に従事する年少者の数が減り，また子どもには質のよい長期間にわたる教育が提供されるようになってきた（2章参照）。家庭の中でも，経済発展の恩恵を受け，さらに少子化の要因も関係して，文化的・教育的に高い水準の環境が子どもに提供されるようになった。絶対的な水準での経済的貧困が家族関係や子どもの精神生活にマイナスの影響を与えることは，アメリカのような「先進国」でも報告されている。その意味で，今の日本の子どもの多くは，家庭や社会の中で，以前の子どもが享受しなかったような幸せな地位にいるとも

いえる。**BOX9.1**に示すような子どもの姿は，遠い過去のようにも思われる。しかし，近年の厳しい社会的・経済的状況下で，社会的安全網（セーフティ・ネット）からもれる不安定な家族があると，子どもの身体的・精神的健康が脅かされることを見逃してはならない。

しかし一方で，現在のわが国の子どもは，1950年代頃の子どもと比べてさえ，「自分が必要とされている」と実感できる経験が，ずっと減ったといえる（小嶋，2001）。以前の子どもは，道具的にいって役に立つ子どもであった（2章参照）。家の仕事に限っても，子守，水汲み，薪集め，掃除，台所仕事，お使い，動物の世話，店番，農作業を初めとしたいろいろの仕事が子どもに課せられた。子どもは必ずしも喜んでそれをしたわけではなかった。それは遊びの妨げになるし，怠けたり仕事のやり方が悪いと叱られる種となった。しかし，子どもは家の仕事に参加することを通して，自分が家族集団につながっていることを自覚できた。「自分が水汲みをしたから，皆が風呂に入れる」とか，「自分が集金してこないと，家の支払いが滞る」と分かることによって，「自分は家に役立っている」という感覚が獲得できた。そのような経験を通して，子どもは自分が何者であるかを徐々に確認していったものと思われる。このような経験をもつ機会は，学校や地域社会などでもあった（2章参照）。

BOX 9.1　桜田文吾（新聞記者）による1890年の記録による記述から

今宮村［大阪］付近の一大塵芥場では，秋の激しい日ざしに猛烈な悪臭を放つゴミの山の上を，子供を含む7，8人の掘り屋が熊手を持って藁屑や瀬戸物を搔き出している。……［飴屋の］管竹をキリキリ鳴らすと12歳ほどの女児に8つばかりの男の子が駆けより「これ易えてんか」と贋鼈甲の歯抜け櫛や鍋の底，あるいは釘数本を差しだす。姉弟であろう。「よし」といって飴を姉に2つ，弟に1つ与える。……また「易えてんか」の声に振り返ると，頭部一面を悪性のできものに覆われた8つくらいの子供が，数枚の紙屑を差しだす。断るとベソをかいて去っていった。
（紀田順一郎『東京の下層社会』新潮社，1990から。注：年齢は数え年である。）

それに対して，いまの子どもは大切にされているようであるが，家庭，学校，地域社会のどこにおいても，これという役割がない。子どもは適当に勉強をしてさえいればよく，後は消費的生活を送っている。つまり，生産や家庭・学校・地域社会の運営に子どもの手が必要とされなくなったために，子どもはそれにほとんど参与していない。わが国の小学生を対象にしたいくつかの調査は，「家でときどき仕事をする」子どもがいちばん多く，「毎日のようにきまってする」ものと「ほとんどしない」子どもはそれより少ない。しかし，その実質は，時間的にも短く内容的にも乏しいものである。たとえば，上記の藤本（1989）の研究では，4年生の子どもが平日の1日に家で仕事をした時間は，平均して10分以下であり，それに性別と地域（都市，農村，山村，漁村）による目立った差はない。主な仕事内容は，食卓のセッティング，ふとんの上げ下ろし，風呂掃除にペットの世話であった（図9.1参照）。

このように，家でいわゆる「お手伝い」をする子どもはいるが，それは家庭の運営に必要な仕事としてではなくて，「子どものしつけや教育にとってそれが必要な手段である」と親が信じているから課せられるものである。共働き家庭，病人や高齢者の介護に人手がいる家庭，子どもの家事参加の必要性を認める親などのもとで，年少の子どもにできることから指導を始め，小学校半ば頃には，男児・女児にかかわらず，実質的に家事の相当部分を分担できるようになっているケースが見られるとしても，それはごく少数派にとどまっている。

家庭の中で子どもが役目として仕事をすることが，心理的発達にとってどのような役割を果たすかについては，あまり問題にされなかった。しかし，オーストラリアのグッドナウ（Goodnow, 1988）のレヴュー論文にもあるように，家庭での子どもの仕事は，向社会性の発達，責任感の養成，おとなの指導による学習，性役割の獲得など，子どもの発達上の多くの問題とつながりをもっていて，研究の必要性に気づかれ始めている。実際，他者への思いやりに関する研究（Grusec et al., 1996）は，9～14歳の子どもを対象にして，家の仕事と身辺の自立に関する仕事を日常的にしている年長児の場合には家族に対する思いやりが高い傾向を見出した。

アメリカの中流家庭の9～12歳児（すべて第1子）を対象にした研究

(McHale et al., 1990) は，小サンプルの結果であるので注意して受けとる必要があるが，とくに男児において，子どもの家事参加度と子どもの特徴との間に興味深い関係があることを見出している。この研究では，子どもと両親は別々に，その日に 12 種類の家事のうちのどれを・どれくらいの時間・誰としたかについて，夜に電話で尋ねられた (7 日間)。子どもの参加度に関しては，伝統的に女性の役割とされてきた仕事 (ベッドメイキング，掃除，料理，食器洗い，洗濯) に関しては，女児のほうがよくしており，また，共働き家庭の子どものほうがよくする傾向 (ただし，統計的には有意ではなかった) があった (図 9.2)。

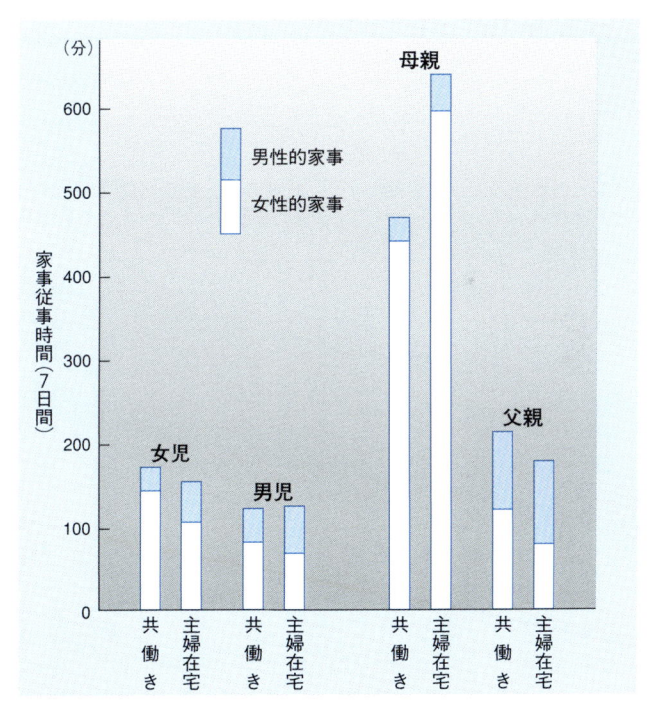

図9.2　家庭の就労形態による子どもと親の家事従事時間 (McHale et al., 1990から作図)

子どもの役割参加には夫婦間の役割分担が絡んでいる（Goodnow & Bowes, 1994）。

子どもの心理学的側面との関係についての結果を一言でいうと，伝統的に女性的仕事とされている家事をよくしている共働き家庭の男児は，それをあまりしていない共働き家庭の男児よりも，プラスの特徴を多く示した（家での責任をストレスと感じない，自分を有能だと感じている，父親と母親に受容されていると感じている）。それに対して，父親だけが働いている家庭の男児では，その逆の関係にあった（図9.3）。このように，家での仕事に参加することの効果は，子どもの性別や母親が働いているかによって変わり，それには，家族成員の性役割行動や性役割観（8章参照）が絡んでいる可能性が示された。

実質的な意味をもつほどの家事参加をしている子どもがもっと少数派であり，

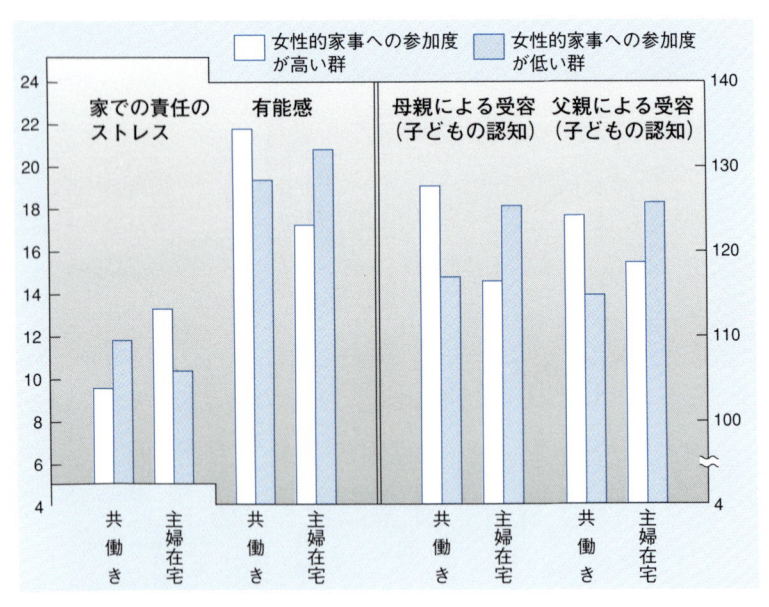

図9.3　家庭の就労形態と家事参加度の組合せと，子どもの心理学的特徴との関係（男児）
（McHale at al., 1990から作図）

性役割観にも違いがあるうえに，平日に父親と子どもが接触する時間が少ない日本で，同じ結果になるとは限らない。実際，日本の父親はアメリカよりも家事参加度が低い。6～14歳の子どもを少なくとも1人もち，都市部に住む日米の夫婦を対象にした研究（Kamo, 1994）では，アメリカの夫婦のほうが家事をよく相互分担していた。このような状況においては，家事参加する父親と子どもという少数派の行動は，現実の必要性が高くその正当性についての確信がないと，子どもの立場からも親の立場からも，なかなか取りにくい。

9.2 家族関係の理解

9.2.1 家族関係を把握する視点

　家族のありようが子どもや他の家族成員の心理的生活と発達に大きな影響をもたらすということは，専門家だけでなく一般人にも広く受け入れられている考えである。子どもに何かの問題が起こると，家族関係に原因を求める社会的傾向が目立つ。また逆に，子どもの成長に伴って，あるいは家族成員の障害や病気によって起こる家族の構造や機能の大きな変化を例にとって考えれば分かるように，成員に何かの変化が起これば，それは家族関係に影響を与える。

　家族内の人間関係全体を家族関係と呼んでおくと，そこにはいくつかの下位の対人関係が存在する。両親と2人の子どもからなる核家族を例にとって考えてみよう。するとそこには，夫婦関係，父子関係，母子関係，きょうだい関係が見られ，それら相互の間にも複雑な関連がある。たとえば，夫婦仲がよくない家庭では，親や子どもの情緒的不安定性や対人行動の偏りや，一方の親が子どもと連合を組んで配偶者に対抗しようとするところから，母子関係や父子関係にひびが入ったり歪みが生じたりすることがある。また，親が子どもを不公平に扱う（例；待遇が違う，同じことをしても地位や性別によって叱り方が違う，一方を偏愛するなど）と子どもに嫉妬心が生じて，きょうだい間の葛藤が激しくなるだけでなくて，そのような扱いをする親に不満や恨みを抱くこともある。さらに，きょうだい同士の張り合いが強すぎることが，親子関係だけでなく夫婦関係に影響することも起こり得る。家族内での人間関係は，家庭生活

だけではなくて，家庭外の生活にも影響し得る。そのことは，家族関係に問題をもつ子どもやおとなが学校や職場でどのように行動をするかを例にとって考えてみると分かる。

家族関係は，上記の諸要因の他にも，両親の育ちや結婚後の生活史などの過去の要因，親と子どもの種々の個人的要因（身体的条件，気質の違い，パーソナリティなど）とその組合せの効果（いわゆる相性），さらには家族を取り巻く外部要因（親戚・友人・近隣の社会的ネットワークの性質，家族の経済的条件，子どもの通う学校の条件，親の職場の条件など）といった多くの要因が絡み合って形成されるものである。したがって，特定の家族の現時点での家族関係を理解するためには，上記の諸要因を考慮に入れて関連する諸情報を収集して，それらを統合することが大切である。児童がもつ家族関係を調べようとするとき，少なくとも子どもと親の間の関係に加えて，家族全体についても情報を集める必要がある。

そのときに注意すべきことは，誰から情報を得たかを区別することである。たとえば，母親が特定の子どもにどのような態度・行動をとっているかについては，母親自身と父親，当の子ども，そして他の子どもなどの家族成員の他に，外部の観察者から情報が得られる可能性がある。現実には，そのうちの1つかせいぜい2つの情報源からのデータしか得られないことが多い。しかしいずれにせよ，誰が提供した情報であるかを考慮して利用することが重要である。

親子関係を例にとっていうと，当事者である親や子どもが報告する関係は，親子関係の客観的状態をそのまま反映したものではない。しかし，親や子どもが，自分たちの間の関係をどのようなものとして受けとめて表現するのか，その表現が親子の間でどの側面では一致し，どの側面では食い違うのか——これらは親子関係に関する重要な情報を与えてくれる。

9.2.2　家族関係の主要な側面
1.　親 子 関 係

子どもに対して親がとる態度・行動をとらえるときに，どのような側面を組み合わせればよいのだろうか。これまでの理論的なあるいは因子分析法などに

よる実証的な研究結果を要約すると，子どもの年齢や測定方法の差異を超えて，安定して見出されてきたのは，①子どもを受容するか－拒否するかという愛情の次元と，②子どもを統制するか－子どもの自律にまかせるかという統制の次元の2つだといえる。これはそれまでの親子の相互作用の経験を通して，親子間に成立した関係を反映したものである。そのような親の行動を子どもがどのように受けとめ，感じ，反応しているかが分かれば，親子関係の理解が進む。

　上記の2次元は，親子関係にとどまらず，上役－部下，教師－生徒，指導者－被指導者などのように地位・役割に差のある非対称的（asymmetric）対人関係（タテの関係）や，友人・仲間のような対称的（symmetric）対人関係（ヨコの関係），あるいは対称性と非対称性の両方の性質をもつきょうだい関係（ナナメの関係）など，人間関係一般にかなり当てはまる基本的な2次元である。親の行動の第3の次元として何を取り上げるかになると，研究結果の一貫性は下がるが，その中で比較的繰り返して見出されるのが，③不安をもち，緊張して接触をするか－ゆったりと接するかの次元である。また，④子どもの社会性を促進させようとするかどうかも，意味ある次元である。

2. 夫婦関係

　夫婦関係をとらえる次元のうち，子どもの取扱いと関係するものとして重要なものを考えると，⑤夫婦間のコミュニケーションがうまくいっているかどうかという点と，⑥子どもに関する決定権を握っているのは夫か妻かという点，すなわち，配偶者間の力関係である。後に挙げる⑦家族全体の雰囲気は，夫婦関係によっていちばん強く影響される。

　夫婦関係と母子間・父子間の相互作用の関係を小学生水準で調べた研究は少ない。小学校低学年の子どもをもつアメリカの中～中の上の階層に属する白人家族を対象にしたブロディたち（Brody et al., 1986）の研究では，夫婦関係の質問紙に対する夫婦別々の反応を合わせて，問題の比較的多い家族と少ない家族とに分けた。そして，観察室で子どもに本を読む課題と折り紙を教える課題のもとでの母－子間と父－子間の相互作用を観察して，群比較をした。

　その結果（図9.4），夫婦間問題の多い父親は，子どもにプラスのフィードバックを与えることが少なく，子どもを支配する傾向が強かった。それに対し

て問題の多い母親は，子どもに問いかけとことばによる指導を多くし，プラスのフィードバックや情報提供のフィードバックをよく与え，そして支配せずに子どもの努力を見守る傾向があった。そして，親に対する子ども応答性も上記の親の行動の差に対応していた。このように，夫婦関係にやや不満をもつ母親は，子どもとの相互作用によく関与し，子どももそれに対応した行動を示す傾向があった。ブロディたちは，この母親の熱心さを，夫への不満の心理的補償か，あるいは子どもに親切でない夫の行動とバランスをとる試みだと解釈をした。

3. きょうだい関係

きょうだい関係は，年齢構成や性別の組合せによっていくらか変わるが，そ

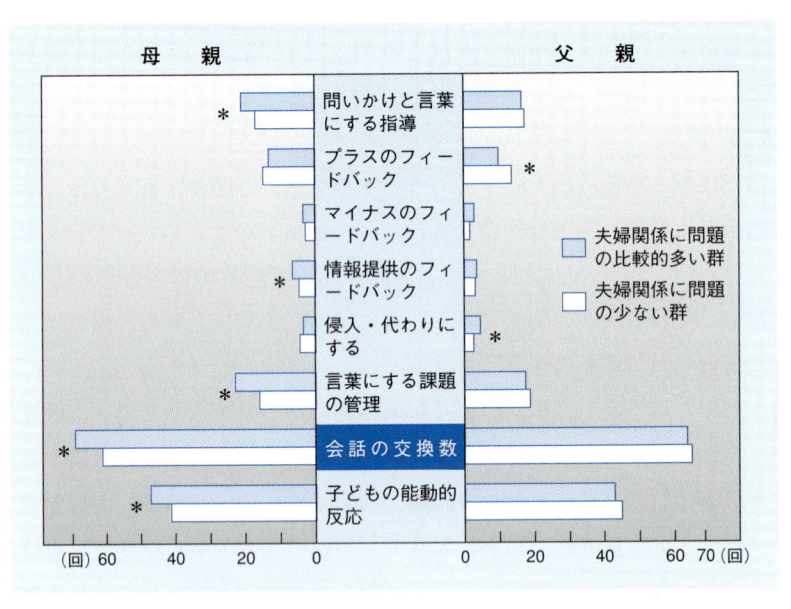

図9.4　夫婦関係と親子の相互作用（Brody et al., 1986から作図）
＊は統計的に有意な群差（少なくとも5％水準）を示す。

のような形式的条件よりも，それまでの家族内部での相互作用の歴史という実質的条件によって規定される部分が大きい。小学校高学年の頃には，子どもはきょうだい関係についてのかなりはっきりした考えを発展させている。ファーマンたち (Furman & Buhrmester, 1985) が高学年の子どもの反応をまとめたところ，大多数の子どもが言及したのは，①コンパニオンとしての関係，親切・おもいやり，愛情・親密さ，きょうだいの賛嘆 (admiration) などに関する暖かさと親密さの側面，②対立・けんか，競争に関する葛藤の側面，そして③世話や支配に関する地位・勢力の側面であった。

彼らはまた，質問紙によって小学校3, 6年生，中学3年，高校3年生の4年齢段階のきょうだい関係の年齢による違いを報告している (Buhrmester & Furman, 1990)。それによると，年齢が進むにつれて上のきょうだいによる支配や世話行動が減り，きょうだい関係は対等のものとなっていく。しかしそれと同時にきょうだい間でにコンパニオンとしての関係，親密さ，情愛なども低下し，関係がだんだんと薄いものになっていくことも見られた。

依田 (1990) は，二人きょうだいを対象にして，子どもがきょうだい関係をどのように認知しているかによって，対立関係，調和関係，専制関係，そして分離関係に分けた。そして1965年と1981年の調査結果 (2回の調査対象とした地区と対象年齢範囲とは完全に同じではない) を比較した。その結果，1981年には前よりも対立と専制が減少して (それぞれ，40→26％；9→7％)，調和と分離が増加した (27→41；14→26％) ことが見出された。15年のうちに，一方が他方を支配してしまうか，あるいはそのように収まらないで対立する関係が減り，仲よくするのと，積極的な交渉をもたない関係が増えたことは，社会的変化を反映している可能性があって興味深い。

すなわち，専制と対立は，ともにきょうだい間の地位関係にかかわるものである。下の子どもに対して親が，「お兄さんに逆らわずに，言うことを聞きなさい」というたしなめ方をすると，きょうだい間に専制関係が生じやすいであろう。また，下の子どもがそれに抵抗すると，対立関係と受けとめられやすいであろう。そのような親の扱いが，上記の期間のうちに減少したかどうかは分からない。しかし，「お兄さんだから」，「お姉さんだから」ということばが，

上の子を制限するために発せられることが多く，下の子を制限するためにはほとんど使われなくなったことは十分に考えられ，それが上記のような結果を生み出す一つの要因と思われる。なお，分離関係の増加を，依田は個室の普及と関係するものと解釈した。

　きょうだい関係と親子関係の間には，微妙な連関がある。児童期の子どもにおけるその連関は，幼児期のそれほど，まだ明確にされていない。一般的にいうと，親子関係が調和的であると，きょうだいの仲もよいという傾向があるが，それは安定した家族であるかどうかの反映だと見なせる。また，親がきょうだい関係に関心をもち，葛藤が起こればその調整に努めるような家庭では，きょうだい関係も安定しやすいことも関係しているであろう。

　しかし，子どもは親と自分の関係と親ときょうだいの関係とを比較することが多い。そして親ときょうだいとの関係のほうが，自分のよりも有利（いつも親が可愛がる，きょうだいがうまく親を利用するなど）だと感じると，相手のきょうだいを羨ましく思いやすい。その羨望や嫉妬の感情がきょうだいに向けられると，だんだんきょうだい間の関係が対立的になることがある。

　また，何かの原因によって，きょうだい間の葛藤が強い場合には，それを収めるために親が介入する必要が出てくる。しかし，そのような場合には，きょうだいの双方が公平だと感じ同じくらい満足する結果になるとは限らず，親が葛藤に巻き込まれることも起こる。そして，ときにはそれが両親を巻き込んだ家族内部での対立的な連合を生じさせることもある。

4. 家族全体の特徴

　上記の諸側面の他に，⑦家庭全体の雰囲気が良いかどうかという家族内の調和と，⑧家族に対する社会的支援体制（social support system）が整っているか欠けているかが重要な側面となる。後者は，家族成員がストレスに対処できるかどうかに強くかかわる要因として注目されているものである。

　表9.1は，上記の①～⑧の側面を，小・中学生をもつ両親がそれぞれどのようにとらえているかを問う質問紙調査票の項目の例を示している。また，表9.2は，子どもがきょうだい関係をどうとらえているかを面接法で調べる際の項目例である。

9.2 家族関係の理解

表9.1 両親の報告する家族関係調査 (FRI) の8尺度と項目例
(小嶋たち, 1988 から)

尺度名	項目例（母親用）
子どもの受容	子どもと遊んだり話したりするのが楽しい
子どもに対する支配・統制	子どもに家のきまりを守るようにやかましくいうことはない*
子どもについての不安	子どもによくないことが起こらないかと心配である
子どもの社会性の促進	子どもが友達を家につれてくることは，あまり歓迎できない*
夫婦間のコミュニケーション	夫が子どものことをどう考えているのかがよくわからない*
配偶者間の力関係［自分優位］	家で子どもが一目置いているのは，夫よりも私の方である
家族内の調和	家にいると気持ちがゆったりとして落ち着く
家族内外の支援体制の欠如	子どもについての心配事を聞いてくれる友達がいる*

注）各尺度は10項目からなり，〈そう・いくらか・ちがう〉の3段階の反応をもとに尺度得点を算出する（*は逆転項目を示す）。対応した項目を父母別々の質問紙で尋ねて，両親の得点を関連させて家族関係を探る。

表9.2 子どもがとらえているきょうだいとの関係を調べる面接項目の例
［対象：5〜6年生］(Furman & Buhrmester, 1985 から)

特定のきょうだいS（上または下）との関係を尋ねる項目

1 あなたとSとの間の関係について話してください。
2 兄（または姉，弟，妹）がいるって，どういうことでしょう。
3 Sとの関係で，よい点について，思いつけることを全部いってください。
4 Sとの関係で，それほどよくない点についてはどうでしょう。
5 Sとの関係は，あなたにとってどれほど大切ですか。なぜ大切なのですか。

9.3 子どもの発達と結びついた親の機能

子どもの発達に関して、親はどのような役割を果たしているのであろうか。それを対人関係と、子どもが育つ場の組立ての2側面からまとめておく。

9.3.1 対人関係の面での機能

子どもの発達とのかかわりで親が果たす心理学的機能の主なものは、子どもを情緒的・実際的に支えること、子どもに目標に方向づけて励ますこと、そして子どもに教え、社会化していくことの3つにまとめられる。

1. 情緒的・実際的支持

人間は、一生涯、何らかの精神的な支えを必要とし続ける存在だと思われる。子どももおとなも、嬉しいことがあったら、それを一緒に喜んでくれる人に話したくなる。あるいは、挫けそうになったときに、自分のことを考えてくれていると確信できる存在を心に思い浮かべて、必死に自分を支えようとする。これらは、精神的な支えの例である。子どもの発達過程を考えると、まずそのような支え手となれるのは、圧倒的に親である。また、子どもは日常生活の中で実際的な援助を必要としている。この点をいちばんよく満たすことのできるのも、親である (7章参照)。

子どもの支えとなるのは、それが必要なときにその場にいて実際的に援助するだけでなくて、子どもの状態に対する感受性をもっていて、子どもからの働きかけのうまく応答できる親であろう。アメリカの研究は、この点に関して社会階層差を見出している (Laosa, 1981; Maccoby, 1984)。すなわち、一般的にいって下の階層の親と比べて中の階層の親は、子どもとの接触をよくもち、子どもの質問に対して多くの情報を提供する傾向がある。わが国でも、親が子どもとの間にもつ接触や子どもへの関心と、親の教育年数との間には、弱いプラスの相関が認められることがある。それには、接触を確保するための時間的・精神的余裕の違いの他に、接触がもつ意味を認めている親かどうかの違いも関係しているものと思われる。

2. 目標への方向づけと励まし

　子どもは成長する過程で，新しい経験に何回も出会う。とくに，入学・転居のような生態学的移行の場面では，子どもが対処を迫られる新しい事態が起こりやすい。また，新しい知識に触れたり，新しい技能の習得が必要が生じることは，子どもの生活でよく生じるものである。そのようなときに，子どもを新しい目標に方向づけ，それにチャレンジするのを励ます親であるかが，発達上，重要な意味をもつ。表 9.3 は高校生・大学生の回想によったものであるが，チャレンジする子どもを励ます存在がもつ意味が現れている。

　子どもを積極的なチャレンジャーとするために，親が子どもを叱咤激励することが必要な場合もあるだろう。しかし，その効果は一時的なものであることが多いだけでなく，親からの働きかけに依存してしまって他律的な子どもとなる危険性をはらんでいる。むしろ，子どもに対する本質的受容とその成長への信頼・期待とならんで，自分の目標を定めて努力している親の姿勢は，チャレンジャーとしての子どもを励ますモデルとなる。

**表 9.3　子どもを導き，支持し・励ます存在を調べる項目の例
（高校生および大学生の回想による日米共通の項目）**

［導き手の役割］
- 私に新しい考え方や新しい経験を教えてくれた
- この人があることをするのを見ていて，そのやり方を覚えた
- この人から知識や情報を得たり，いろんな技能を学んだ
- この人と一緒に何かをする時には，この人がいつも主導権をとった
- この人は，私が何かをやり遂げる時のよい手本であった
- この人の人間性を尊敬している

［支持する役割］
- 私に安心感を与え，私を気持ちの上で支え，励ましてくれた
- 私の個人的な生活について，よいアドバイスを与えてくれた
- 私が精神的に傷つかないように守ってくれた

注）松田・若井・小嶋（1994, 1995）から構成。

3. 教えることと社会化

　子どもを教える親の重要な役割として，社会の一員として受け入れられるような行動様式，技能，価値観などをもった人間に子どもを育て（これを社会化の過程という），社会との連帯を保持しつつ自己実現の道を歩むことができるような人間に育てることが含まれている。そのためには，発達のコースを歩む子どもの状態や能力を親がよく理解し，それに環境からの要請を考え合わせて，必要な内容を適切な方法で教えていくことが重要となる。何といっても親は，小さい子どもよりもはるかに有能な存在である。その有能な存在と社会的な相互作用をもちながら，子どもは社会の中での一人前の人間となることを学んでいく。

　子どもに影響を与えようとするときに，親の権威に訴えて従順性を要求するか，それとも子どもの行為がどんな結果を引き起こすかを考えさせるようにするかに関して，社会階層による差があるという報告がアメリカで出ている。そして，後者のほうが，自己制御できる子どもにつながりやすいという傾向が出ている。目標の設定に関しても，中身をびっしりと書き込んだ処方箋を子どもに与えるのではなく，自分で目標設定ができ，そこに至るまで自己制御・自己点検を可能にするような構えが，子どもの中に形成されることが重要であろう。

9.3.2　子どもが育つ場の組立て

　家庭内部で子どもがどのような経験をもつかは，物的な環境の準備の他に，親が子どもの生活経験をどう構成するかが関係する。そのとき，親は家庭内での子どもの生活のことだけでなく，子どもが過ごす他の場面での経験のことも考慮に入れる必要がある。中でも家庭と学校とは，現在の子どもの生活の中で中心的な位置を占めるものであり，親も教師も，2つの場の間の関係に関心を払わざるを得なくなる。

　たとえば，学校が面白くないと家庭での行動が乱れたり，あるいは，家庭で嬉しいことがあった子どもは学校でも生き生きと振る舞うというように，一つの場で起こったことがらは，たいてい他の場で子どもが示す行動や状態に響くことになる。このことから，子どもが健全に育っていくためには，子どもがか

かかわり合っている場がうまくつながっている必要があることが示唆される（6章参照）。ところが，家庭と学校とのつながりが薄れ，相互に隔絶しがちなのが現在の社会状況である。子どもを育て教育する場の間に連携が必要なことを，子どもの問題が起こるたびに関係者は力説する。しかし，なかなか連携の実効はあがらないのが実情である。社会組織と技術の変化によって，地域社会を基盤にした協同体制がなくても，家庭内部と学校内部の日常的問題にそれぞれが対処できるようになったことが，その大きな原因であろう。

　しかし，子育てや教育にかかわる複数の場の間に，社会的ネットワークが形成されていると，それがいざというときの社会的支援体制として働き，子どもの成長を助ける上で大きな力になり得る。核家族には脆い側面があり，家庭内部での何かの問題（親の病気，経済問題，子どもの病気や問題行動，家族関係の葛藤など）は，家族成員の問題として現れることも少なくない。また，学校で子どもたちに起こる問題の解決に，家庭や地域社会の協力が必須であることも多い。そのためには，学校，家庭，地域社会が日頃からどれほどのつながりをもっているかが問われる。子どもの発達と結びつく連携関係を形成する点で，教師とならんで親も一端の責任を負っているのだといえる。

　子どもの発達に資する連携関係を形成するためには，子どもが育つ複数の場がそれぞれの役割を果たすとともに，場の間の相互信頼が欠かせない。いわゆる「管理教育」には，場の間の協力的な役割分担と相互信頼の不十分さが関係している。それは中学・高校段階で目立っているが，その芽はもっと低年齢水準でも認められる。

　筆者の見解によれば，管理教育をもたらす一つの原因は，社会と家庭が子どもの管理を求めているか，あるいは少なくともそれを許容していることである。学校による子どもの自由と家庭生活への介入が，子どもの学力向上や非行防止に役立つと，社会と親は信じているのではないか。そして学校は，生徒の成長力と，子どもが育つ環境（家庭，地域社会，文化環境）を信頼していないのである。生徒自身の自発的活動と家庭や地域の環境とが，ややもすれば教育にとってマイナスの効果をもちやすいと，教育関係者は思いこんでいるのではないだろうか。発達する本人とそれを取り巻く環境への信頼なしに教育をするこ

とは，きわめて困難なことだと筆者は考える。

■まとめ

1. 近代日本の家族生活の源流は18世紀ごろに求められる。しかし，一方で，近年の家族とそれを取り巻く環境の変貌が，家庭生活に変化をもたらした。
2. 現在の日本の家族の中で，大多数の子どもは，これという役割を果たしていない。また，父親が家庭内で役割分担することも少ない。それは，子どもの発達に何らかの影響をもつと考えられる。
3. 親子関係，夫婦関係，きょうだい関係は相互に関連をもって，家族全体としてのシステムを形成している。
4. 親は，子どもの発達と結びついた重要な機能を果たす。
5. 子どもが育つ場の組立てとしての社会的ネットワークの形成も，親としての重要な役割である。

[参考図書]

小石寛文　1995　児童期の人間関係　培風館
国谷誠朗（編）　1988　講座家族心理学3　親と子　金子書房
松田　惺（編）　1991　新・児童心理学講座（第12巻）　家族関係と子ども　金子書房
森岡清美　1993　現代家族変動論　ミネルヴァ書房
日本家族心理学会（編）　1994　家族における愛と親密　金子書房
岡堂哲雄（編）　1999　家族心理学入門　補訂版　培風館
佐伯　胖・黒崎　勲・佐藤　学・田中孝彦・浜田寿美男・藤田英典（編）　1998　岩波講座　現代の教育（第7巻）ゆらぐ家族と地域　岩波書店
湯沢雍彦　1995　図説　家族問題の現在　日本放送出版協会

仲間関係と学校生活

- 児童期の仲間関係の特徴は何か？ ── 児童期の仲間関係，対人関係と認知・情動，仲間関係と家族背景
- 学級の雰囲気と教師の態度・行動が子どもにどのような影響を与えるか？ ── 学級雰囲気とその作用，教師の態度・行動
- 学校におけるストレスが不適応行動とどのように関連するか？ ── 学校生活とストレス，ストレスと不適応行動
- 特別な配慮を必要とする子どもたちについて理解を深める ── 学習障害，注意欠陥・多動性障害，不登校，いじめ

　本章では，児童期の仲間関係や教師の態度・行動，学校におけるさまざまなストレスや特別な配慮を必要とする子どもたちについて理解を深める。
　児童期において仲間関係は重要であり，集団内でどのような子どもがどのような地位を占めるか，そして，子どもの対人認知のあり方や家族背景の特徴が仲間関係にいかなる影響を与えるか等について取り上げる。
　また学級集団の雰囲気をテーマにしながら，教師の態度・行動やリーダーシップが子どもたちにどのような影響を与えるかについて検討する。
　さらに学校にはどのようなストレッサーがあるか，そこから生じるストレスが，子どもの不適応行動や問題行動の形成にどのように影響するかについて考える。
　最後に，今日の教育問題の中で注目されており，特別な教育や特別な配慮を必要とする子どもたちについて理解を深め，彼らを支援するための教育環境について考える。具体的な課題として，学習障害（LD）や注意欠陥・多動性障害（ADHD）とは何か，その原因は何か，その子たちの教育についてどのようにしたらよいかについて取り上げる。また，不登校やいじめ問題の実態を明らかにしながら，その対応の仕方や予防のあり方について考察する。

10.1 学校での仲間関係

10.1.1 児童期の仲間関係

1. 仲間関係の成立

　友だちについての認識は，小学校 1 年生から 6 年生までの間に，たんなる遊び友だちから，自分にとって魅力のある特性をもった仲間としての認識へと変化する。そして，学年が進むにつれて，相互的親密性にもとづいた関係として友だちを認識するようになる（岡村たち，1996）。

　では，児童期の仲間関係はどのように成立するのだろうか。学年を追うごとに，友人を選択する場合，物理的な近接という理由や相手の好意的な行動といった理由が減少し，相手の性格や相手との類似性という理由が増加する。また，低学年では相手のポジティブな側面だけが強調されるのに対して，高学年では相手のネガティブな側面にも言及するようになる（明田，1995）。5，6 年生になると，親しい友人に対して表面的な自己開示だけでなく，内面的な自己開示をも多く示すようになる（渡辺・佐々木，1996）。このような結果から，児童期に徐々に友人関係が安定していき，表層レベルではなく，内面的なレベルで親密な関係を形成していくと考えられる。

　従来，小学校中・高学年は**ギャング・エイジ**（gang age）と呼ばれ，同性のメンバーからなる比較的閉鎖的な集団を形成すると言われている。男女ともギャング関係は小学 5 年生をピークにして中・高校生の間に急激に減少する（手塚・古屋，2001）。

　小石（1996a）は，学級編成替えに伴って仲間関係がどのように変化するかについて，小学校 3 年生から 2 年間にわたって縦断的な研究を行った。その結果，編成替え直後では，仲間関係スキルの低い者が新学級児を遊ぶ相手として選択する傾向が高いのに対して，スキルの高い子どもは旧学級児を選択する傾向が高かった。編成替えから時間がたつにつれて，スキルの高い子どもは，新学級児を選択するようになった。このようにして，スキルの高い子どもは前の仲間と新しい仲間との関連を作り上げていくと考えられる。

　仲間関係を測定するために**ソシオメトリック・テスト**（sociometric test）が

用いられている。これは，集団のメンバーに対して，たとえば「グループで遠足に出かけるとしたら」などの想定された場面で，誰と一緒になりたいか，誰と一緒になりたくないかなどを問うものである。この方法によって，各メンバーの地位や集団の構造が把握できる。それを図示したものが**ソシオグラム**である。このような方法を変形して，各メンバーについて，たとえば，一緒に遊びたい程度を評定させるソシオメトリック評定法も用いられている。ただ今日では，嫌いな人や拒否したい人を挙げさせるのは教育的ではないという批判もあり，この点は留意しなければならないだろう。

2. 集団内地位とその変動

ソシオメトリック・テストによって，級友から選択された数（被選択数）と排斥された数（被排斥数）の組合せから，次のような分類がなされている。選択された数が多くて排斥がほとんどない人気者，その逆の被排斥児，両方ともきわめて少ない無視されている子ども，被選択と被排斥の両方が多いタイプに分かれる。

各タイプの特徴は，以下のようにまとめることができる（小嶋，1991）。まず人気者は，低学年では，仲間と積極的に交わり，ルールを守り，仲間を援助する子どもであることが多い。小学校の後半に入るころからは，学習面や運動面でプラスの能力をもっている者に人気が集まりやすい（森下・赤坂，1985）。その背景に，能力をもった子どもを「よい子」だとする親や教師の価値観が，子どもの間にも浸透していることが考えられる。

次に被排斥児には，何らかのハンディキャップがある場合を除くと，攻撃的であるか，あるいは級友の活動を妨害したりルールを破ったりするなどの非協調性のために，級友から「自分勝手だ」とされる者が多い。ただし，被排斥児の行動特徴は，ある程度の期間にわたる集団内での相互作用の結果として生み出されたものであることに注意する必要がある。すなわち，そこには，子どもが示す行動傾向が原因となるだけではなく，級友の間での評判や予期が，本人に対する特定の行動を引き起こし，それにまた本人が反応して社会的に不適切な行動を多く示すようになると考えなければならない。

選択と排斥の両方が目立つ子どもは，社会的能力と勢力は低くない場合が多

い。その子どもは，一方では活動的・攻撃的で級友から敬遠されるが，他方で仲間内ではボスとして頼りにされることがある。とくに，自己主張の手段として攻撃性や支配性を許容したり，価値づけたりする社会的背景がある場合には，その傾向が目立つ。

ソシオメトリック・テストで選択・排斥ともに少ない子ども（無視群）は，意図的に無視されているという意味ではなく，また必ずしも孤立・ひきこもり型ではない。行動的には，他の者が活動している周辺で動いているが集団活動にうまくかかわれない場合や，2人くらいの単位で周辺で遊んだり時間を費やしたりする場合が多い。仲間との相互作用に関心が薄いというよりは，社会的活動に参入していくための技能，あるいは社会的相互作用を持続させるための技能が未熟である場合のほうが多いと思われる。

集団内地位がどのように変動するかについて，前田（1995a, b）によると，人気児童と被排斥児（拒否児）の地位の持続性は高く，幼稚園から小学校に進学して集団が変わっても，集団内（仲間内）地位は変化しにくかった。さらに小学2年生から4年生を対象とした2年間の縦断的研究によると，無視群の地位変動が一番大きかった（前田，1998）。また，拒否群の攻撃性がもっとも高いと認知され，拒否群本人の孤独感はもっとも高かった。それに対して，一貫して人気者だった者はコンピテンスがもっとも高かった。他群から拒否群に変化した者は攻撃性の増加が見られ，人気群に変化した者は社会的コンピテンスの向上が見られたのである。このように，地位の変動には，攻撃性と社会的コンピテンスが関与していることがわかる。

10.1.2 対人関係と認知・情動
1. 対人関係と子どもの認知過程

子どもの受け止め方や考え方の特徴を知ることは，子どもの社会的地位を改善する必要があるときに役立つものと期待される。まず，相手の意図や表情をどれほど正確にとらえられるかについて，人気者と比べて被排斥児のほうが正確さがやや劣るという結果がいくつか報告されている。しかも，その違いは，言語能力の差や刺激識別力の差によるものでもなく，対人状況と結びついたも

のであることが確認されている。さらに，子どもが社会的事態について，どれだけ深く理解しているかについても，質的な差異が見出されている（小嶋，1991）。

次に，自分に向けられた相手の行動の動機が曖昧なとき，たとえば，自分が積み木で作った塔を相手が崩したようなときに，攻撃的なために級友に排斥されている子どもは，非攻撃的で級友に受容されている子どもよりも，相手が故意にしたのだと解釈しやすいことが見出された。このような受け止め方が，相手に対する攻撃反応を引き起こし，結果として級友に排斥されやすくなるのであろう。実際，このタイプの子どもの中には，社会的葛藤を解決するためには，攻撃が効果をもつと思っている者が多いという結果も出ている。

最後に，攻撃的ではなくて，遊びや仲間との活動への参加度が低い子どもや，ソシオメトリック・テストで選択されることが少ない子どもは，社会的場面でうまくいかなかったときに，自分の社会的技能の不足のためだと考える傾向があることが報告されている。これは，それまでの級友との社会的相互作用の経験から，自分の社会的技能の認知や，自己概念の形成に悪影響を受けている証拠で，発達的にも教育的にも重要な問題点である（小嶋，1991）。

注目すべきことは，攻撃的な子どもは，仲間の意図を敵意と解釈しやすい（片岡，1997）のに対して，他の子もまた，相手が攻撃的な子どもの場合，曖昧な場面で相手に強い敵意があると推測する傾向があるということである（一前，1997a, b）。したがって，対人葛藤場面での情報処理には児童相互の特性要因が関与しており，とくに攻撃性の強い児童に関しては，児童相互に敵意のある行動意図が認知され，否定的な相互作用が展開される可能性が大きいことに留意する必要がある。

2. 子どもの情緒的経験

いわゆる人気者でも，仲間関係について悩みをもつ。親密で，ある程度の排他性を帯びた友情が働きはじめる高学年のころから，とりわけ女子の間に，仲間関係に関する悩みが多く見出されるようになる。これには，文化的条件も絡んでいて，女子がとりわけ親密な対人関係に敏感になるように文化によって導かれることが関係しているであろう。また，そのような問題で悩んでいること

を表明することに関して，女子のほうが男子よりも社会的に許容されていることも関係している可能性がある（小嶋，1991）。

級友から排斥されている子どもは，現実の社会的相互作用において，相手からの拒否，意図的無視，そしていじめなどに遭うことが多い。この場合には，本人にとっては情緒的に辛い経験であり，孤独感や社会的ストレスにさいなまれる。そして当事者の回想によれば，その経験が後にまで引きずられることもある。

山岸（1997）は，対人交渉方略の発達水準が孤独感や学校適応とどのような関連があるかについて，小，中学生を対象として検討した。その結果，協調的な方略や説得的な方略を用いる傾向が強い子どもほど，学校での孤独感は低く，学校を好意的に見る傾向が強かった。それに対して，衝動的な攻撃を用いる傾向が強い子どもほど，とくにそのような男子は，孤独感が高く，学校への好意的態度も低かったのである。

10.1.3 仲間関係と家族背景
1. 子どもの家族背景の影響

家族関係の特徴が，子どもの仲間関係にどのような影響をもたらすかについて，従来の研究結果は次のようにまとめられる（小嶋，1991）。

(1) 暖かい親子関係（親が子どもを受容し，子どもに関心をもち，応答的である）を経験している子どもは，級友との関係も安定している。
(2) 親に強く拒否されている子どもは，級友との相互作用事態で不適切な行動を起こしやすく不適応状態になる傾向がある。
(3) 受容されている限りは，親によってある程度の統制を受けている子どものほうが，社会的に成熟した適切な行動を示しやすいのに対して，冷たくて厳しい取扱いを受ける子どもは，対人関係で問題をもちやすい。

といった関係が見出されている。ただし，この結果は子どもの性別や年齢によって，また子どもの性別と親の性別の組合せによっても変わることがある。また，上記のような連関はそれほど高くなく，他のいくつもの要因が関連していると考えられる。

2. 影響のメカニズム

上記のような関連を生む機構（メカニズム）について，次のような仮説が考えられている（井上，1992）。一つは**愛着理論**（attachment）で，母親（養育者）との安定した愛着関係が，母親の安定したイメージや信頼感をもたらし，それが基盤となって安定した人間観や自己観についての**内的ワーキングモデル**（working model）を形成する。そして，それが安定した仲間関係の形成にも影響するというのがボウルビィ（Bowlby, J.）の説である。

次に，親子関係や仲間関係の両方の特徴に子どもの気質が関係しているというケイガン（Kagan, J.）の仮説である。生理的機能が不規則で感情表現が激しく，一般に気難しいと呼ばれる子どもたちは，親子関係も不安定で，仲間関係も不安定であるという。つまり，子どもの気質の特徴と，母親あるいは仲間の態度・行動の特徴との相互規定的な関係が，不安定な人間関係という共通性を生み出すと予想される（上村，1992）。

他方，仲間関係は親子関係には直接に影響されないで独立であるというルーウィスたち（Lewis & Feiring）の**社会的ネットワーク**（social network）モデルがある。このモデルでは，子どもは，自分の社会的ネットワークの中でさまざまな人との相互作用から多くのことを学習するが，種々の人間関係を継時的ではなく同時的に経験すると考えている。

子どもは，生まれたときから人々のネットワークの中で生活し，種々の人間関係を結ぶという視点は重要である。その関係の密度は，相手によってさらに年齢の変化とともに異なる。密度の濃い乳幼児期の親子関係が，その後の人間関係の特徴を決定的に規定するとはいえない（森下，2003）が，親子関係と仲間関係が相互に影響し合うと考えるのは自然である。

10.2 学級の雰囲気と教師の態度・行動

10.2.1 学級の雰囲気とその作用

1. 集団の雰囲気

学級にはそれぞれの特徴がある。騒がしくて落着きのないクラス，和やかな

感じのするクラス，冷たく緊張した感じのクラス，そして目標遂行を目指して**モラール**（士気）の高まりが感じとれるクラスなど，さまざまである。その特徴は，時期や状況によって変わる面とともに，ある程度の一貫性も存在する。学級の雰囲気は，学校や学級の管理方式，教師－生徒関係，生徒同士間の関係など多くの要因によって規定されるが，教師の個人的・対人的特徴とリーダーとしてのあり方が，かなり大きな影響力をもつといえる。

学級雰囲気の形成に教師と生徒が寄与しているという側面と並んで，逆に学級の集団雰囲気が教師－生徒関係や級友間の対人関係に影響を与えるという側面に注目する必要がある。

この意味での集団雰囲気は，**社会的風土**（social climate）とも呼ばれ，成員間の相互作用をもとにして対人関係のパターンが形成された段階で，それらを総合して集団としての特徴として成員に感じとられるものである。2人の子どもがどのような関係をとるかは，学級の集団雰囲気によっても変わるのである。後述するように，いじめ問題もこの学級の雰囲気の影響を強く受ける。

2. 学級の雰囲気の次元

学級の雰囲気の特徴を構成する次元は，まず，対人的な暖かさと情緒性とでもいうべきもので，和気あいあいとしていて楽しいか，それともそっけなく冷たい感じかが問題になる。次に，集団としてのまとまりがよいかどうかという次元で，**集団凝集性**（group cohesiveness）と呼ばれ，まとまりのよい集団では，成員の**集団帰属意識**が強く，集団との一体感・連帯感，そして集団への忠誠心も高くなる傾向が認められる。

ここで，集団としてのまとまりがよいだけで，望ましい集団だとはいい切れないことに注意する必要がある。集団がまとまることにより，**内集団**と**外集団**との区別が明確になりやすい。とくに競争事態では，内集団での強固な結束は閉鎖性や集団エゴイズムにつながり，外集団に対するマイナスの態度を発展させる可能性がある。下位水準での集団が，より大きな集団全体の統合と向上に方向づけられるように導くことが，集団指導の一つの重要な目標となる。

個別の学習であっても，集団活動であっても，その目標に集団の成員が意欲的に取り組んでいるかどうかは，学級のモラールの高さの次元だといえる。モ

ラールが高い集団では，目標遂行をめざした適度の緊張感が見られる。いわゆる「しらけ」ている状態は，目標に意味を見出せないことの反映であろう（小嶋，1991）。

10.2.2 教師の態度・行動
1. 教師の児童観・発達観

　教師が子どもやその発達についてどのように考えているか，つまり教師の児童観や発達観が教育行動のあり方を規定する。従来から，**児童観**について2つの考え方があり，一つは乳幼児は生まれてから間もないので未熟で無能であるという見方，もう一つは未熟ではあっても，何かを学ぶことはきわめて熱心で，なかなか有能であるという見方である（永野，2001；藤永，1982）。以前は前者の考え方が強かったが，今日では後者の考え方が主流である。

　他方で，上記のことと関連するが，人間は本来怠け者なので飴と鞭が必要だという考え方と，人間は本来好奇心や意欲に満ちた存在なので，その意欲を引き出すようにするのが教育上大切なことだという考え方とが対立している。そのようなそれぞれの考え方を根底において，教師の成長抑制的態度あるいは成長促進的態度が形成される（梶田，1978）。成長促進的態度をもつ教師は，子どもの考えや感情を受容し尊重する，子どもを励まし支持する，学習指導を個別化する，子どもを学級経営に参加させる，教師自ら純粋で真実さを示すといった特徴をもち，成長抑制的態度の教師はその反対の特徴を示す。

　人間は単純なものではなく，怠け者でもあり意欲的でもあるという両側面をもっていると考えられるが，今日，教育の時代の流れは流動的である。そのような中で子どもの積極的意欲的な側面に働きかけて，子どもの学習や発達を支援していくという基本的姿勢は重要だと考えられる。他方で，ゆったりとした休息や息抜きも必要だろう。

2. 教師の態度

　児童と教師の関係はどうあるのが望ましいのだろうか。ギノット（1983）の児童と教師の人間関係に関する著作はきわめて面白くて示唆に富んでいる。この中で，子どもと先生とのよい関係の底に流れている精神は，子どもの身に

なって話を聞いてあげたり，子どもの行動を理解してあげるというものである。言い替えると**共感的理解**を中心としたカウンセリング・マインドということになるだろう。

　小学校における授業について，日本とアメリカを比較した臼井（2001）によると，アメリカの教室では教師主導であるのに対して，日本の教室では教師と子どもの相互作用を重視しているという。授業における子どもたちの発話量，一人の子どもの談話量（語数），一人の子どもの談話時間のすべてにおいて，日本の子どもはアメリカの子どもの2～5倍多かった。アメリカの教師は，子どもが正しい知識を身につけているかどうかの確認が多く，「答え」だけを求める者が多い。それとは対照的に，日本の教師は一人ひとりの子どもに十分に時間を与えて，子どもを積極的に授業に参加させる傾向が強い。

　さらに，臼井によると，日本の教室はアメリカに比べて騒がしい，アメリカの教室では私語や物音を出すことに非常に厳しい。アメリカの教師は，学習は子どもが自律的に一人ひとりが独立して行うものだという前提に立っているのに対して，日本の教師は，学習は社会的な相互交渉を通じて成立するものだという見方をとっているのではないかと，臼井（2001）は指摘している。

　アメリカにおいて，親や教師は子どもに対して権威をもつことが重視されているのに対して，わが国では親和関係が重視されている（東，1989；臼井，2001）。今日の学級崩壊や学級の荒れの増加，そして自国文化の尊重とグローバル化の流れの中で，親和関係とともに権威ある態度も望まれているのではなかろうか。**権威**ある態度と**権威主義的態度**とは混同して理解されていることが多いので，十分にその違いを識別する必要がある。権威というのは**表10.1**のように，児童を受容しその成長に本質的な関心をもち，児童の気持ちを汲んでその自律を基本的に重んじながらも，必要によって，指導や適切な行動規制を行う態度をいう。そのような教師に対して，児童が親しみを込めて権威を認めるのである（小嶋，1991）。その反対に，表に示すような権威主義的な態度に陥ることは，教師でも親でも避けたい。子どもと教師との関係において，児童期にはとくに親和関係が重要であるが，それを基本としながら，権威ある（尊敬される）関係を構築する必要があるのではなかろうか。

表 10.1　権威主義と区別された権威ある態度の特徴
(Baumrind, 1966, 1972 にもとづき作表した小嶋, 1991 より)

1. 権威をもつためには，権威の正当性の根拠として，子どもについてのエキスパートである必要があるが，それは直接子どもから学べるものである。権威主義的な人と違って，権威ある人は，子どもの反応に応じて柔軟に対処法を変えることができる。
2. 権威ある人は，合理的に行動でき，自分の価値や基準を子どもに説明できる。自分がもつおとなとしての視点を打ち出すが，子どもの個別の興味や特別のやり方があることを認めている。権威主義者は，自分の公式的な役割と地位（親，教師など）により子どもに接し，自分に従うことを高圧的に要求する。
3. 権威ある人は，権威主義者が子どもの自律を制限するのとは違って，子どもの自己主張と頑固な意志を尊重する。しつけは確固としたものであるが，自分から自立できる子どもを育てるためのものである。

　そのためには，親（保護者）の協力が必要となる。つまり，親が教師を信頼しなければ，子どもも教師を信頼しない。教師の仕事は経験と専門性が要求されるにもかかわらず，それがあまり理解されていない。たとえば，騒がしい小学校 1 年生のクラスの 40 人に，話を聞かせることのできる大学教師や教育実習生はどれくらいいるだろうか。たいていの保護者にも無理だろう。しかし，担任教師はそれができる。医師であればそれだけで患者から尊敬される。教師もプロとして保護者や児童からもっと尊敬されていいのではないか。保護者はプロとしての教師活動を知らないだろうから，機会があれば，多くの保護者に教壇に立ってもらうのがいい。また，教師は教育者としての自らの資質をいっそう高めるために，努力する必要があることはいうまでもない。その中に，子どもはもちろん，保護者の理解や信頼をいかに勝ち取るかというテーマも含まれる。そして，さらに社会全体が子どもに対する教育活動の重要性を真に再認識し，そのことを態度や行動で示す必要があるだろう。

3. 教師のリーダーシップ

教師をクラスのリーダーという視点からみた場合，教師には**目標達成（P；Performance）機能**と**集団維持（M；Maintenance）機能**の両方のリーダーシップが要求される（三隅，1984）。P機能は，宿題をきちんとしたり，意見をはっきり言うような指導，すなわち学業成果や学習への態度を促進するような指導を指す。M機能は，みんなを平等に扱う，よく相談に乗るなどのように子どもたちを大切に扱う機能を指す。三隅（1984）によると，PとMの両機能が高い教師とM機能の高い教師の場合は学級の連帯性が高く，PとMの両機能が低い教師のクラスでは学級連帯性が低かった。同じような結果が，学習意欲や規則遵守の面でも見られた。また，学校への不満はP機能だけが高いクラスで高く，M機能が高いクラスでは低かった。

このような教師の態度が学級の雰囲気に影響しており，クラスの目標の中で何を重視するかによって，最適なリーダーシップのあり方が異なってくると考えられるが，いつのときもP機能とM機能のバランスを考慮する必要がある。

一般に教師は反社会的行動（反抗，暴力，非行など）に注目しがちであるが，非社会的行動や状態（仲間と交流しない，抑鬱，緘黙など）にも目を向ける必要がある。反社会的行動よりも非社会的行動や状態のほうを見逃せない問題だとする教師のほうが，そのクラスの子どもたちは互いに親和性が高いという結果が示されている（小川，1957）。この結果は，そのような子どもに対してとる教師のやさしい姿を，子どもたちが観察することを通して，何が大切なことなのかを学んでいることを反映していると考えられる。その意味で，教師はいつも子どもたちのモデルになっている。

10.3 学校におけるストレスと不適応行動

10.3.1 学校生活とストレス

1. 学校におけるストレッサー

ストレスを引き起こす外的な要因が**ストレッサー**である。日常生活におけるストレッサーとしては，突然襲う事故や災害，家庭や学校での人間関係，授業

や試験のように種々ある．表 3.2 (p.70) にも示されているように，小学生にとって家族の死や父母の別離が強いストレッサーとなっている（嘉数ほか，1997a, b）．

学校におけるストレッサーにはどのようなものがあるかについて，筆者らの小中高校生 900 名を対象にした分析結果では，勉強・成績，先生との関係，授業，失敗に関する 4 因子が得られた（森下，1998）．成績が悪いとか勉強が分からないというような勉強・成績の因子とは別に，授業そのものがストレッサー因子となっているのが特徴である．先生との関係もよくない場合は重要なストレッサー因子となっている．さらに，後述するように仲間関係が重要なストレッサー要因となっていることはいうまでもない．

2. 仲間関係とストレス

種々のライフイベントの中で，児童にとってストレスの高いものは，仲良しの友人の喪失や友人との葛藤であった（中澤，1997）．仲間関係のどのような面が児童のストレスになっているかについて，小石 (1995) は，直接的な被攻撃，仲間への気遣い，疎外感・孤立感，トラブルメーカーの存在という 4 因子を見出している．さらに小石 (1997a) は，仲間に対して積極的に働きかける児童は孤立することへのストレスが低く，高い配慮的行動をとる児童は仲間関係のストレスが高いことを見出した．とくに最近の不登校をめぐって，仲間への気遣いからくるストレスで，ほとほと疲れてしまう子どもたちがいるということが報告されている．

10.3.2　ストレスと不適応行動

ストレスがあまりにも高まってくるとストレス反応が生じる（図10.1）．一般に**ストレス**は心の中の不快な緊張状態とされている．この図では，ストレッサーをどのように認知するかがストレスと直接に関連しており，ストレスは，ストレッサーがもたらす苦痛の程度とその経験頻度の積として定義されることが多い．ストレスはその人の性格や信念体系，対処行動のレパートリーの多さの影響を受ける．**ストレス反応**は，抑鬱性や攻撃性のような情緒的な側面，仕事の能率や根気など意欲の低下に関する側面，身体的な症状に関するものがあ

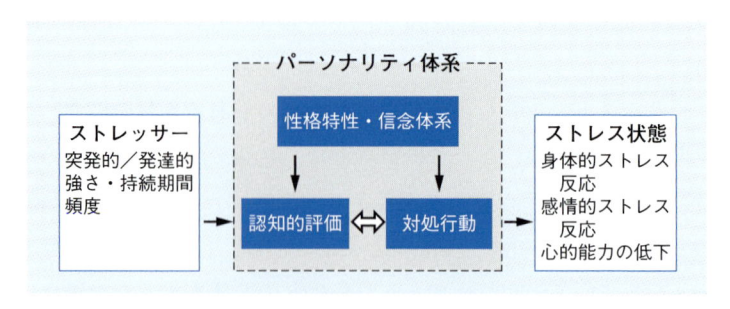

図10.1 心理的ストレスが起こるメカニズム（中西たち，1993）

る。校内暴力，いじめ，不登校などもストレス反応の文脈の中で理解されていることが多い。

学校における問題行動や不適応行動がどのようにして生じるかについて，図10.2のように考えられている。つまり，暴力やいじめなどの反社会的行動，ひきこもりや不登校などの非社会的行動を引き起こす背景要因として，ストレスや心理的葛藤が挙げられている。これは問題行動等の発生メカニズムを理解する上で有力な枠組みとなる。不登校やいじめ問題等については，後の節で述べる。

10.4 特別な配慮を必要とする子どもたち

学級の中にはいろいろな子どもたちがおり，さまざまな教育問題がある。この節では，クラスの担任が出会う可能性の大きい，学習障害と注意欠陥・多動性障害，不登校といじめ問題に焦点を当てる。

10.4.1 学習障害（LD）

1. LDの理解と診断

学習障害（Learning Disabilities；LD）の定義をめぐって，従来いろいろと議

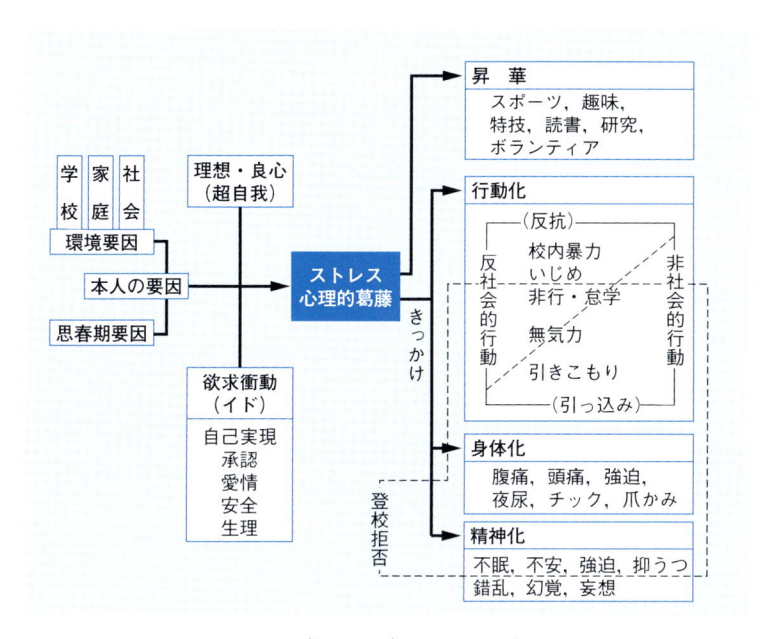

図10.2　いじめ等の問題行動の発生過程（文部省）

論されてきた（上野，1987；斎藤，2000）。教育分野では文部省の「学習障害及びこれに類似する児童生徒の指導方法に関する調査研究協力者会議（1999）」の報告書において，BOX10.1 のように定義された。このように，学習障害は，全般的な知的発達に遅れはないが，言語的コミュニケーション能力や計算，推論する能力のうちどれかが著しく遅れている，そしてその原因が中枢神経系の障害と考えられ，環境が原因ではないという点に特徴がある。

　これまではLDの概念とADHDの概念が交錯していたが，LD はこのように教育的観点から認知的な側面の障害として整理された。ただし，現実には上記の LD の特徴と，落着きのなさや衝動性といった ADHD がもつ特性，不器用さという発達性協調運動障害のもつ特性，対人関係や共感性の難しさという特性，これらが重複している子どもがいるという点に留意する必要がある。杉山

BOX 10.1　学習障害（LD）の定義と判断基準（文部省，1999）

学習障害の定義

　学習障害とは，基本的には全般的な知的発達に遅れはないが，聞く，話す，読む，書く，計算する又は推論する能力のうち特定のものの習得と，使用に著しい困難を示す様々な状態を指すものである。学習障害は，その原因として，中枢神経系に何らかの機能障害があると推定されるが，視覚障害，聴覚障害，知的障害，情緒障害などの障害や，環境的な要因が直接の原因となるものではない。

学習障害の実態把握のための基準

A. 特異な学習困難があること
[1] 国語又は算数（数学）（以下「国語等」という。）の基礎的能力に著しい遅れがある。

　現在及び過去の学習の記録等から，国語等の評価の観点の中に，著しい遅れを示すものが1以上あることを確認する。この場合，著しい遅れとは，児童生徒の学年に応じ1－2学年以上の遅れ（小2，3年の場合，1学年以上の遅れ，小4年以上又は中学の場合，2学年以上の遅れ）があることを言う。なお，国語等について標準的な学力検査の結果があれば，それにより確認する。

　聞く，話す，読む，書く，計算する又は推論する能力のいずれかに著しい遅れがあることを，学業成績，日頃の授業態度，提出作品，ノートの記述，保護者から聞いた生活の状況等，その判断の根拠となった資料等により確認する。
[2] 全般的な知的発達に遅れがない。

　知能検査等で全般的な知的発達の遅れがないこと，あるいは現在及び過去の学習の記録から，国語，算数（数学），理科，社会，生活（小1及び小2），外国語（中学）の教科の評価の観点で，学年相当の普通程度の能力を示すものが1以上あることを確認する。
B. 他の障害や環境的な要因が直接の原因ではないこと

　児童生徒の記録を検討し，学習困難が特殊教育の対象となる障害によるものではないこと，あるいは明らかに環境的な要因によるものではないことを確認する。ただし，他の障害や環境的な要因による場合であっても，学習障害の判断基準に重複して該当する場合もあることに留意する。重複していると思われる場合は，その障害や環境等の状況などの資料により確認する。

らの調査では ADHD の中で LD が合併しているものは 16 %，LD の中で ADHD を合併しているものは 23 %であった（杉山，2000）。このような点からも，LD の子どもの教育にはきわめて困難が伴う。

最近の調査結果（文部科学省，2003）では，通常学級在籍児童のうち LD は 4.5 %，ADHD は 2.5 %，LD と ADHD を合併している者は 1.1 %であった。LD と ADHD に高機能広汎性発達障害児 (0.8 %) を加えた者（合計 6.3 %。重複しているケースを差し引いた結果）が**軽度発達障害児**と呼ばれ，**特別支援教育**の対象となる。現在特殊教育の対象となっている子どもたちが約 1.5 %であるのに対して，特別支援教育の対象者（特殊教育対象児と軽度発達障害児を含めた者）は約 7.8 %となり，その対象児のきわめて多いことに驚かされる。

2. 学習障害児の教育

LD の子どもは特別な支援教育が必要とされている。まず出発点として，LD の原因は，中枢神経系にあるのであって，環境のせいではないということを押さえる必要がある。したがって，親の育て方や子ども自身の努力不足が原因ではないということを理解しなければならない。ただし，環境は直接の原因ではないが，子どもを取り巻く人たちの関わり方は，LD の子どもたちの発達にとってきわめて重要であることはいうまでもない。

LD と診断されても，それだけではその子どもの指導や学習の援助には直接つながらない。子どもの指導課題を明らかにし指導計画を立てるためには，次のような**教育アセスメント**が必要となる（川村，1993）。

その内容は，まず第 1 に，子どもがこれまでにどのような教育環境の下で，どのような教育経験を受けてきたかを明らかにすること。その中には，どのような育児や親子関係を経験してきたか，どのような保育や療育を受けてきたかも含まれる。そして，そのことが子どもの発達にどのような影響を与えているかについて追究する環境アセスメントが必要となる。次に，子どもの読み書き計算能力等や，基礎的な知的機能のうちで，どのような技能や能力がどの程度劣っているか，あるいは優れているか，それらがどのように関連し合っているかについて追究する学習能力アセスメントが必要となる。このようにして得られたデータを分析・総合することによって，その子どもの指導課題が何である

10.4.2 注意欠陥・多動性障害（ADHD）

1. ADHDについての理解と診断

　気分が移り変わりやすい，がまん強くない，じっと座っていられない，よく動き回る，集中力がない等の特徴を示す子どもが，最近，クラスで目立つといわれている。そのような子どもの中に**注意欠陥・多動性障害**（Attention Deficit / Hyperactivity Disorder；ADHD）と呼ばれる子どもがいる。

　ADHDは次のような2つのタイプに分類される（司馬，1999）。一つは「ドラえもん」に出てくる「ジャイアン」のように，活発で，思い通りにならないと急に怒り出し，他の子を叩いたり，順番やルールが守れず，自分勝手，面倒なことは嫌いで，危険なことが大好きで，元気いっぱいという多動・衝動性が主なタイプ。もう一つは「のび太」のように，気が散りやすく，とっさのときにどうすればいいか分からずうまく振る舞えない，我慢強くなく，じっくりやればできることでも初めから「できない」とあきらめてしまう，宿題がなかなかできなくて，忘れ物も多い，過敏で傷つきやすく，授業中もあんなことこんなことと空想にふけっている，というように不注意が主なタイプ（司馬は前者をジャイアン型，後者をのび太型と呼んでいる）。もちろん，両方の特徴を合わせもつ子どももいる。また，程度の差はあるが，このような特徴はふつうの子どもにも見られる。

　アメリカ精神医学会作成の『精神疾患の診断・統計マニュアル，第4版』（*Diagnostic and Statistical Manual for Mental Disorders, Fourth edition*；**DSM-Ⅳ**）によれば，ADHDの診断基準は**BOX10.2**のようになっている。診断基準にある項目は，どんな子どもでも多少は当てはまるものばかりであるが，同じ年齢の子どもに比べて著しくその特徴が見られる場合に，診断基準を満たすとしている。さらに，不注意または多動性・衝動性に該当する特徴が7歳以前から出現し，学校でも家庭でも見られるというように2つ以上の状況で出現するという条件を満たすものである。ただし注意すべきことは，注意欠陥といって

BOX 10.2　DSM-IV による注意欠陥・多動性障害（ADHD）の診断基準 (APA, 1994)

A. (1) か (2) のどちらか：
(1) 以下の不注意の症状のうち6つ（またはそれ以上）が少なくとも6カ月以上続いたことがあり，それらの程度は不適応的で，発達の水準に相応しないもの：

不注意
(a) 学業，仕事，またはその他の活動において，しばしば綿密に注意することができない，または不注意な過ちをおかす。
(b) 課題または遊びの活動で注意を持続することがしばしば困難である。
(c) 直接話しかけられた時にしばしば聞いていないように見える。
(d) しばしば指示に従えず，学業，用事，または職場での義務をやり遂げることができない（反抗的な行動，または指示を理解できないためではなく）。
(e) 課題や活動を順序立てることがしばしば困難である。
(f) （学業や宿題のような）精神的努力の持続を要する課題に従事することをしばしば避ける，嫌う，またはいやいや行う。
(g) （たとえばおもちゃ，学校の宿題，鉛筆，本，道具など）課題や活動に必要なものをしばしばなくす。
(h) しばしば外からの刺激によって容易に注意をそらされる。
(i) しばしば毎日の活動を忘れてしまう。

(2) 以下の多動性－衝動性の症状のうち6つ（またはそれ以上）が少なくとも6カ月以上継続したことがあり，その程度は不適応的で，発達水準に相応しない：

多動性
(a) しばしば手足をそわそわと動かし，またはいすの上でもじもじする。
(b) しばしば教室や，その他，座っていることを要求される状況で席を離れる。
(c) しばしば，不適切な状況で，余計に走り回ったり高い所へ上ったりする（青年または成人では落ち着かない感じの自覚のみに限られるかもしれない）。
(d) しばしば静かに遊んだり余暇活動につくことができない。
(e) しばしば"じっとしていない"または，まるで"エンジンで動かされるように"行動する。
(f) しばしばしゃべりすぎる。

衝動性
(g) しばしば質問が終わる前に出し抜けに答え始めてしまう。
(h) しばしば順番を待つことが困難である。
(i) しばしば他人を妨害し，邪魔する（たとえば，会話やゲームに干渉する）。

B. 多動性－衝動性または不注意の症状のいくつかが7歳以前に存在し，障害を引き起こしている。
C. これらの症状による障害が2つ以上の状況において（たとえば，学校〔または仕事〕と家庭）存在する。
D. 社会的，学業的または職業的機能において，臨床的に著しい障害が存在するという明確な証拠が存在しなければならない。
E. その症状は広汎性発達障害，精神分裂病，または，その他の精神病性障害の経過中にのみ起こるものではなく，他の精神疾患（たとえば，気分障害，不安障害，解離性障害，または人格障害）ではうまく説明されない。

も，自分の興味あることや好きなことには異常なほど集中するという特性も備えているということ。また，クラスの授業だと理解できないのに，教師と1対1だとできるということも多い。

ADHDの特徴は不注意と，多動性・衝動性にあるが，その原因は中枢神経系の障害によると考えられている。その詳細については，まだはっきりした結論が出ていないようである。大切なことは，ADHDの原因は，LDと同じように，その原因が親の養育態度やほかの環境要因でもなく，また本人の責任でもないという点にある。このことの理解が第1に大切なことである。

2. ADHD児の治療と教育

ADHDのほぼ半数の子どもには神経伝達物質に作用するリタリンの投薬が，症状の改善に有効だといわれている。有効といっても，一定の時間（4時間ぐらい）効果があるということである。ただし，有効な状態を体験することによって，症状が改善され持続するケースもあるとされている。また，ADHDの約3分の1の子どもたちは，加齢とともに思春期を境にしてだんだんよくなっていくといわれている（司馬，1999）。

家庭での取組みの中で，親の関わり方としてどのようなことが大切か，司馬（1999）は次のような主旨にまとめている。叩かない，ことばの暴力は使わない，きょうだいや友だちと比べない，抱きしめる，期待度（要求水準）を下げ，現実的な目標を設定する。そして，できるだけほめてあげる。これらは，すべての子どもにとって大切なことだが，とくにADHDの子どもに対して親が陥りがちな危険性を避ける意味が大きい。さらに，「宿題をしない」という具体的な問題で，①具体的な時間を決める，②宿題の時間は親がそばにいてやる，③宿題の量を考える，④教え方の工夫，⑤達成感を味わわせる，等の工夫を具体的に挙げている。このような具体例から，対応の基本が見えてくる。

教師の取組みとして，司馬は，友好的な教室にするために次のような実践例を挙げている。①アイコンタクトを頻繁にとる，②子どもの名前を頻繁に出す，③体に触れてあげる，④大きな課題を小分けにする，⑤新しい課題はこれまでやった課題とからませて紹介する，⑥声をなるべくたくさんかけてあげる，⑦クラスの決まりは簡単に，明確に，一貫性をもって適用する，⑧一日の終わり

に，忘れ物がないか，連絡帳を書いたか等のチェックをする，⑨ほめる，ほめる，ほめる。

　障害児といわれる子どもたちと同じように，ADHDの子どもについても周りの人々の関わり方がとても重要である。親や教師は子どもの特徴によって，その子どもへの関わり方が影響を受けるが，さらに親や教師の関わり方が，子どもに対して大きな影響をもたらすのである。親や教師からの否定的・拒否的な関わりは，子どもの側の否定的（反抗・拒否）な反応を引き出し，それが連鎖して否定的な関係を形成し，結果として子どもに否定的な特性（攻撃性，情緒不安定，無気力等）が形成されていく。そのような悪循環に陥ることを避け，より肯定的な関係を築けるようにするのは，親や教師の大切な役割である。

10.4.3　不登校

1. 不登校の定義と類型

　これまで登校拒否と呼ばれていたものが，最近では不登校と呼ばれるようになった。文字から受ける印象が異なるので，一般には両者は異なるものとして誤解されていることが多い。また不登校には，次に挙げるようにさまざまな類型があり，その対応も異なるものと理解する必要がある。

　文部科学省では，不登校を心理的な理由で1年間に30日以上欠席（連続しての欠席に限らない）した児童・生徒とし，表10.2のように分類している。不登校児の数や発生率は毎年上昇していたが，平成14年度にはじめて減少した（学校基本調査，2003）。平成14年度の全国の不登校児数（発生率）は，小学生25,762人（0.36％），中学生103,442人（2.87％）であった。表の数値は各理由（タイプ）別の割合を示す。15年前には小中合わせて約42,000人であったので，約3倍に増加している。タイプ別割合の変化の特徴は，小学校では無気力型と情緒的混乱型が減少し，複合型が増加している。中学校ではあそび・非行型と無気力型が減少し，複合型が増加している。

　表10.2の中で代表的なものは，「あそび・非行」「無気力」「不安など情緒的混乱」の3つであるが，上記のように実際に分類が難しいケースもあるので

表 10.2 不登校状態が継続している理由とその割合（％）（文部科学省, 2002 年度）

理　由	小学校	中学校
ア．学校生活上の影響	4.7	7.0
イ．遊び・非行	0.9	12.2
ウ．無気力	17.6	20.7
エ．不安など情緒的混乱	32.0	24.7
オ．意図的な拒否	3.5	5.1
カ．複合	30.7	26.0
キ．その他	10.6	4.3

ア．いやがらせをする生徒の存在や，教師との人間関係等，明らかにそれと理解できる学校生活上の影響から登校しない（できない）。
イ．遊ぶためや非行グループに入ったりして登校しない。
ウ．無気力でなんとなく登校しない。登校しないことへの罪悪感が少なく，迎えに行ったり強く催促すると登校するが長続きしない。
エ．登校の意志はあるが身体の不調を訴え登校できない，漠然とした不安を訴え登校しない等，不安を中心とした情緒的な混乱によって登校しない（できない）。
オ．学校に行く意義を認めず，自分の好きな方向を選んで登校しない。
カ．不登校状態が継続している理由が複合していていずれが主であるかを決めがたい。
キ．上記のいずれにも該当しない。

「複合」という分類が多くなっていると考えられる。今日まで出版されている本の多くはこの「情緒的混乱（神経症的）」タイプを扱っているので，不登校はこれしかないと誤解されていることが多い。しかし，上記のようなすべてのケースを考慮に入れないと不登校問題の解決にはならない。

これ以外に不登校予備軍は相当の数に上り，むしろ子どもたちはなぜ学校に行くのかということを考えたほうがいいという指摘もある（森田・清水，1994）。従来，不登校は特別な子どもだけがなると考えられていたが，今日では誰もが不登校になり得ると考えられている（学校不適応対策調査研究協力者会議，1990）。このような視点の転換によって，早期発見・早期対応が可能だということ，さらにその原因についての焦点は家庭から学校に移ったということ，不登校児は専門家だけにまかせればいいのではないということ，したがって学校や教師の役割がいっそう重要だということになったのである（佐藤，1996）。

2. 不登校のきっかけと原因

　不登校はさまざまなきっかけから生じるが，それは大きく学校生活，家庭生活，本人の問題に分類されている（学校基本調査，2003）。それがさらに細かく13のカテゴリーに分類されているが，その中で，毎年，「友人関係をめぐる問題」が20％前後，「その他本人に関わる問題」が30％近くを占める。対応策を考えるとき，この本人に関わる問題の内容の吟味がとくに必要だろう。

　このような直接のきっかけとは別に，不登校の原因はもっと根の深いところにあると考えられている。佐藤（1996）は，その背景因を学校や日本の現在の社会的文化的特徴，世界の潮流に求めてはいるが，本人と家庭の要因を重視している。そのような文脈の中で，従来，不登校児やその両親の特徴，親の養育態度の特徴について多くの研究がなされてきた（佐藤，1996；稲村，1994）。親子関係が子どものパーソナリティに影響し，それが環境との相互作用のあり方に影響するので，親子関係も不登校を考える際に重要な要因には変わりないが，過大視してはいけない。

3. 不登校への対応と連携

　学校で一般的に有効であった取組みが，表10.3 に示されており，参考になるものである。仮に不登校になった原因やメカニズムが同じであったとしても，その現れ方（タイプ）が遊び・非行，無気力，情緒混乱というように異なるとすれば，それに応じて異なる現実対応が必要である。また同じタイプであっても，その子どものそのときの状況や特徴によって対応の仕方を変えなければならないことはいうまでもない。たとえば情緒混乱タイプの場合，登校刺激は不登校状態の初期には有害であるが，後期には有効な場合がある。したがって，子どもの心の動きについて十分理解するように努力したい。

　不登校問題においては，子ども本人はもちろん，その家族，担任教師が重い悩みを抱えることになる。したがって，本人や家族，担任教師に対して，誰がどのようにサポート（支援）していくかが中心課題となる。学校内では，担任教師や養護教諭，学年主任，教育相談・生徒指導担当者，校長等の管理者，スクール・カウンセラー等が相互にどのようなチーム（システム）を組み協力し合うかが問われる。しかし，学校だけでは限界があるので，教育委員会や相談

表10.3 不登校児にとくに効果のあった学校の指導と対応
(学校不適応対策調査研究協力者会議，1990)

区分		内容
学校内での指導の改善工夫	全教師の共通理解	登校拒否の問題について，研修会や事例研究会等を通じて全教師の共通理解をはかった。
	学校全体での指導	すべての教師が当該児童生徒に触れ合いを多くするなどして学校全体で指導にあたった。
	教育相談担当教師の指導	教育相談担当の教師が専門的に指導にあたった。
	友人関係の改善の指導	友人関係を改善するための指導を行なった。
	教師との関係改善	教師との触れ合いを多くするなど，教師との関係を改善した。
	授業，指導方法の工夫	授業方法の改善，個別指導など授業がわかるようにする工夫を行なった。
	意欲をもたせる活動の場の用意	さまざまな活動の場面において本人が意欲をもって活動できる場を用意した。
	保健室等への登校，指導	保健室等，特別の場所に登校させて指導にあたった。
家庭へのはたらきかけ	電話をかけたり迎えにいく	登校をうながすため，電話をかけたり迎えにいくなどした。
	家庭訪問を行ない指導する	家庭訪問を行ない，学業や生活面での相談にのるなどさまざまな指導支援を行なった。
	家族関係等の改善をはかる	保護者の協力を求めて，家族関係や家庭生活の改善をはかった。
他機関との連携	相談機関との連携	教育相談センター等の相談機関と連携して指導にあたった。
	病院等の治療機関との連携	病院等の治療機関と連携して指導にあたった。

　専門機関，地域の福祉関係者（主任児童委員など）の協力を得てどのように連携していくかが，課題となっている。

　連携が有効に機能するためには，第1に誰がどのようなニーズをもっているかを明確にする必要がある。子ども本人や家族，担任のニーズはもちろんのこと，学校自身の限界とニーズを明確にすることが重要だと考えられる。第2に

それぞれ関係者自身が何ができ何ができないかを明らかにし，相互にその内容を認識し合うこと。第3にどこで誰がコーディネーターとなってシステムを機能させるか，以上の3点が重要なポイントだと考えられる。すでに，学校や市町村単位で取り組み，連携し，成果を上げているところもある。

今日，家庭の教育機能を大切にしながら，家庭だけでなく，広く学校や地域や社会全体で子育てに責任をもたなければならない時代にきている。

10.4.4 いじめ

1. 今日のいじめの特徴

昔もいじめはあったといわれているが，昔と違って今日のいじめは，①陰湿化，②長期化，③いじめ行為の正当化，④偽装，⑤巧妙化という特徴があると指摘されている（小林，1985）。毎日のように長期にわたって，繰返しいじめが行われるという深刻な中で，自殺に追い込まれるケースや，大学生やおとなになってもその影響を引きずっている人もまれではない。鈴木（2000）は著書の中で，いじめ問題を考えるとき，最終的には人間性は善か悪かという深いところまで考えが至るとしている。

筆者らは，和歌山県下の小学生（4，5，6年生），中学生，高校生約4,500名の児童生徒とその保護者，および約1,500名の教師を対象に「いじめ」に関する調査を行った（森下，1997）。小学生と中学生にポイントを当てるといじめの実態は概略次のような結果であった。

① いじめの実態
- いじめの発生率：「いじめを受けたことがある（いま受けている）」と答えた者は小学生19.0（8.3）％，中学生21.2（5.5）％であった。
- いじめる子ども：「同じクラスの人」が一番多かった。
- いじめの内容：「暴力」より，「悪口」「無視」が多かった。「無視」の出現率は，小学生よりも中学生のほうが高かった。
- いじめの期間と頻度：小学生では「1回だけ」「1週間ぐらい」の短期が多いのに対して，中学生・高校生では「2～3カ月」「半年～1年くらい」「1年以上」と長くなっていた。いじめの頻度については，小学生では26％が，中

学生・高校生では半数以上の者が「毎日のように」いじめられていた。
- 時間帯：「休み時間・昼食時間」が圧倒的に多かった。
- いじめられたとき：全体に「我慢した」が半数以上を占めていた。とくに中学生では「何もできなかった」が高率であった。いじめられていることを「誰にも言わなかった」者は中学生では 32.7 ％と高率であった。
- 周りの子どもがいじめに気づいたとき：「やめるように言えなかった」「知らないふりをした」が全体に多かった。また，そのことを「友だち」に相談した者は多いが，「先生」に相談した者は中学生・高校生になると少なかった。

② いじめに関する意識

「いじめは絶対にいけないことだ」「いじめを見たらやめるように言うことが大切だ」という意見に賛成するものが 90 ％を超えている。しかし，それが実行できるかとなると別問題であった。また，「いじめか，ふざけ半分かわからない」という者が 70 ％近くいて，この見分けかたの難しさを物語っている。

ここで注目すべき結果は，「自分もいじめられないかと心配だ」という者が小学生・中学生で約 50 ％いたことである。このような不安はとくに女子のほうが強かった。したがって，いじめ問題はたんにいじめる子どもといじめられる子どもだけの問題ではなく，多くの子どもを巻き込んでいる。そのような点を反映してか，「自分はいじめに関わりたくない」と思う者は，80 ～ 90 ％に達している。しかし，「いじめ」問題の解決の一端は，子どもたち自身が，いじめ問題を自分自身の問題として取り組んでいく勇気と熱意にある。われわれおとなには，それをどのように支援していくかという課題がある。

2. いじめの理由・原因

いじめは，①自分より弱いものに対して一方的に，②身体的・心理的な攻撃を継続的に加え，③相手が深刻な苦痛を感じているものであって，学校としてその事実（関係児童・生徒，いじめの内容等）を確認しているもの，と定義されている（文部省，1984）。この定義の特徴は，攻撃が一方的で，継続的であるということと，被害者が深刻な苦痛を感じているという点にある。つまり加害者の立場ではなくて被害者の視点に立つということ，そして暴力が一方的で

継続的であるということからけんかとは区別される。

いじめの発生件数は，平成7年度60,096人をピークに毎年減少の傾向にあり，平成14年度は22,207人（小学生5,659，中学生14,562，高等学校1,908，特殊教育諸学校78）であった（文部科学省，2003）。しかしこの数値は表面に表れた数値で，氷山の一角に過ぎないだろう。

いじめの原因について，先に示した図10.2では，ストレスや心理的葛藤が原因として挙げられていたが，果たしてそれだけだろうか。筆者たちの調査結果（図10.3）から，いじめの理由を次のように分類することができる。

(1) 「いやなことを言ったりするから」を理由として挙げた子どもが多かったが，それは「生意気だから」「注意しても言うことを聞かないから」「いい子ぶるから」という理由と共通性がある。つまり，この背景に，いじめる側は罰や正義のためにやっている，という思いがあるだろう。しかし，それは自己の行為の正当化である。このような場合，いじめられる側に問題や原因があるのだからと放置したり，本人を責めたり説教したりしてしまう危険性がある。

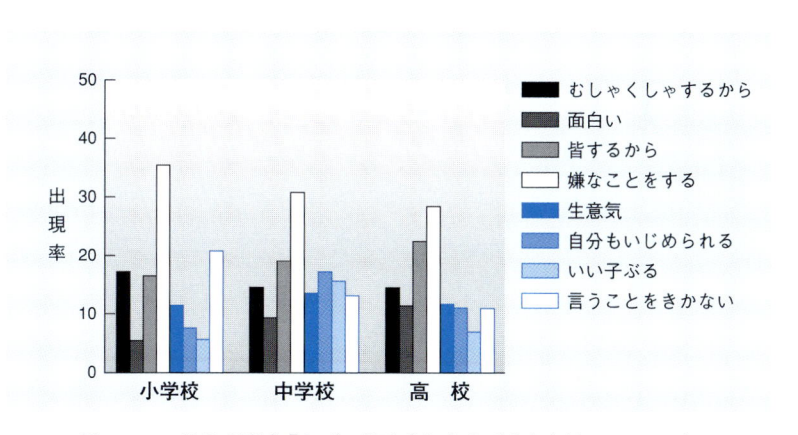

図10.3 いじめの理由「なぜいじめをしたのですか」（森下，1997）

(2)「何となくむしゃくしゃしたから」という理由は全体に高率であったが、この場合、いじめる側に欲求不満やストレスがある。しかし、だからいじめてよいということにはならない。ただ、その加害者の心理にも目を向けて、欲求不満やストレスからできるだけ解放されるように援助してやる必要がある。

(3)「みんながするから」という理由も全体に多かったが、これと「人と違うから」という理由は表裏一体である。その根底には、「みんなと同じことが良いことで、人と違うことは悪いことだ」という信念がある。このような異質性を排除する信念は日本人の特徴だといわれているが、これがいじめを生み出し、子どもたちの個性を伸ばすことを阻んでいる。

(4)「面白いから」という理由は男子に多かったが、そのような「面白さ」は人間として卑劣で低級だという認識を育てる教育が必要だ。さらにそのような場合、いじめる子どもはいじめられる子どもの心の痛みを十分に理解していないことが多い。ここに相手の身になって感じる豊かな共感性と、人に対する思いやりの行動を育てていく教育の大切さがある。

(5)「いじめをしないと自分もいじめられるから」という理由は、とくに女子に多かった。また、いじめ集団の中にもいじめ問題が存在する。いじめはたんにいじめる子どもといじめられる子どもだけの問題ではなく、クラス全体の問題であり、クラスの構造と特徴を的確にとらえ対応していく必要がある。

3. いじめとクラスの構造

① いじめのクラスの特徴

現代のいじめについて、加害者（いじめっ子）、被害者（いじめられっ子）、観衆（はやしたり面白がって見ている子）、傍観者（見て見ぬふりする子）の4層構造が学級集団の中で生じており、教室全体がいわば劇場であり、舞台と観客との反応によって進行する状況的ドラマだ、と森田 (1985) は指摘している。そこでは「観衆」が積極的是認の働きをし、「傍観者」が暗黙的支持の働きをする。その後、古市たち (1989) は、この4群に「被害・加害者」「仲裁者」を追加し、加害者を「中心的加害者」「追従的加害者」の2つに分け、計7群に分類

している。

　加害者の特徴は，小学生では，明るく活発で，外向的であり，学校内では目立つ存在で，強靱な面をもっている反面，耐性・誠実さに欠け落ち着きがない，それに対して，被害者の特徴は内向的で，学級内でも消極的で目立たない存在であり，依存性が強く，非常に神経質だといわれている（杉原たち，1986）。しかし，大切なことは，そのような特徴があるからいじめてもよいということにはならない，ということを児童が強く理解することである。

② いじめと担任教師の役割

　先の調査結果（森下，1997）によると，自分がいじめられていることを「担任の先生」に話した者の率は，小・中・高校生によって異なるが，10〜17％と低かった。それでも，「教師」に話した場合，事態が好転したことを約70％の子どもたちが報告している。

　「いじめ」を話したとき教師のとった行動は，全体として「しっかり話を聞いてくれた」という者が多かった。それにもかかわらず，多くの子どもはなぜ「教師」に相談しないのであろうか。その理由としては，「よけいいじめられるから」と不安を示す者が多かった。さらに，中学・高校生では「何もしてくれないから」「わかってくれないから」と，教師に対する不信感を示す者が多かった。また中学・高校生では，「恥ずかしいことだから」「告げ口になるから」というような自己の誇りにかかわる葛藤をもつ者も多かったのである。このような中で，いかに子どもの信頼感を得ていくか，その態度と方法を身につけていくことが教師に期待されている。

4．いじめの予防

　いじめをこの世から完全になくすことはできないかもしれないが，少なくすることはできる。直接的には，いじめが生じそうな休み時間や昼食時間に，監視の目を増やすことが考えられる。このような総合的な対策によっていじめが半減したという外国からの報告もある（オルウェウス，1998）。

　これまで述べてきたように，子どもたち自身の中に，思いやりの心と自己制御能力を高めていくことが必要である。そのための具体策をさらに考えなければならない。どうしていじめがいけないことかを認識させる人権教育，みんな

違っていていいという個性を育てる教育の充実，いじめがどんなに人を苦しめるかについて共感性を育てる心の教育，また家庭や学校で一人ひとりが大切にされ，自己を十分に発揮できるような環境づくりが大切だと考えられる。そして，何よりも社会が，おとなが変わらねばならない。多様化した社会の中で，大切なことを一つ一つ拾い集め，いけないことは是正していく地道な努力と勇気が必要である。われわれおとなは子どもと一緒になってそれを実行しなければいけないだろう。

■ まとめ

1. 児童期の仲間関係や集団内地位の形成には，子どもの対人関係についての認知過程と，家族との相互作用のあり方が影響している。
2. 児童はクラス全体の雰囲気から影響を受けるが，そこには教師の態度・行動，リーダーシップの特徴が反映されている。
3. 学業の問題や仲間関係を中心とする学校でのストレスが，児童の不適応行動や問題行動の背景になっている。
4. 特別な支援教育を必要とする学習障害（LD）児や注意欠陥・多動性障害（ADHD）児について，理解を深めよう。
5. 今日，社会問題ともなっている不登校やいじめ問題について，理解を深め，その対応と予防について考えよう。

[参 考 図 書]

東　洋（著）柏木惠子（編）　1989　教育の心理学：学習・発達・動機の視点　有斐閣
稲村　博　1994　不登校の研究　新曜社
小嶋秀夫　1991　児童心理学への招待：学童期の発達と生活　サイエンス社
森田洋司・清永賢二　1994　いじめ：教室の病い　新訂版　金子書房
中西信男・古市裕一・三川俊樹　1993　ストレス克服のためのカウンセリング　有斐閣
斎藤久子（監修）　2000　学習障害：発達的・精神医学的・教育的アプローチ　ブレーン出版

佐藤修策　1996　登校拒否ノート：いま，むかし，そしてこれから　北大路書房
司馬理英子　1999　のび太・ジャイアン症候群2：ADHD これで子どもが変わる　主婦の友社
鈴木康平　2000　学校におけるいじめの心理　ナカニシヤ出版
臼井　博　2001　アメリカの学校文化　日本の学校文化：学びのコミュニティの創造　金子書房
上野一彦（編）1987　学習障害児の相談室：つまずきやすい子どもの教育　有斐閣

引用文献

1章

Bronfenbrenner, U. 1979 *The ecology of human development : Experiments by nature and design*. Cambridge, MA: Harvard University Press. 磯貝芳郎・福富 護（訳） 1996 人間発達の生態学（エコロジー）：発達心理学への挑戦 川島書店

David, H. P., Dytrych, Z., Matejcek, D., & Schüller, V. （Eds.） 1988 *Born unwanted : Developmental effects of denied abortion*. New York : Springer.

Elder, G. H., Jr. 1974 *Children of the great depression: Social change in life experience*. Chicago: University of Chicago Press. 本田時雄ほか（訳） 1991 新版 大恐慌の子どもたち：社会変動と人間発達 明石書店

藤永 保 2001 ことばはどこで育つか 大修館書店

藤永 保・斎賀久敬・春日 喬・内田伸子 1997 人間発達と初期環境：初期環境の貧困に基づく発達遅滞児の長期追跡研究［改訂版］ 有斐閣

Schaie, K. W. 1996 *Intellectual development in adulthood: The Seattle Longitudinal Study*. New York : Cambridge University Press.

Werner, E. E., & Smith, R. S. 2001 *Journeys from childhood to midlife : Risk, resilience, and recovery*. Ithaca, NY: Cornell University Press.

2章

Ashby, L. 1997 *Endangered children: Dependency, neglect, and abuse in American history*. New York: Twayne.

Barry, H., Ⅲ, Josephson, L., Lauer, E., & Marshall, C. 1976 Traits inculcated in childhood: Cross-cultural codes 5. *Ethnology*, **25**, 83-114.

Bruner, J. S. 1990 *Acts of meaning*. Cambridge, MA: Harvard University Press. 岡本夏木・仲渡一美・吉村啓子（訳） 1999 意味の復権：フォークサイコロジーに向けて ミネルヴァ書房

Chudacoff, H. P. 1989 *How old are you? : Age consciousness in American culture*. Princeton, NJ: Princeton University Press. 工藤政司・藤田永祐（訳） 1994 年齢意識の社会学 法政大学出版局

Cunningham, H. 1991 *The children of the poor: Representations of childhood since the seventeenth century*. Oxford: Blackwell.

Cunningham, H. 1995 *Children and childhood in western society since 1500*. London: Longman.

Dixson, R. A., & Lerner, R. M. 1999 History and systems in developmental psychology. In M. H. Bornstein, & M. E. Lamb（Eds.）, *Developmental psychology: An advanced textbook* （4th ed.）. Mahwah, NJ: Lawrence Erlbaum Associates. Pp. 3-45.

Gillis, J. R. 1981 *Youth and history: Tradition and change in European age relations, 1770-present*（Expanded student ed.）. New York: Academic Press. 北本正章（訳） 1985 〈若者〉の社会史：ヨーロッパにおける家族と年齢集団の変貌 新曜社

Goldson, B. 2001 The demonization of children: From the symbolic to the institutional. In P. Foley, J. Roche, & S. Tucker（Eds.）, *Children in society : Contemporary theory, policy and*

practice. Hampshire: Palgrave. Pp. 34–41.
Goodnow, J. J. 1988 Children's household work: Its nature and functions. *Psychological Bulletin*, **103**, 5–26.
Goodnow, J. J., & Bowes, J. M. 1994 *Men, women, and household work*. Melbourne: Oxford Univertsity Press.
小嶋秀夫 2001 心の育ちと文化 有斐閣
Kojima, H. 2003 The history of children and youth in Japan. In W. Koops, & M. Zuckerman (Eds.), *Beyond the century of the child : Cultural history and developmental psychology*. Philadelphia: University of Pennslyvania Press. Pp. 112–135.
黒田日出男 1986 境界の中世象徴の中世 東京大学出版会
三浦雅士 2001 青春の終焉 講談社
森岡清美 2000 ライフコース・歴史・人間発達 小嶋秀夫・速水敏彦・本城秀次(編) 人間発達と心理学 金子書房 Pp.137–147.
岡本祐子(編) 2002 アイデンティティ生涯発達論の射程 ミネルヴァ書房
Packard, V. 1983 *Our endangered children: Growing up in a changing world*. Boston: Little, Brown.
Rogoff, B., Sellers, M. J., Pirrotta, S., Fox, N., & White, S. H. 1975 Age assignment of roles and responsibilities to children: A cross-cultural survey. *Human Development*, **18**, 353–369.
斉藤研一 2003 子どもの中世史 吉川弘文館
清水隆久(解説) 1983 農業図絵(日本農書全集 26) 農山漁村文化協会
Siegler, R. S. 1996 *Emerging minds: The process of change in children's thinking*. Oxford: Oxford University Press.
Siegler, R. S. 1998 *Children's thinking* (3rd ed.). Upper Saddle River, NJ: Prentice-Hall. 無藤隆・日笠摩子(訳) 1992 [原著 1986 年] 子どもの思考 誠信書房
White, S. H. 1965 Evidence for a hierarchical arrangement of learning processes. In L. P. Lipsitt, & C. C. Spiker (Eds.), *Advances in child development and behavior*, Vol. 2. New York: Academic Press. Pp. 187–220.
Whiting, B. B., & Whiting, J. W. M. 1975 *Children of six cultures: A psychocultural analysis*. Cambridge, MA: Harvard University Press. 名和敏子(訳) 1978 六つの文化の子供たち 誠信書房
Wright, P. 1987 The social construction of babyhood: The definition of infant care as a medical problem. In A. Bryman, B. Bytheway, P. Allatt, & T. Keil(Eds.), *Rethinking the life cycle*. Houndmills: Macmillan Press. Pp. 103–121.
横井 清 1975 中世民衆の生活文化 東京大学出版会

3 章

Baron, R. S., Cutrona, C. E., Hicklin, D., Russell, D. W., & Lubaroff, D. M. 1990 Social support and immune function among spouses of cancer patients. *Journal of Personality and Social Psychology*, **59**, 344–352.
Coddington, R. D. 1972 The significance of life events as etiologic factors in the diseases of children. *Journal of Psychosomatic Research*, **16**, 7–18.
Cratty, B. J. 1979 *Perceptual and motor development in infants and children* (2nd. ed.). Englewood Cliffs, NJ: Prentice-Hall.
Eiser, C. 1985 *The psychology of childhood illness*. New York: Springer.
猪飼道夫 1971 日本人の体力の推移 体育の科学, **21**, 438–442.

Matheny, A. P. 1980 Visual-perceptual exploration and accident liability in children. *Journal of Pediatric Psychology*, **5**, 343-351.

Ono, A., & Maruyama, K. 1971 Interdependence in judgments of the duration, distance and speed of moving objects and its applied implication. *Tohoku Psychologica Foria*, **30**, 40-51.

Sharpley, C. F., Tillinh, H., & Plail, E. 1990 Parent-child correlations in heart rate reactivity to a psychological stressor. *British Journal of Developmental Psychology*, **8**, 373-381.

鈴木　榮・小崎　武・北条泰男・小嶋秀夫・宮川充司・内山伊知郎　1986　小児心身症の背景としての家族関係：FRI による検討　小児科, **27**, 1327-1335.

山崎勝之・菊野春雄　1990　日本語版幼児用 Type A 検査（MYTH）の作成　心理学研究, **61**, 155-161.

4章

天岩静子　1987　珠算・筆算間の減算手続きの転移　教育心理学研究, **35**, 41-48.

Appel, L. F., Cooper, R. G., MvCarrell, N., Sims-Knight, J., Yussen, S. R., & Flavell, J. H. 1972 The development of the distinction between perceiving and memorizing. *Child Development*, **43**, 1365-1381.

Bijstra, J., van Greet, P., & Jackson, S. 1989 Conservation and the appearance-reality distinction: What do children really know and what do they answer? *British Journal of Developmental Psychology*, **7**, 43-53.

Doise, W. 1985 Piaget and the social development of intelligence. In L. Camaioni, & C. de Lemos (Eds.), *Questions on social explanation: Piagetian themes reconsidered*. Amsterdam: John Benjamins. Pp. 43-54.

Doise, W., & Mugny, G. James-Elmer, A. St. et al. (Transls.) 1984 *The social development of the intellect*. New York: Pergamon.

Fireman, G., Koseb, G., & Solomona, M. J. 2003 Self-observation and learning: The effect of watching oneself on problem solving performance. *Cognitive Development*, **18**, 339-354.

Peterson, C., & Slaughter, V. 2003 Opening windows into the mind: Mothers' preferences for mental state explanations and children's theory of mind. *Cognitive Development*, **18**, 399-429.

Robert, M., & Fortin, A. 1983 Observational learning of conservation: When imitative practice makes nearly perfect. *British Journal of Developmental Psychology*, **1**, 269-278.

Rogoff, B. 1990 *Apprenticeship in thinking*. New York: Oxford University Press.

Rogoff, B., Paradise, R., Arauz, R. M., Correa-Chavez, M., & Angelillo, C. 2003 Firsthand learning through intent participation. *Annual Review of Psychology*, **54**, 175-203.

田島信元　2003　共同行為としての学習・発達：社会文化的アプローチの視座　金子書房

Uzgiris, I. C. 1964 Situational generality of conservation. *Child Development*, **35**, 831-841.

Wellman, H. M. 1990 *Child's theory of mind*. Cambridge, MA : MIT Press.

Wellman, H. M., Cross, D., & Watson, J. 2001 Meta-analysis of theory-of-mind development: The truth about false belief. *Child Development*, **72**, 655-684.

Wertsch, J. V. 1979 From social interaction to higher psychological processes: A clarification and application of Vygotsky's theory. *Human Development*, **22**, 1-22.

5章

Azuma, H., & Kashiwagi, K. 1987 Descriptors for an intelligent person: A Japanese study. *Japanese Psychological Research*, **29**, 17-26.

Bar-On, R., & Parker, J. D. A. (Eds.) 2000 *The handbook of emotional intelligence: Theory, development, assessment, and application at home, school, and in the workplace.* San Francisco: Jossey-Bass.

Barstis, S. W., & Ford, L. H., Jr. 1977 Reflection-impulsivity, conservation, and the development of ability to control cognitive tempo. *Child Development,* **48**, 953-959.

Berry, J. W. 1976 *Human ecology and cognitive style.* New York: Wiley.

Cahan S., & Cahan, N. 1989 Age versus schooling effects on intelligence development. *Child Development,* **60**, 1239-1249.

Georgas, J., Weiss, L. G., van de Vijver, & Sakloske, D. H. (Eds.) 2003 *Culture and children's intelligence: Cross-cultural analysis of the WISC-III.* New York: Academic Press.

Goleman, D. 1995 *Emotional intelligence.* New York: Bantam Books. 土屋京子（訳） 1996 EQ：心の知能指数 講談社

Goodenough, D. R., & Witkin, H. A. 1977 *Origins of the field-dependent and field-independent cognitive styles.* Princeton. NJ: Educational Testing Service.

Grigorenko, E. L., et al. 2001 The organization of Luo conceptions of intelligence: A study of implicit theories in a Kenyan village. *International Journal of Behavioral Development,* **25**, 367-378.

Guilford, J. P. 1967 *The nature of human intelligence.* New York: McGraw-Hill.

Kagan, J., & Kogan, N. 1970 Individual variation in cognitive processes. In P. H. Mussen (Ed.), *Carmichael's manual of child psychology* (3rd. ed.). Vol. 1. New York: Wiley. Pp. 1273-1365.

Kinlaw, C. R., & Kurtz-Costes, B. 2003 The development of children's beliefs about intelligence. *Developmental Review,* **23**, 125-161.

小嶋秀夫 1987 文化 東 洋たち（編）岩波講座・教育の方法2 岩波書店 Pp. 258-287.

Kojima, H. 1988 The role of belief-value systems related to child-rearing and education: The case of early modern to modern Japan. In D. Sinha, & H. S. R. Kao (Eds.), *Social values and development: Asian perspective.* New Dehli: Sage. Pp. 227-253.

Messick, S. (Ed.) 1976 *Individuality in learning.* San Francisco: Jossey-Bass.

宮川充司 1980 認知的衝動型の児童における反応の柔軟性 心理学研究, **51**, 164-167.

宮川充司 2000 日本の児童における熟慮性―衝動性認知様式に関する研究 中部日本教育文化会

Nicolls, J. G., & Miller, A. T. 1984 Reasoning about the ability of self and others: A developmental study. *Child Development,* **55**, 1990-1999.

Packer, J., & Bain, J. D. 1978 Cognitive style and teacher-student compatibility. *Journal of Educational Psychology,* **70**, 867-871.

Rholes, W. S., Blackwell, J., Jordan, C., & Walters, C. 1980 A developmental study of learned helplessness. *Developmental Psychology,* **16**, 616-624.

Salkind, N. J., Kojima, H., & Zelniker, T. 1978 Cognitive tempo in American, Japanese, and Israeli children. *Child Development,* **49**, 1024-1027.

Shafrir, U., & Pascuel-Leone, J. 1990 Postfailure reflection/impulsivity and spontaneous attention to errors. *Journal of Educational Psychology,* **82**, 378-387.

Smith, J. D., & Caplan, J. 1988 Cultural differences in cognitive style development. *Developmental Psychology,* **24**, 46-52.

Sternberg, R. J. 1999 The theory of successful intelligence. *Review of General Psychology,* **3**, 292-316.

Stipek, D., & Mac Iver, D. 1989 Developmental change in children's assessment of intellectual competence. *Child Development,* **60**, 521-538.

Super, C. M. 1983 Cultural variation in the meaning and uses of children's 'intelligence'. In J. B. Deregowski, S. Dziurawiec, & R. C. Annis (Eds.), *Expiscations in cross-cultural psychology*. Lisse: Swets & Zeitlinger. Pp. 199-212.
鈴木治太郎 1953 実際的個別的智能検査法 東洋図書
臼井 博 1985 認知的熟慮性―衝動性に対する児童の価値志向性:予備的探索 北海道大学紀要(第1部C), **36**, 37-52.
臼井 博 2001 アメリカの学校文化 日本の学校文化:学びのコミュニティの創造 金子書房
Wapner, S. 1976 Commentary: Process and context in the conception of cognitive style. In S. Messick (Ed.), *Individuality in learning*. San Francisco: Jossey-Bass. Pp. 73-78.
Witkin, H. A., & Berry, J. W. 1975 Psychological differentiation in cross-cultural perspective. *Journal of Cross-cultural Psychology*, **6**, 4-87.
Witkin, H. A., & Goodenough, D. R. 1981 *Cognitive styles, essence and origins : Field dependence and field independence.* New York: International Universities Press. 島津一夫(監訳) 1985 認知スタイル:本質と起源 ブレーン出版
Witkin, H. A., Goodenough, D. R., & Oltman, P. K. 1979 Psychological differentiation: Current status. *Journal of Personality and Social Psychology*, **37**, 1127-1145.
山崎 晃 1976 認知スタイルの変容に関する発達的研究 教育心理学研究, **24**, 190-194.

6章

愛知県東浦町立緒川小学校 1983 個性化教育へのアプローチ 明治図書出版
Alexander, K. L., & Entwistle, D. R. 1996 Schools and children at risk. In A. Booth & J. F. Dunn (Eds.), *Family-school links: How do they affect educational outcomes?* Hillsdale, NJ: Erlbaum. Pp. 67-88.
東 洋・柏木惠子・R. D. ヘス 1981 母親の態度・行動と子どもの知的発達 東京大学出版会
Bronfenbrenner, U. 1979 *The ecology of human development*. Cambridge, MA: Harvard University Press. 磯貝芳郎・福富 護(訳) 1996 人間発達の生態学(エコロジー):発達心理学への挑戦 川島書店
Case, R., Griffin, S., & Kelly, R. M. 1999 Socioeconomic gradients in mathematical ability and their responsiveness to intervention during early childhood. In D. P. Keating, & C. Hertzman (Eds.), *Developmental health and the wealth of nations: Social, biological, and educational dynamics*. New York: Guilford Press. Pp. 125-149.
Chess, S., & Thomas, A. 1984 *Origins and evolution of behavior disorders: From infancy to early adult life.* New York: Brunner/Mazel.
Crouter, A. C., MacDermid, S. M., McHale, S. M., & Perry-Jenkins, M. 1990 Parental monitoring and perceptions of children's school : Performance and conduct in dual-and single-earner families. *Developmental Psychology*, **26**, 649-657.
Education Department of Victoria 1985 *The mentor program: A program of educational enrichment for children with special abilities.* The author.
Gagne, E. D. 1985 *The cognitive psychology of school learning.* Boston: Little, Brown. 赤堀侃司・岸 学(監訳) 1989 学習指導と認知心理学 パーソナルメディア
Hamilton, S. F. 1988 *Mentors in adolescents' lives.* Paper presented at the International Symposium on Unrelated Adults in Adolescents' Lives, Ithaca.
速水敏彦 1990 教室場面における達成動機づけの原因帰属理論 風間書房
Hayes, D. P., & Grether, J. 1969 *The school year and vacations : When do student learn?*

Paper presented at the Eastern Sociological Association Convention. New York, April.

Heynes, B. 1978 *Summer learning and the effects of schooling.* New York: Academic Press.

樋口一辰・鎌原雅彦・大塚雄作 1986 学業達成場面における原因帰属類型と目標設定 教育心理学研究, **34**, 220-229.

Kashiwagi, K., Azuma, H., Miyake, K., Nagano, S., Hess, R. D., & Holloway, S. D. 1984 Japan-US comparative study on early maternal influences upon cognitive development: A follow-up study. *Japanese Psychological Research*, **26**, 82-92.

木村 進・Stevenson, H. W. 1989 児童の読みの能力に関する国際研究 児童心理学の進歩, **28**, 305-330.

小嶋秀夫 1987 文化 東 洋たち(編)岩波講座・教育の方法2 岩波書店 Pp. 258-287.

Marjoribanks, K. 1979 *Families and their learning environments : An empirical analysis.* London: Routledge & Kegan Paul.

箕浦康子 1990 文化のなかの子ども 東京大学出版会

日本教育心理学会(編) 2003 教育心理学ハンドブック 有斐閣

Okagaki, L., & Frensch, P. A. 1998 Parenting and children's school learning: A multiethnic perspective. *American Educational Research Journal*, **35**, 123-144.

Rodick, J. D., & Henggeler, S. W. 1980 The short-term and long-term amalioration of academic and motivational deficiencies among low-achieving inner-city adolescents. *Child Development*, **51**, 1126-1132.

Smith, M. B. 1968 School and home: Focus on achievement. In A. H. Passow (Ed.), *Developing programs for the educationally disadvantaged.* New York: Teachers College Press. Pp. 87-107.

Stevenson, H. W., Lee, S., et al. 1990 Contexts of achievement. *Monographs of the Society for Research in Child Development*, **55**, Nos. 1-2 (Serial No. 221).

Stevenson, H. W., & Stigler, J. W. 1992 *The learning gap.* New York: Summit Press. 北村晴朗・木村 進(監訳) 1993 小学生の学力をめぐる国際比較研究 金子書房

Stevenson, H. W., Stigler, J. W., Lee, S., Lucker, W., Kitamura, S., & Hsu, C. 1985 Cognitive performance and academic achievement of Japanese, Chinese, and American children. *Child Development*, **56**, 718-734.

Stigler, J. W., Lee, S., Lucker, G. W., & Stevenson, H. W. 1982 Curriculum and achievement in mathematics: A study of elementary school children in Japan, Taiwan, and the United States. *Journal of Educational Psychology*, **74**, 315-322.

Stigler, J. W., Lee, S., & Stevenson, H. W. 1987 Mathematics classrooms in Japan. Taiwan, and the United States. *Child Development*, **58**, 1272-1285.

Tizard, J., Schofield, W. N., & Hewison, J. 1982 Collaboration between teachers and parents in assisting children's reading. *British Journal of Educational Psychology*, **52**, 1-15.

Tomo, R., Kimura, A., & Chao, H. T. 2002 Interpersonal coping-behavior in Asian and European textbooks. In U. Teichler, & G. Trommsdorff (Eds.), *Challenges of the 21st century in Japan and Germany.* Lengerich: Pabst Science Publishers. Pp. 125-141.

塘 利枝子・真島真理・野本智子 1998 日英の国語教科書に見る対人的対処行動：内容分析的検討 教育心理学研究, **46**, 95-105.

Walberg, H., & Marjoribanks, K. 1973 Differential mental abilities and home environment: A canonical analysis. *Developmental Psychology*, **9**, 363-368.

Weiner, B. 1979 A theory of motivation for classroom experiences. *Journal of Educational Psychology*, **71**, 3-25.

7章

相川　充・津村俊充（編）　1996　社会的スキルと対人関係：自己表現を援助する　誠信書房
後浜恭子　1981　モデルと養育関係の認知が幼児の愛他行動の模倣におよぼす影響　大阪市立大学生活科学部紀要，**29**，271-279.
バンデューラ，A.　原野広太郎（監訳）　1979　社会的学習理論：人間理解と教育の基礎　金子書房
Bandura, A.　1973　*Aggression : A social learning and analysis*. New Jersey : Prentice-Hall.
Berkowitz, L.　1974　Some determinants of impulsive aggression : The role of mediated associations with reinforcements for aggression. *Psychological Review*, **81**, 165-176.
ボウルビィ，J.　黒田実郎たち（訳）　1976　母子関係の理論Ⅰ　愛着行動　岩崎学術出版社
Davis, M. H.　1983　Measuring individual differences in empathy : Evidence for a multidimensional approach. *Journal of Personality and Social Psychology*, **44**, 113-126.
Dollard, J. J., Miller, N. E., Doob, L. W., & Mowrer, O. H.　1939　*Frustration and aggression*. Yale University Press.　宇津木　保（訳）　1959　欲求不満と暴力　誠信書房
Eisenberg, N.　1982　The development of reasoning regarding prosocial behavior. In N. Eisenberg（Ed.）, *The development of prosocial behavior*. Academic Press.
Eisenberg-Berg, N., & Mussen, P. H.　1978　Empathy and moral development in adolescents. *Developmental Psychology*, **14**, 185-186.
Feshbach, N., & Roe, K.　1968　Empathy in six-and seven-year-olds. *Child Development*, **39**, 133-145.
フォーゲル，A. D.・メルソン，G. F.　マカルピン美鈴（訳）　1989　子どもの養護性の発達　小嶋秀夫（編）　乳幼児の社会的世界　有斐閣
藤﨑眞知代　1992　児童期　東　洋・繁多　進・田島信元（編）　発達心理学ハンドブック　福村出版
Gilligan, C.　1982　*In a different voice : Psychological theory and women's development*. Harvard University Press.　岩男寿美子（監訳）　1986　もうひとつの声：男女の道徳観のちがいと女性のアイデンティティ　川島書店
塙　朋子　1999　子どもの情動表出の個人差（1）　日本発達心理学会第10回大会発表論文集，342.
Hartmann, D. P.　1969　Influence of symbolically modeled instrumental aggression and pain cues on aggressive behavior. *Journal of Personality and Social Psychology*, **11**, 280-288.
平田良子　1996　小学生の学校生活における心理的ストレスとソーシャル・サポートに関する研究　和歌山大学大学院教育学研究科修士論文（未刊）
久田　満　1987　ソーシャル・サポート研究の動向と今後の課題　看護研究，**20**，170-179.
久田　満・千田　茂・箕口雅博　1989　学生用ソーシャル・サポート尺度作成の試み（1）　日本社会心理学会第30回発表論文集，143-144.　予備的調査（1）
Hoffman, M. L.　1963　Parent discipline and the child's consideration for others. *Child Development*, **34**, 573-588.
Hoffman, M. L., & Saltzstein, H. D.　1967　Parent discipline and the child's moral development. *Journal of Personality and Social Psychology*, **5**, 45-57.
Iannotti, R. J.　1985　Naturalistic and structured assessment of prosocial behavior in preschool children: The influence of empathy and perspective taking. *Developmental Psychology*, **21**, 46-55.
柏木惠子　1988　幼児期における「自己」の発達　東京大学出版会
川島一夫　1979　愛他行動と親子関係　日本教育心理学会第21回総会発表論文集，138-139.
菊池章夫　1984　向社会的行動の発達　教育心理学年報，**23**，118-127.

引用文献

永野重史(編) 1985 道徳性の発達と教育：コールバーグ理論の展開 新曜社
Kohlberg, L. 永野重史(監訳) 1987 道徳性の形成：認知発達的アプローチ 新曜社
小嶋秀夫 1991 児童心理学への招待：学童期の発達と生活 サイエンス社
小嶋秀夫・宮川充司・佐藤朗子 1996 小学生のソーシャル・サポートの構造と機能 (2) 日本教育心理学会第38回総会発表論文集, 77.
小嶋秀夫・宮川充司・佐藤朗子 1997a 小学生のソーシャル・サポートの構造と機能 (3) 日本発達心理学会第8回大会発表論文集, 272.
小嶋秀夫・宮川充司・佐藤朗子 1997b 小学生のソーシャル・サポートの構造と機能 (4) 日本教育心理学会第39回総会発表論文集, 78.
小嶋秀夫・宮川充司・佐藤朗子 1998 小学生のソーシャル・サポートの構造と機能 (5) 日本教育心理学会第40回総会発表論文集, 81.
子安増生 1999 幼児期の他者理解の発達：心のモジュール説による心理学的検討 京都大学学術出版会
Krebs, D. L. 1975 Empathy and altruism. *Journal of Personality and Social Psychology*, **32**, 1124–1146.
久保ゆかり 1992 社会的認知 東 洋・繁多 進・田島信元(編) 発達心理学ハンドブック 福村出版
Levine, L. E., & Hoffman, M. L. 1975 Empathy and cooperation in four-year-olds. *Developmental Psychology*, **11**, 533–534.
Londerville, S., & Main, M. 1981 Security of attachment, compliance, and maternal training methods in the second year of life. *Developmnenntal Psychology*, **17**, 289–299.
宮川充司・小嶋秀夫・佐藤朗子 1996 小学生のソーシャル・サポートの構造と機能 (1) 日本教育心理学会第38回総会発表論文集, 76.
森 和代・堀野 緑 1992 児童のソーシャルサポートに関する一研究 教育心理学研究, **40**, 402–410.
森 和代・堀野 緑 1997 絶望感に対するソーシャルサポートと達成動機の効果 心理学研究, **68**, 197–202.
森下正康 1982 中学生における親の養育態度と対人特性の同一視 教育心理学研究, **30**, 142–146.
森下正康 1983 児童期の親子関係と対人行動特性の同一視 和歌山大学教育学部教育研究所報, **6**, 27–39.
森下正康 1985 幼児の攻撃行動・愛他行動のモデリング－教師モデルに関する受容的－拒否的態度の認知の影響 心理学研究, **56**, 138–145.
森下正康 1990 幼児の共感性が援助行動のモデリングにおよぼす効果 教育心理学研究, **38**, 174–181.
森下正康 1996 子どもの社会的行動の形成に関する研究：同一視理論とモデリング理論からのアプローチ 風間書房
森下正康 1999 「学校ストレス」と「いじめ」に対するソーシャル・サポートの効果 和歌山大学教育学部紀要(教育科学), **49**, 27–51.
森下正康 2000 幼児期の自己制御機能の発達(2)：親子関係と幼稚園での子どもの特徴 和歌山大学教育学部教育実践研究指導センター紀要, **10**, 117–128.
森下正康 2002 幼児期の自己制御機能の発達(5)：親子関係が家庭と園での子どもの行動パターンにおよぼす影響 和歌山大学教育学部教育実践総合センター紀要, **12**, 47–62.
森下正康 2003 幼児期の自己制御機能の発達(6)：保育の特徴と子どもの行動特徴 和歌山大学教育学部紀要(教育科学), **53**, 23–38.
森下正康・信濃淑子 1995 向社会的行動の動機因子に関する研究 和歌山大学教育学部紀

要（教育科学），**45**, 29-44.
森下正康・仲野 綾 1996 児童の共感性の認知的因子と感情的因子が向社会的行動におよぼす影響 和歌山大学教育学部紀要（教育科学），**46**, 57-71.
二宮克美 1980 児童の道徳判断に関する一研究：Gutkin の 4 段階説の実験的検討 教育心理学研究，**28**, 18-27.
二宮克美 1985 児童の道徳的判断に関する研究展望（1） 愛知学院大学論叢（一般教育研究），**33**, 27-41.
二宮克美 1992 道徳性 東 洋・繁多 進・田島信元（編） 発達心理学ハンドブック 福村出版
永野重史（編） 1985 道徳性の発達と教育 新曜社
中村陽吉 1976 対人関係の心理：攻撃か援助か 大日本図書
中村陽吉 1987 援助行動とは 中村陽吉・高木 修（共編著）他者を助ける行動の心理学 光生館
中野 茂 1990 遊び 無藤 隆たち（編） 発達心理学入門Ⅰ：乳児・幼児・児童 東京大学出版会
岡安孝弘・嶋田洋徳・坂野雄二 1993 中学生におけるソーシャル・サポートの学校ストレス軽減効果 教育心理学研究，**41**, 302-312.
Parke, R. D., & Slaby, R. G. 1983 The development of aggression. In P.H. Mussen(Ed), *Handbook of child psychology*, Fourth Edition, Ⅳ. New York:John Wily & Sons. Pp.547-641.
ピアジェ, J. 大伴 茂(訳) 1957 児童道徳判断の発達 同文書院
Putallatz, M. 1983 Predicting chldren's sociometric status from their behavior. *Child Development*, **54**, 1417-1426.
Radke-Yarrow, M., Zahn-Waxler, C., & Chapman, M. 1983 Children's prosocial dispositions and behavior. In P.H. Mussen (Ed.), *Handbook of child psychology*, Fourth Edition, Ⅳ. Pp.489-545.
澤田瑞也 1992 共感の心理学：そのメカニズムと発達 世界思想社
桜井茂男 1986 大学生における共感と援助行動の関係：多次元的共感尺度を用いて 奈良教育大学紀要，**37**, 149-153.
佐藤哲夫 1982 子どもの愛他行動と親子関係に関する研究 異文化館教育学会ニューズレター，**3**, 8-9.
佐藤正二 1996 子どもの社会的スキル・トレーニング 相川 充・津村俊充（編） 社会的スキルと対人関係 誠信書房
Sears, R. R., Maccoby, E. E., & Levine, H. 1957 *Patterns of child rearing*. Evanston: Row & Perterson.
嶋 信宏 1991 大学生のソーシャルサポートネットワークの測定に関する一研究 教育心理学研究，**39**, 440-447.
嶋田洋徳 1993 児童の心理ストレスとそのコーピング過程：知覚されたソーシャルサポートとストレス反応の関連 ヒューマンサイエンスリサーチ，**2**, 27-44.
清水凡生 1999 幼児期における基本的情緒形成と障害に関する研究 平成 11 年度厚生科学研究（子ども家庭総合研究事業）報告書（第 1/6）
清水美智子 1983 遊びの発達と教育的意義 三宅和夫たち（編） 児童心理学ハンドブック 金子書房
外山美樹・桜井茂男 1998 児童の攻撃行動におよぼすストレッサーとソーシャル・サポートの影響 日本心理学会第 62 回大会発表論文集，932.
末田啓二・庄司留美子・森下正康 1985 母子相互の対応様式の分析：質問紙法による母子の対応連鎖の特徴 和歌山信愛女子短期大学信愛紀要，**25**, 31-38.

首藤敏元　1985　児童の共感と愛他行動—情緒的共感の測定に関する探索的研究　教育心理学研究, **33**, 226-231.326.
高木　修　1982　順社会的行動のクラスターと行動特性　日本社会心理学会編　公との社会心理学（年報社会心理学, **23**）137-156.
宝田　哲・松元泰儀　1996　小学校の学校ストレスとソーシャルサポートに関する研究　日本教育心理学会第38回総会発表論文集, 267.
Tulane, U., & Newcomb, C.　1977　Influence upon imitative aggression of an imitating peer. *Journal of Social Psychology*, **101**, 313-314.
渡部玲二郎・佐久間達也　1998　児童の算数不安の構造及びそれに対する教師のサポートについて：ソーシャルサポートの観点からの検討　教育心理学研究, **46**, 184-192.
渡辺弥生・衛藤真子　1990　児童の共感性及び他者の統制可能性が向社会的行動に及ぼす効果　教育心理学研究, **38**, 151-156.
山岸明子　1985　日本における道徳判断の発達　永野重史（編）　道徳性の発達と教育　新曜社
山岸明子　2003　規則変更の手続きの理解：22年前との比較　日本心理学会第67回大会発表論文集, 1148.
Yarrow, M. R., & Scott, P. M.　1972　Imitation of nurturant and non-nurturant models. *Journal of Personality and Social Psychology*, **23**, 259-270.

8章

Aboud, F. E.　1985　Children's application of attribution principles to social comparisons. *Child Development*, **56**, 682-688.
Barry, H., III, Bacon, M. K., & Child, I. L.　1957　A cross-cultural survey of some sex differences in socialization. *Journal of Abnormal and Social Psychology*, **55**, 327-332.
Gilligan, C.　1982　*In a different voice: Psychological theory and women's development.* Cambridge, MA: Harvard University Press.　岩男寿美子（監訳）　1986　もうひとつの声：男女の道徳観のちがいと女性のアイデンティティ　川島書店
波多野誼余夫・山下恒雄（編）　1987　教育心理学の社会史　有斐閣
柏木惠子　1973　現代青年の性役割の習得　依田　新たち（編）現代青年心理学講座5　現代青年の性意識　金子書房　Pp. 101-139.
Kashiwagi, K., Azuma, H., Miyake, K., Nagano, S., Hess, R. D., & Holloway, S. D.　1984　Japan-US comparative study on early maternal influences upon cognitive development: A follow-up study. *Japanese Psychological Research*, **26**, 82-92.
柏木惠子・高橋惠子（編）　1995　発達心理学とフェミニズム　ミネルヴァ書房
河地和子　2003　自信力はどう育つか　朝日新聞社
北山　忍　1995　文化的自己観と心理プロセス　社会心理学研究, **10**, 153-167.
北山　忍・唐澤真弓　1995　自己：文化心理学的視座　実験社会心理学研究, **35**, 133-163.
小嶋秀夫　1987　文化　東　洋たち（編）岩波講座・教育の方法2　岩波書店 Pp. 258-287.
Kojima, H.　1988　The role of belief-value systems related to child-rearing and education: The case of early modern to modern Japan. In D. Sinha, & H. S. R. Kao (Eds.), *Social values and development: Asian perspective.* New Dehli: Sage. Pp. 227-253.
小嶋秀夫　1989　子育ての伝統を訪ねて　新曜社
小嶋秀夫　2001　心の育ちと文化　有斐閣
松田　惺・鈴木真雄　1988　家族関及び親の養育態度と児童の効力感　愛知教育大学研究論集（教育科学）, **37**, 87-100.
大石慎三郎たち　1986　江戸時代と近代化　筑摩書房

引用文献

ルーウィス, M. マカルピン美鈴（訳） 1989 自己の発達とその役割 小嶋秀夫（編） 乳幼児の社会的世界 有斐閣 Pp. 232-252.

桜井茂男 1983 認知されたコンピテンス測定尺度（日本語版）の作成 教育心理学研究, **31**, 245-249.

Selman, R. L. 1976 Toward a structural analysis of developing interpersonal relations concepts: Research with normal and disturbed preadolescent boys. In A. D. Pick (Ed.), *Minnesota symposia on child psychology*, Vol. 10. Minneapolis : University of Minnesota Press. Pp. 159-200.

9章

Brody, G. H., Pillegrini, A. D., & Sigel, I. E. 1986 Marital quality and mother-child and father-child interactions with school-aged children. *Developmental Psychology*, **22**, 291-296.

Buhrmester, D., & Furman, W. 1990 Perceptions of sibling relationships during middle childhood and adolescence. *Child Development*, **61**, 1387-1398.

藤本浩之輔 1989 子どもたちの生活時間 京都大学教育学部・教育人間学研究室研究会報告書 1, 5-16.

Furman, W., & Buhrmester, D. 1985 Children's perceptions of the qualities of sibling relationships. *Child Development*, **56**, 448-461.

Goodnow, J. J. 1988 Children's household work: Its nature and functions. *Psychological Bulletin*, **103**, 5-26.

Goodnow, J. J., & Bowes, J. M. 1994 *Men, women, and household work*. Melbourne: Oxford Univertsity Press.

Grusec, J. E., Goodnow, J. J., & Cohen, L. 1996 Household work and the development of concern for others. *Developmental Psychology*, **32**, 999-1007.

本田和子 1988 子別れのフォークロア 勁草書房

Kamo, Y. 1994 Division of household work in the United States and Japan. *Journal of Family Issues*, **15**, 348-378.

片岡徳雄 1988 日本的親子観をさぐる 日本放送出版協会

小嶋秀夫 1989 子育ての伝統を訪ねて 新曜社

小嶋秀夫 2001 心の育ちと文化 有斐閣

小嶋秀夫・内山伊知郎・宮川充司 1988 家族関係調査（FRI）手引き・暫定版（1988年） 著者

Laosa, L. M. 1981 Maternal behavior: Sociocultural diversity in modes of family interaction. In R. W. Henderson (Ed.), *Parent-child interaction : Theory, research, and prospects*. New York: Academic Press. Pp. 125-167.

Maccoby, E. E. 1984 Middle childhood in the context of the family. In W. A. Collins (Ed.), *Development during middle childhood*. Washington, DC: National Academy Press. Pp. 184-239.

松田 惺・若井邦夫・小嶋秀夫 1994 発達における重要な他者（メンター）との関わりの分析（1） 日米大学生の比較研究 愛知教育大学研究報告（教育科学）, **43**, 105-118.

松田 惺・若井邦夫・小嶋秀夫 1995 発達における重要な他者（メンター）との関わりの分析（2） 日米高校生の比較研究 愛知教育大学研究報告（教育科学）, **44**, 101-120.

McHale, S. M., Bartko, W. T., Crouter, A. C., & Perry-Jenkins, M. 1990 Children's housework and psychological functioning : Mediating effccts of parent's sex-role behaviors and attitudes. *Child Development*, **61**, 1413-1426.

大石慎三郎たち 1986 江戸時代と近代化 筑摩書房

依田 明　1990　きょうだいの研究　大日本図書

10 章

明田芳久　1995　児童の仲間関係の形成について：仲間選択の理由，仲間関係の分化度，および共感性との関係　上智大学心理学年報, **19**, 29-42.
東 洋（著）柏木惠子（編）　1989　教育の心理学：学習・発達・動機の視点　有斐閣
藤永 保　1982　発達の心理学　岩波新書　岩波書店
古市裕一・余公俊晴・前田典子　1989　いじめにかかわる子どもたちの心理的特徴　岡山大学教育学部研究集録, **81**, 121-128.
学校基本調査　2003　国の指定統計第 13 号
ギノット, H. G.　久富節子（訳）　1983　先生と生徒の人間関係：心が通じ合うために　サイマル出版会
一前春子　1997a　対人葛藤場面における児童の社会的認知と対処行動：男女差について　日本心理学会第 61 回大会発表論文集, 300.
一前春子　1997b　対人葛藤場面における相手の意図の認知　日本教育心理学会第 39 回総会発表論文集, 39.
稲村 博　1994　不登校の研究　新曜社
井上健治　1992　仲間と発達　東 洋・繁多 進・田島信元（編）　1992　発達心理学ハンドブック　福村出版
梶田叡一　1978　教育指導の基本視座　金子書房
片岡美奈子　1997　攻撃および被攻撃幼児の敵意帰属に及ぼすムード操作の効果　教育心理学研究, **45**, 71-78.
川村秀忠（編著）　1993　学習障害：その早期発見と取り組み（新版）　慶応通信
小林 剛　1985　いじめを克服する：教師への期待　有斐閣
小石寛文　1995　学級編成替えに伴う仲間関係の展開（3）　日本発達心理学会第 6 回大会発表論文集, 73.
小石寛文　1996a　学級編成替えに伴う仲間関係の展開（4）　日本発達心理学会第 7 回大会発表論文集, 154.
小石寛文　1997a　仲間関係への自己効力と仲間関係ストレスとの関連　日本教育心理学会第 39 回総会発表論文集, 79.
小嶋秀夫　1991　児童心理学への招待：学童期の発達と生活　サイエンス社
前田健一　1995a　児童期の仲間関係と孤独感：攻撃性，引っ込み思案および社会的コンピテンスに関する仲間知覚と自己知覚　教育心理学研究, **43**, 156-166.
前田健一　1995b　仲間から拒否される子どもの孤独感と社会的行動特徴に関する短期縦断的研究　教育心理学研究, **43**, 256-265.
前田健一　1998　子どもの仲間関係と子どもの社会的行動特徴に関する縦断的研究　愛媛大学教育学部紀要　教育科学, **44**(2), 61-77.
三隅二不二　1984　リーダーシップ行動の科学（改訂版）　有斐閣
文部科学省　2003　今後の特別支援教育の在り方について（最終報告）
文部省　1984　小学校生徒指導資料 3　児童の友人関係をめぐる指導上の諸問題　大蔵省印刷局
文部省　1990　学校不適応対策調査研究協力者会議報告書
文部省　1999　学習障害及びこれに類似する児童生徒の指導方法に関する調査研究協力者会議報告書
森下正康　1997　「いじめ」に関する研究（報告書）　和歌山県教育委員会
森下正康　1998　「学校ストレス」と「いじめ」が子どもの抑鬱性，攻撃性，登校拒否感情に

およぼす影響　和歌山大学教育学部教育実践研究指導センター紀要, **8**, 11-24.
森下正康　2003　母親の養育態度におよぼす内的ワーキング・モデルとソーシャル・サポートの影響　日本心理学会第67回大会発表論文集, 1112.
森下正康・赤坂博子　1985　自信および劣等感の構造に関する発達的研究　和歌山大学教育学部教育研究所報, **9**, 15-29.
森田洋司　1985　学級に見る"いじめ"の構造　児童心理, 5月号, 70-76.
森田洋司・清水賢二　1994　新訂版 いじめ：教室の病い　金子書房
永野重史　2001　発達とはなにか　東京大学出版会
中西信男・古市裕一・三田俊樹　1993　ストレス克服のためのカウンセリング　有斐閣
中澤　潤　1997　児童のライフイベントとストレス　日本心理学会第61回大会発表論文集, 289.
小川一夫　1957　児童生徒の問題行動に対する教師の態度に関する研究（第三報告）　島根大学論集, **7**, 34-42.
岡村京子・青木理保・糸井尚子・田口直哉　1996　作文における友だちとの関係認識の発達　日本教育心理学会第38回総会発表論文集, 34.
オルヴェウス, D.　1998　スウェーデン　森田洋司（監修）　世界のいじめ：各国の現状と取り組み　金子書房
斎藤久子（監修）　2000　学習障害：発達的・精神医学的・教育的アプローチ　ブレーン出版
佐藤修策　1996　登校拒否ノート：今，昔，そしてこれから　北大路書房
司馬理英子　1999　のび太・ジャイアン症候群2：ADHD　これで子どもが変わる　主婦の友社
杉原一昭・宮田　敬・桜井茂男　1986　「いじめっ子」と「いじめられっ子」の社会的地位とパーソナリティ特性の比較　筑波大学心理学研究, **8**, 63-72.
杉山登志郎　2000　学習障害の診断　斎藤久子（監修）　2000　学習障害：発達的・精神医学的・教育的アプローチ　ブレーン出版
鈴木康平　2000　学校におけるいじめの心理　ナカニシヤ出版
手塚千恵子・古屋　健　2001　前青年期から青年期にかけての友人関係の変化　日本教育心理学会第43回総会発表論文集, 340.
上村佳世子　1992　気質的特徴の安定性と変化　東　洋・繁多　進・田島信元（編）　発達心理学ハンドブック　福村出版　Pp.731-734.
上野一彦（編）　1987　学習障害児の相談室　有斐閣
臼井　博　2001　アメリカの学校文化　日本の学校文化：学びのコミュニティの創造　金子書房
渡部玲二郎・佐々木葉子　1996　児童における自己開示と友人関係の満足度について：親密度と自己開示の質からの検討　教育心理学会第38回総会発表論文集, 38.
山岸明子　1997　対人的交渉方略と社会的適応の関連　日本発達心理学会第8回大会発表論文集, 271.
嘉数朝子・井上　厚・中澤　潤　1997a　児童の心理的ストレスとライフイベント：ストレスフル・ライフイベント尺度の分析を中心に　日本心理学会第61回大会発表論文集, 270.
嘉数朝子・井上　厚・富山りえ・知花亜紀子・砂川裕子　1997b　児童の心理的ストレスの発達的研究：ストレスフル・ライフイベント尺度の分析を中心に　（財）安田生命社会事業団研究助成論文集, 32(3).

人名索引

ア　行
相川　充　153
アイゼンバーグ(Eisenberg, N.)　164
明田芳久　228
東　洋　100, 236
後浜恭子　159
天岩静子　90

一前春子　231
猪飼道夫　63

ヴィゴツキー(Vygotsky, L. S.)
　　56, 96
ウイットキン(Witkin, H. A.)　116
ウェクスラー(Wechsler, D.)　107
上野一彦　241
ウェルマン(Wellman, H. M.)　91
ウォーフ(Whorf, B. L.)　95
臼井　博　122, 236

エリクソン(Erikson, E. H.)　51
エルダー(Elder, G. H., Jr.)　25, 36

大石慎三郎　198, 208
オーズベル(Ausubel, D. P.)　126
小川一夫　238
オルウェウス(Olweus, D.)　255

カ　行
カウフマン(Kaufman, A. S.)　113
梶田叡一　235
柏木惠子　100, 142, 143, 169, 185, 189
片岡徳雄　208
ガニエ(Gagne, E. D.)　127
カニンガム(Cunningham, H.)　42
加茂美則　215

唐澤真弓　191
川島一夫　158
川村秀忠　243

紀田順一郎　211
北山　忍　191
ギノット(Ginott, H. G.)　235
木村　進　134
ギリガン(Gilligan, C.)　164, 189
ギリス(Gillis, J. R.)　42
ギルフォード(Guilford, J. P.)　111

グッドナウ(Goodnow, J. J.)　212

小石寛文　228, 239
コールバーグ(Kohlberg, L.)　161
小嶋秀夫　122, 142, 175, 189, 198, 200,
　　208, 211, 223, 229
小林　剛　251
子安増生　153
ゴールトン(Galton, F.)　105

サ　行
サーストン(Thurstone, L. L.)　111
斎藤久子　241
桜井茂男　195
佐藤修策　248

シーグラー(Siegler, R. S.)　58
司馬理英子　244
清水美智子　173

スーパー(Super, C. M.)　100
スキナー(Skinner, B. F.)　126
鈴木康平　251
鈴木治太郎　106

人名索引

鈴木真雄　191
スターンバーグ（Sternberg, R. J.）
　　113
スティーヴンソン（Stevenson, H. W.）
　　134, 136
スティペック（Stipek, D.）　102
スペンサー（Spencer, H.）　3, 105

セルマン（Selman, R. L.）　192

タ　行
ダーウィン（Darwin, C. R.）　2
高橋惠子　189
田島信元　90

チェス（Chess, S.）　141

トーマス（Thomas, A.）　141
塘　利枝子　144

ナ　行
中澤　潤　239
中西信男　240
中野　茂　173
永野重史　235
中村陽吉　167

ニコルズ（Nicolls, J. G.）　102
二宮克美　160, 161
日本青少年研究所　194, 196

ハ　行
バーンステイン（Bernstein, B.）　95
波多野誼余夫　198
速水敏彦　128, 130
バリー（Barry, H., III）　185
バルテス（Baltes, P. B.）　114
バンデューラ（Bandura, A. L.）　57, 167, 168

ピアジェ（Piaget, J.）　78, 160
樋口一辰　139
ビネー（Binet, A.）　105

ファーマン（Furman, W.）　219
藤永　保　235
藤本浩之輔　209, 212
古市裕一　254
ブルーナー（Bruner, J. S.）　126
フロイト（Freud, S.）　49
ブロンフェンブレンナー（Bronfenbrenner, U.）　15, 145

ボウルビィ（Bowlby, J.）　51, 153, 233
ホール（Hall, G. S.）　3
ホフマン（Hoffman, M. J.）　158
ホワイト（White, S. H.）　39
本田和子　208

マ　行
前田健一　230
マッキーヴァー（Mac Iver, D.）　102
マックヘイル（McHale, S. M.）　213
松田　惺　191, 223

三隅二不二　238
箕浦康子　144
宮川充司　120, 175
ミラー（Miller, A. T.）　102

メシック（Messick, S.）　116

森　和代　176
森下正康　157, 239, 251, 253
森田洋司　248, 254

ヤ　行
ヤーロウ（Yarrow, M. R.）　159
山岸明子　232
山崎　晃　120
山崎勝之　72
山下恒雄　198

依田　明　219

ラ　行
ルーウィス（Lewis, M.）　233

ルリア（Luria, A. R.） 96

ロゴフ（Rogoff, B.） 41, 85, 90

ワ　行
ワーチ（Wertsch, J. V.） 97

ワイナー（Weiner, B.） 128
若井邦夫　223
脇坂義堂　199, 208

事項索引

ア　行
愛情　217
愛他行動　156
愛着対象　153
愛着理論　233
誤った信念課題　92
安全　73
暗黙の価値観　8
暗黙の理論　183

いじめ　251
いじめの原因　253
いじめの理由　252
1次的コントロール　144
一般的知能因子　111
遺伝と環境の相互作用　15
イド　50
隠喩　94

ウェクスラー検査　107
運動技能　65
運動能力の時代的低下傾向　64
運動能力の男女差　63

エイジング　7
液量の保存　81
援助行動　156

横断法　20
公に賞揚される目標　198
思いやり　212
親子関係　216
親によるモニタリング　147
親の機能　222

カ　行
下位検査　108
介入実験　27
外発的動機づけ　139
回復力　17
快楽原理　50
カウアイ縦断研究　25, 26
カウンセリング・マインド　236
科学的な実験計画　82
核家族化　209
学業成績　133, 134
隠されたカリキュラム　122
学習指導要領　199
学習障害　131, 240
学習としての発達　14, 57
獲得形質の遺伝　4
家事　215
家族関係　215
家族関係調査　221
家族的背景　68
家族内の調和　220
家族の機能の縮小　209
家族背景　232
課題の忠実な遂行　198
カタルシス　167
価値観　152
学校ストレス　176
葛藤　220
家庭環境　132
家庭と学校の連携　145
家庭の影響力　146
カテゴリカルな自己　190
観察学習　57
観察者　85
慣習的水準　162
管理教育　225

事 項 索 引　　　277

記憶方略　86
気質　141
基本的安定感　184
ギャング・エイジ　228
教育アセスメント　243
共感性　156
共感的理解　236
教授心理学　126
競争の原理　199
きょうだい関係　215, 218
共同活動　171
興味　186
キレる　166
均衡化　53

具体的操作　80
具体的操作の時期　54
訓練・変容実験　27

経済的貧困　210
形式的・抽象的操作　82
軽度発達障害児　243
系列的方法　21
結晶性知能　108
権威　236
権威主義的態度　236
原因帰属　139, 157
原因帰属のスキーマ　128
研究の倫理　29
健康心理学　73
言語コード　95
言語性知能　107, 108
言語的ラベル　94
現実原理　50

語彙の分化　94
攻撃行動　166
攻撃性　166
向社会的行動　152, 156
行動観察　182
行動様式　152
刻印づけ　16
国語の教科書　144

心の理論　91, 153
個性　201, 202
ことば　96
子ども　33
子どもが育つ場の組立て　224
子供組　33
子どもの位置づけ　44
個別式知能検査　107

サ　行
算数　134

シアトル縦断研究　22
自我　50, 190
自我同一性　52, 190
自我理想　197
自己　139, 190
自己概念　65, 191
自己観察　89
自己客観視　192
自己強化　169
自己効力感　140
自己主張　154
自己受容　193
自己制御機能　169
自己像　191
自己調整　154
自己否定的傾向　194
自己物語り　204
自己抑制　154
自信　203
持続性　141, 142
自尊心　194, 198
時代差法　22, 63
実験的方法　27
実際　81
実存としての自己　190
失敗後の熟慮性　123
視点取得　153
児童観　235
児童期の位置づけ　38
児童期の始期と終期　39
児童研究　3, 6

自分の視点　79
自分らしさ　194, 202
自閉症児　93
ジャイアン型　244
社会化　152, 186, 224
社会階層　137
社会階層差　222
社会性　152
社会性の発達　152
社会ダーウィニズム　3
社会的学習理論　167
社会的葛藤　84
社会的コンピテンス　152
社会的支援　69
社会的支援体制　220, 225
社会的スキル　152, 154
社会的スキル・トレーニング　154
社会的相互作用　84, 96, 170, 188, 232
社会的態度　152
社会的動機づけ　152
社会的認知　152
社会的ネットワーク　200, 233
社会的能力　229
社会的比較　191
社会的風土　234
社会的・歴史的背景　188
収束的産出　111
集団維持機能　238
集団帰属意識　234
集団凝集性　234
集団式知能検査　109
集団の雰囲気　233
縦断法　19
重要な他者　191
熟達化　90
主張性スキル　154
出生年コホート差　20
生涯発達　6, 53
少子化　209
情緒的サポート　174
情緒的・実際的指示　222
情緒的知能　101
情緒的問題　183

情緒表出　153
小児心身症　68
承認欲求　142
情報源　216
情報処理　153
情報内容　111
所記　78
進化論　105
進化論的発達観　2
神経伝達物質　246
人生の時期　32
心臓病　72
身体的健康　67
進歩の思想　2

推移律の理解　81
水平的ずれ　80
数概念の獲得　81
数学　187
スキーマ　127
ストリート算数　90
ストレス　69, 238, 239
ストレス反応　239
ストレッサー　70, 238

成育儀礼　33
生活習慣　71
制限されたコード　95
生産的思考　113
成熟としての発達　13
精神遅滞　109
精神年齢　106
精神分析　49
青年期　36
生物学的発達観　4, 5
生物学的モデル　6
精密なコード　95
性役割　184
性役割観　186, 188, 215
性役割行動　186
性役割同一性　186
説明的しつけ　158
潜在期　51

漸成　47

相関的方法　28
相互交渉　153
相互作用　153
操作　111
創造性　113, 114
創造性検査　114
創造性の日常的概念　115
創造的能力　114
ソーシャル・サポート　69, 173
ソシオグラム　229
ソシオメトリック・テスト　228
ソシオメトリック評定法　229
外集団　234

タ　行

対人関係　187, 230
対人交渉方略　232
タイプA行動特徴　72
代理強化　168
代理不可能な個人　202
体力・運動能力調査　64
他者受容　194, 196
他者の視点　191
達成動機　140
脱中心化　80
タテマエ　198
妥当性　105

知恵　114
知能構造モデル　111
知能指数　106
知能に関する暗黙の理論　100
知能の構成成分　110
知能の日常的概念　100
知能偏差値　110
チャレンジャー　223
注意欠陥・多動性障害　131, 244
抽象的・論理的思考　83
超自我　50
調節　78
調和的な対人関係　200

直接的・間接的な社会的相互作用　85
直観的思考　78

通過儀礼　34

データ収集法　23
データ分析法　25
適合性のよさ　141
適性−処遇交互作用　119
伝統的性役割観　189

同化　78
登校拒否　247
動作性知能　108
当事者の視点　11
統制　217
道徳性　159
道徳性判断の発達　159
道徳的葛藤場面　162
道徳的ジレンマ　161
特別支援教育　243
年祝い　34
共働き家庭　147, 214
努力　136

ナ　行

内集団　234
内的ワーキングモデル　233
仲間関係　228
仲間関係スキル　228

2次的コントロール　145
人気者　229
忍耐性　141
認知過程　230
認知スタイル　115
認知的葛藤　84, 170
認知的熟慮型　120
認知的熟慮性　119
認知的衝動型　120
認知的徒弟制　85
認知能力　152

年齢関数　18

能記　78
能力　136
のび太型　244

ハ　行

パーソナリティ　67, 182
パーソナリティ検査　182
パートナーシップの関係　153
配偶者間の力関係　217
場依存性－場独立性　116
罰　168
発散的産出　112, 114
発生的認識論　53
発達研究　11
発達研究の課題　13
発達段階　37
発達的視点　8
発達のコースの記述　17
発達の最近接領域　56, 97
発達の生態学　15
発達の段階理論　47
発達の方向性　161
反社会的行動　152
反応の柔軟性　120
反復説　2, 5
反復発生説　2

ピアジェの道徳的判断説　160
比較文化的研究　153
非言語性知能　108
非行　152
非社会的行動　152
ビネー検査　106
被排斥児　229
肥満　71
比率IQ　106
非歴史的立場　8
敏感期　17

不安　217
夫婦関係　215, 217

夫婦間のコミュニケーション　217
父子関係　215
不登校　247
フラストレーション　166
プラハ研究　24
プロスペクティヴ法　23
文化　197
文化的背景　141
分析的能力　114

偏差IQ　108

包括関係　81
暴力　152
母子関係　215
保存　80

マ　行

見かけ　79, 81
見かけと実際課題　92
3つ山問題　79

娘組　34

メタ認知　87
メタ分析　29
面接法　183

目標達成機能　238
目標への方向づけと励まし　223
モデリング　158
モデリング理論　167
モデル　85
モラール　234
モラトリアム　44

ヤ　行

誘導的しつけ　158

よい子　199
よい人間関係　152
養育者　153
要求水準　139, 140

養護性　164
欲求不満　184
読み　134

ラ　行
ライフイベント　239
ライフコース　36
ライフサイクル　36

リーダー　238
リーダーシップ　238
理想的子ども像　196
流動性知能　108
領域特有の知識　127
理論構成　12
臨界期　16

歴史的理解法　8

暦年齢　106
レトロスペクティヴ法　24
連携関係　225

ロマン主義思潮　43

ワ　行
若者　34
若者組　34

英　字
ADHD　240, 244
g因子　111
I　190
LD　240
Me　190

著者略歴

小嶋秀夫
こじま ひでお
（1～6, 8, 9章）

- 1964年　京都大学大学院教育学研究科
　　　　博士課程修了
- 現　在　名古屋大学名誉教授
　　　　教育学博士
- 専　攻　発達心理学・家族関係研究
- 主要著書
  - 「家庭と教育」第一法規出版
  - 「子育ての伝統を訪ねて」新曜社
  - 「乳幼児の社会的世界」有斐閣（編著）
  - 「人間発達と心理学」金子書房（共編著）
  - 「心の育ちと文化」有斐閣
  - 「生涯発達心理学」放送大学教育振興会
  　（共編著）

森下正康
もりした まさやす
（7, 10章）

- 1970年　京都大学大学院文学研究科
　　　　博士課程修了
- 現　在　京都女子大学発達教育学部教授
　　　　博士（心理学）
- 専　攻　発達心理学・パーソナリティ
- 主要著書
  - 「現代青年心理学」有斐閣（分担執筆）
  - 「家族関係と子ども」金子書房（分担執筆）
  - 「発達心理学ハンドブック」福村出版
  　（分担執筆）
  - 「発達と学習」協同出版（分担執筆）
  - 「児童期の人間関係」培風館（分担執筆）
  - 「子どもの社会的行動の形成に関する研究」
  　風間書房

新心理学ライブラリ＝3

児童心理学への招待 ［改訂版］
――学童期の発達と生活――

1991年 3月10日 ©	初版発行
2002年 9月10日	初版第7刷発行
2004年10月25日 ©	改訂版第1刷発行
2014年 1月25日	改訂版第4刷発行

著　者　小嶋秀夫
　　　　森下正康

発行者　木下敏孝
印刷者　山岡景仁
製本者　関川安博

発行所　株式会社　サイエンス社

〒151-0051　東京都渋谷区千駄ヶ谷1丁目3番25号
営業　☎(03) 5474-8500（代）　振替 00170-7-2387
編集　☎(03) 5474-8700（代）
FAX　☎(03) 5474-8900

印刷　三美印刷　　製本　関川製本所

＜検印省略＞

本書の内容を無断で複写複製することは、著作者および出版者の権利を侵害することがありますので、その場合にはあらかじめ小社あて許諾をお求めください。

サイエンス社のホームページのご案内
http://www.saiensu.co.jp
ご意見・ご要望は
jinbun@saiensu.co.jp まで．

ISBN4-7819-1077-7

PRINTED IN JAPAN

━━━━━━ **新心理学ライブラリ** ━━━━━━

1. **心理学への招待**——こころの科学を知る
   梅本堯夫・大山 正共編著　A5判・288頁・1942円
2. **幼児心理学への招待 [改訂版]**——子どもの世界づくり
   内田伸子著　A5判・360頁・2850円
3. **児童心理学への招待 [改訂版]**——学童期の発達と生活
   小嶋秀夫・森下正康共著　A5判・296頁・2300円
5. **発達心理学への招待**——人間発達の全体像をさぐる
   矢野喜夫・落合正行共著　A5判・328頁・2900円
6. **学習心理学への招待 [改訂版]**——学習・記憶のしくみを探る
   篠原彰一著　A5判・256頁・2400円
7. **最新 認知心理学への招待**——心の働きとしくみを探る
   御領・菊地・江草共著　A5判・288頁・2600円
8. **実験心理学への招待 [改訂版]**——実験によりこころを科学する
   大山 正・中島義明共編　A5判・272頁・2500円
9. **性格心理学への招待 [改訂版]**
   ——自分を知り他者を理解するために
   詫摩・瀧本・鈴木・松井共著　A5判・280頁・2100円
11. **教育心理学への招待**——児童・生徒への理解を深めるために
    岩脇三良著　A5判・264頁・2300円
13. **心理測定法への招待**——測定からみた心理学入門
    市川伸一編著　A5判・328頁・2700円
14. **心理統計法への招待**——統計をやさしく学び身近にするために
    中村・松井・前田共著　A5判・272頁・2300円
15. **心理学史への招待**——現代心理学の背景
    梅本堯夫・大山 正編著　A5判・352頁・2800円
17. **感情心理学への招待**——感情・情緒へのアプローチ
    濱 治世・鈴木直人・濱 保久共著　A5判・296頁・2200円
18. **視覚心理学への招待**——見えの世界へのアプローチ
    大山 正著　A5判・264頁・2200円
20. **犯罪心理学への招待**——犯罪・非行を通して人間を考える
    安香 宏著　A5判・264頁・2300円
21. **障がい児心理学への招待**——発達障がいとコミュニケーションを中心に
    鹿取廣人編著　A5判・152頁・1800円
別巻. **意思決定心理学への招待**
    奥田秀宇著　A5判・232頁・2200円

＊表示価格はすべて税抜きです。

━━━━━━ サイエンス社 ━━━━━━